nettime (hg.)

Netzkritik
Materialien zur Internet-Debatte

Ausgewählt und zusammengestellt von Geert Lovink und Pit Schultz
Übersetzung der Beiträge aus dem Englischen
von Bettina Seifried und Florian Rötzer

Edition ID-Archiv
Berlin

nettime (hg.)
Netzkritik
Materialien zur Internet-Debatte
Ausgewählt und zusammengestellt von Geert Lovink und Pit Schultz
Übersetzung der Beiträge aus dem Englischen
von Bettina Seifried und Florian Rötzer
Lektorat von Thomas Atzert

Edition ID-Archiv
Postfach 360205
10972 Berlin
ISBN: 3-89408-060-4

1. Auflage 1997

Satz und Layout
seb, Hamburg

Druck
Winddruck, Siegen

Buchhandelsauslieferungen
BRD und Österreich: Rotation Vertrieb
Schweiz: Pinkus Genossenschaft
Niederlande: Papieren Tijger

Pit Schultz war 1995/96 Stipendiat der Philip Morris Kunstförderung im Rahmen des Internationalen Atelierprogramms des
Künstlerhauses Bethanien, Berlin.
Die Übersetzung der Texte in diesem Buch wurde auch ermöglicht
durch eine Zuwendung der Philip Morris Kunstförderung

Inhalt

Geert Lovink und Pit Schultz

Aufruf zur Netzkritik

Ein Zwischenbericht

»Zu Internet fällt mir nichts ein.« (Johan Sjerpstra)

Netzkritik ist nicht mehr als eine bestimmte offene Textform. Sie geht zurück auf eine Gruppenarbeit, auf Treffen und Mailinglistaktivitäten, auf Papierkrieg und Softwareentwicklung.

Es gibt keine Weise, sich der Netzkritik als solcher »zu stellen«, sondern man kann sich darin betätigen oder nicht, etwas hinzufügen, etwas entgegnen oder etwas programmieren; die Konstruktion von Gegnerschaft oder der Zwang zur Befürwortung ist nicht ihr Hauptanliegen. Es handelt sich in den hier vorgestellten Beiträgen nicht um exemplarische Wege aus der Unbedeutsamkeit, nicht um eine Umschulungsmaßnahme für begnadete Späteinsteiger, nicht um getarnte Propaganda für den globalen Ausverkauf, nicht um Diskursgepäck für die Besserinformierten, auch nicht um Geheimwaffen für den lagerinternen Grabenkrieg, sondern um ein Projekt, an dem man sich beteiligen kann. Es geht nicht um ein Buchwissen, das bestätigen soll, was man immer schon wußte, sondern um einen eigenen Spielraum für radikale Kritik innerhalb einer explodierenden elektronischen Öffentlichkeit.

Es geht um eine bestimmte Umgangsweise mit dem Netz, keine Theorie, sondern eine Theoriepraxis. Die allgemeine und spezielle Theorie des Netzes überlassen wir gerne anderen. Netzkritik, als work in progress verstanden, ist, knapp gesagt, weder Technikeuphorie noch Kulturpessimismus. Sie setzt sich ab vom neoliberalen Hippietranszendentalismus, aber haust in den technischen Medien und vermeidet eine elitäre Außenseiterposition, die mit dem ganzen Arsenal von Zynismus bis Apokalypse den Untergang der abendländischen Kultur samt Nationalstaat und politischem Subjekt besingt. Dem Akademismus bleibt es überlassen, die allgemeine Theorie der Netze in ihre Teilbereiche zu untergliedern und die Art und Weise der Kritik so zu disziplinieren, daß sie weiterhin ohne Wirkung im Entwicklungsprozeß des Untersuchungsgegenstandes bleibt, wohl aber sich eine geordnete und elaboriertere Weise etabliert, über das Netz als Medium kluge Dinge zu sagen.

Netzkritik wäre somit eine zeitlich begrenzte Übung in taktischer Negativität, welche die Belanglosigkeit der Computernetze genießt, ohne sich den Verführungen gestiegenen Interesses zu verschließen. Sie analysiert die Organisation von Macht in der immateriellen Sphäre und versucht diese selbst in den Griff zu bekommen in dem Wissen, daß der Kapitalismus nie einen unbesiedelten, unzivilisierten Cyberspace erlaubte. Die Mißgeschicke der Anderen sind also nur Aufruf zum Selbermachen. Noch gibt es die Freiheit, sich nicht mit alten Idealgegnern zu befassen, sondern auf deren Neubildung Einfluß zu nehmen. Jetzt ist die Periode der Hyperwachsamkeit, eine komprimierte Entwicklung, die aller Erfahrung nach in eine bleierne Zeit übergehen wird, wie wir sie von anderen elektrischen Medien her kennen.

Die Schonzeit für Neulinge, die sich nur ein wenig umschauen, ist demnächst vorbei. Die Offenheit der Entscheidung, mitzumachen oder nicht, ändert sich, wenn die Weichen für die »Informationsgesellschaft« gestellt werden und ganze Bundesländer ihre Verwaltungen ins Netz stellen unter Bedingungen, die Polizeistaatlichkeit ebenso einschließt wie die Umgestaltung der Arbeitsplätze. Die Netze sind Orte der Entscheidung, an denen sich zukünftige Machtordnungen abbilden und neu strukturieren.

Wir fordern kein fundamentalistisches Ja oder Nein, sondern versuchen Beispiele zu geben für Ansätze, das Medienmonopol auf allen Stufen zu brechen, beginnend mit taktischen Maßnahmen auf der Mikroebene vieler kleiner Entscheidungen. Im Zentrum einer Kritik der Netze stehen darum die Erzählungen, Mythen und ideologischen Muster, die eine »Herrschaftsrhetorik« reproduzieren, die Machtverhältnisse, die in die Programme der heutigen Medien eingeschrieben sind. Es ist für Neo-Marxisten absehbar, daß der Postfordismus einen Nachfolger in der Tyrannei des »reibungslosen Kapitalismus« (Bill Gates) finden wird. Der Anspruch, daß die einzig richtige Strategie wäre, Technologie abzulehnen, bleibt im Wettlauf um die wahre revolutionäre Identität den Ökofundamentalisten, Moralpredigern und lustvoll Leidenden überlassen, fest verankert vor den Felsen von Wahrheit, Wirklichkeit und Identität. Inzwischen müssen wir noch auf die Kritik der politischen Ökonomie des Cyberspace warten. Die Schwerfälligkeit eines Methodenapperates wird nach wie vor kultiviert, und man gibt sich allzuleicht zufrieden mit der Berichterstattung der Printmedien und deren Legendenbildungen.

Es gehört zur Gnade der Späteinsteiger, daß sie immer recht behalten und ein durchkommerzialisiertes Netz vorfinden, das sie schon immer herbeigefürchtet haben. Die Kultur der Zögerlichkeit will nichts zu tun haben mit real stattfindender Technologisierung oder dem Aufbau von Infrastruktur (wie ISDN), sondern hängt an der biedermeierlichen Bodenständigkeit einer allzu heilen Welt.

Heimlich warten viele auf die staatliche Infobahn, die dann zu blockieren wäre: das Kappen der Datentrasse Bonn – Berlin.

Netzkritik ist Teil eines Digitalen Dekonstruktivismus, der sich vom Moment der Gesellschaftskritik insofern löst, als er die Negation des »Gesellschaftskörpers« und anderer Theoriephantasmen mitdenkt. Das Kommende wird mit fröhlicher Skepsis begrüßt. Es handelt sich mehr um das notwendige Rauschen bei der Einführung eines neuen Mediums als um die Grundlage einer neuen Weltordnung. Der Datendandy hat sich mittlerweile geübt im Schreiben von endlosen Disclaimern. Im voraus werden alle möglichen Kontextualisierungen durch vage (und gutgemeinte) Vorsichtsmaßnahmen vorweggenommen. Was vorher noch mit viel Handarbeit auf der persönlichen Festplatte verteilt wurde, findet sich heute einen Klick weiter auf einer liebevoll gestalteten Homepage. Das Programm des digitalen Ästhetizismus ist in die Software eingegangen und taucht in den neuen Versionen der Webbrowser auf. Der Dandyismus der Daten hat sich als ein Element bei der Definition der Öffentlichkeit im Netz erwiesen. Die Beteiligung an der Ausdifferenzierung in Boulevards, Cafés, Salons, Plätzen und Datenbanken geht zurück auf die Freude an dekontextualisierten Datenobjekten und deren Rekombination, die zu entscheidenden Vorsortierungen bei der Genese von Aussagegefügen führte. Überfluß und Overload sind keine Gefährdung für eine politische Stellungnahme, solange es nicht darum geht, eine puritanische Essenz zu destillieren oder den Glauben an die heiligen Stätten des Wissens zu verteidigen. Statt der Exegese von Texten geht es um Umleiten und Verschalten von Datenströmen, statt Interpretation geht es um Rekombination, statt Repräsentation geht es um Kontextualisierung, statt Differenzierung geht es um Vernetzung. Heute ist der Subjektivierungswettbewerb auf dem Netz in vollem Gange, und die Gestalten haben sich vermehrt, allen voran die radikalen Konsumenten in der Drogenkultur des Netzsurfens, die alle Ecken und Enden des »global brains« besucht haben, nur um sich immer wieder selbst zu treffen. Nach langen Jahren kamen Politik und Ästhetik aufeinander zu, beschnüffelten sich und befanden es für notwendig, ein taktisches Bündnis einzugehen gegen Fundamentalismus, Digitalkommerz und Ökoapokalypse.

Die ausgeprägte Ökonomie der Enttäuschung ist Teil des Programms der alten Medien. Die gezielte Fehlschaltung verschafft eine Freude an unvorhergesehenen Effekten, das Rechthabenwollen bleibt den Visionären und Moralisten überlassen. Dem Vorwurf des Voluntarismus wird entgegnet, daß das Auslösen von Turbulenzen eine Veränderung im Aussagegefüge wahrscheinlicher macht als das Zementieren bestehender Gewohnheiten. Im Sinne einer Taktik genügt es, die Schwachpunkte eines Systems zu lokalisieren und zu kitzeln, ohne ihren

Gesamtplan verstehen zu müssen, (Unix-Kenntnisse erwünscht). Man befindet sich im Puzzle-Stadium und wartet geduldig auf Hauptwerke wie *Das Netz der Gesellschaft, Telematik und Kapital, Dialektik der Technik, Kultur und Netz, Sprache der Computer, Theologie der Virtualität, Cyberspace: Wesen und Wirkung, Kritik der Auflösung, Ideologie der Information,* bis hin zu Wege aus der Informationsgesellschaft. All dies ist denkbar, es existiert bereits in Ansätzen, läßt sich mit viel Fleiß niederschreiben und ist bereits heute ungefährlich. Darum ist es notwendig, die erhabenen Ebenen des Diskurses zu verlassen und in die Niederungen des kollektiven Datenschlamms einzutauchen ..., solange es offene Netze und Mailboxen gibt und eine ausgedehnte politische Technik-Kultur, die viele erst noch entdecken müssen.

Kritik '95

Im Juni 1995 fand in Venedig das Gründungstreffen von *nettime* statt. Als intellektuelles Tagesprogramm galt es, sich parasitär am deutschen Techno-Export zu beteiligen und der Repräsentationslogik des Kunstbetriebs ein nichtöffentliches diskursiv-dialogisches Ereignis entgegenzusetzen. Themen waren: eine erste Kritik an der *Wired*-Ideologie, die Grenzen der Stadtmetapher, eine Analyse von Info-Vitalismus und Künstlichem Leben, ein Dialog im Spannungsfeld von lokalen Bedingungen und globalen Verhältnissen sowie über die Möglichkeiten subversiver Praxis innerhalb der Netze, über das Hackertum hinaus.

Zuvor fand im Spessart unter der Schirmherrschaft des Frankfurter Vereins 707 einen Treffen statt (namens »Medien-ZK«), auf dem versucht wurde, die Kultur der Zögerlichkeit zu überwinden und mit dem akademischen Mythos zu brechen, eine Kritik am Internet wäre nur aus dem Pathos der kritischen Distanz möglich. Der Ansatz, eine gemeinsame Medienstrategie der Netze zu entwickeln und jenseits von Kommerz und Institutionen autonome Kommunikationsstrukturen aufzubauen, schlug vorerst fehl.

Das »Interfiction«-Treffen im Dezember 1995 in Kassel löste den Begriff der Gegenöffentlichkeit auf und dokumentierte eine fragmentierte linke Praxis, die sich noch weitgehend an den alten Medien orientierte. Es war zu unzeitgemäß, von einer Netzkultur zu sprechen, da die Inseln kritischer Aktivität untereinander wenig Gemeinsames finden konnten. Auch der Anschluß an akademische Forschungen im Bereich Medientheorie und Medienkunst fand nur ungenügend statt, weil sich kein Minimalkonsens finden ließ, um gemeinsame Handlungsräume zu definieren.

Im Herbst '95 ging *nettime* als internationale Mailingliste aus losen E-Mail-Verknüpfungen hervor. Technisch gesehen handelt es sich bei einer Mailingliste

um einen Verteiler, der eine an ihn gerichtete Nachtricht statt nur an einen Emp-
fänger an eine Liste von Abonnenten weiterleitet. Als ein offenes Forum für den
Austausch und die Selektion von elektronischen Texten ist es nicht das Hauptanliegen, ein elektronisches Diskussionsforum für Netzambitionierte zu bieten, das
gewöhnlich in die Beliebigkeit von »sozialem Rauschen« übergeht. Man kann es
derzeit an zahlreichen Newsgroups und Mailinglisten sehen, daß ein elektronisches Forum nur ein gewisses Maß von »Neuzugängen« und richtungslosem
Dialog verkraften kann. Darum sind Treffen (Symposien, Reisen, Gruppenge-
spräche, Vorträge, Spaziergänge, aber auch Ferngespräche) im Umfeld von *nettime* unumgänglich, um gemeinsame Projekte zu realisieren und »networks of
trust« aufzubauen. Die Netze haben eine nicht vernachlässigbare soziale Dimension, wobei unabhängig vom Gruppen- oder Projektnamen die Tendenz existiert,
sich gegenseitig zu stützen, auszutauschen und dezentrale Allianzen und technische Koalitionen zu schließen, um einen Kontext herzustellen, ohne den der Aufbau von »content« unmöglich ist. Der Dialog findet somit mehr außerhalb von
nettime statt, während der Diskurs sich über den diskontinuierlichen Strom der
Beiträge herstellt, die sich gegenseitig kontextualisieren und eine sich über die
Zeit verändernde Konsistenz und Kohärenz entwickeln.

Die Dokumente, die in *nettime* veröffentlicht werden, tauchen später oft in
anderen Zusammenhängen und Übersetzungen auf. Eine Weiterverwendung ist
erwünscht und organisiert sich unabhängig und dezentral: Die Zeitschrift *Arkzin*
aus Zagreb, The Thing BBS network Wien/New York/Amsterdam/Basel, media-
filter.org von Paul Garrin in New York, *Telepolis* in München, die Zeitschrift
MUTE in London, 21 C. in Sydney, Gondolat Jel in Budapest, Strano in Florenz,
Herbert A. Meyer in Kassel, Andere Sinema in Antwerpen, Rewired in San-Fran-
cisco, Berlin. Dazu gibt es die englischsprachige ZKP-Reihe (Zentral Komitee
Proceedings), die als Grundlage gedient hat für dieses Buch. ZKP1 erschien
während der Next Five Minutes II in Amsterdam, die zweite in Madrid zu 5cy-
berconf, und ZKP3 bei Metaforum III in Budapest. Diese »Prepublishing«-Stra-
tegie mag an die goldenen Zeiten der Zines erinnern oder an die Preprints der
Scientific Community, kleinen selbstproduzierten und selbstvertriebenen Maga-
zinen vor allem in den 80er Jahren in den USA, möglich unter anderem durch die
Verfügbarkeit von Produktionsmitteln (DTP, Kopierer).

Auf der Flucht vor der bundesdeutschen Öde, hin zum romantischen Bild der
weltbürgerlichen Cybergemeinschaft, trifft man auf die sehr harte Grenze der
englischen Sprache. Es ist kein Geheimnis, daß viele sich doch nicht so heimisch
fühlen im Englischen, und es zeigt sich, wenn die Debatten richtig in Gang kommen, daß gezögert wird, sich eine sprachliche Blöße zu geben und das erhabene

Begriffsgebäude des Deutschen zu verlassen. Das Sprachproblem taucht erst auf, wenn man sich anspruchsvolleren Aufgaben stellt, und allzuschnell beruft man sich auf Quellen aus dem »feindlichen Lager«, weil nichts anderes zur Verfügung steht. Trotz aller Koordinationsschwierigkeiten zwischen den verschiedenen Publikationsmilieus sind wir darum ausdrücklich dem ID-Verlag zu Dank verpflichtet, hier erste Anstrengungen unternommen zu haben. In der Gegenrichtung zum erfolgreichen Theorieimport der 80er Jahre gäbe es heute die Möglichkeit, die reichhaltige und differenzierte deutschsprachige Medien-, Technik- und Kulturkritik in die internationale Debatte einzubringen. Hier sind neue Verfahrensweisen gefordert, das Übersetzungsproblem in den Griff zu kriegen. Aus diesem Grund wurde parallel zur internationalen eine Mailingliste für »german only«-Texte eingerichtet, zu der alle LeserInnen herzlich eingeladen sind.

Es geht uns darum, durch eine »Arbeit am Diskurs« in verschiedenen Kontexten und Sprachen die Sache der Netzkritik voranzutreiben und dem Sieg über den Infokapitalismus ein Stück näher zu kommen. Man versteht jedoch das Modell von *nettime* besser, wenn man seine temporäre und territoriale Charakteristik näher betrachtet: nicht die Segmentarität eines Periodikums, sondern die Verteilung in Intensitäten, Zeiten und Zonen diskontinuierlicher Aktivität im Feld kultureller Differenzen, in denen es eher um das Moment der Bewegung als um eine kaderhafte Durchorganisation nach dem Primat festzulegender ideologischer Leitlinien geht, wo die Ausgrenzungsrituale blühen. Auch ist *nettime* keine versteckte Form von Konzeptkunst, weil sie den Kunstbetrieb zwar schneidet oder ihn anzapft, aber durchaus auch funktioniert, ohne Kunst genannt zu werden.

Nettime funktioniert weitgehend ohne Redaktion, als vages Medium. Die Praxis des »collaborative text filtering« geht zurück auf die Praxis der news groups und mailinglists. Der Moderator, anders als der Redakteur, ist zugleich technischer Operator, animiert zum Schreiben, filtert den gröbsten Müll, schlichtet Streit, stellt Kontakte her und lädt neue AbonnentInnen ein. Eine sorgfältige Kontextualisierung ist für jeden Sender unumgänglich, das trifft sowohl für eigene wie für gefundene Texte zu. Die Dokumente kontextualisieren sich über einen unscharfen Ausschluß von an anderer Stelle publizierten, über die Sammlung, deren Bestand stetig wächst und die Grundlage für Neuzugänge herstellt, über ihre Herkunft, die oft innerhalb des sozialen Netzes um *nettime* herum liegt, und über eine gewisse Selbstreferentialität, bei der das Netz als Medium Thema des Textes ist. Schließlich ist eine Reihe von Maßnahmen nötig, welche die Ökonomie der Aufmerksamkeit, das attention span, modellieren, die Verbindlichkeiten auch zwischen und mit den Usern herstellen und für Aktualität sorgen, also etwa unartikulierte Konflikte ausformulieren oder kommende Issues auslösen oder zumindest ansteuern. Es geht darum, nach Konzepten Ausschau zu halten, die Einfluß auf die Entwicklung des Netzes nehmen. Die Wirksamkeit findet ihre Grenzen auf der Ebene der Software und Hardwareentwicklung. Es geht nicht darum, eine radikale Kritik zu formulieren, der unbedingt zuzustimmen wäre, sondern Virtualitätsfelder zu erzeugen, die Handlungsmöglichkeiten eröffnen, Orientierungen und Argumente, wo üblicherweise Ohnmacht und Kritiklosigkeit herrschen.

Einer Freiheit gegenüber der Technik soll Ausdruck verliehen werden, die nicht nur auf das Aushandeln technischer Parameter setzt, sondern deren Umsetzung im Gesellschaftlichen der Kritik unterzieht. Es geht also um Handlungsdimensionen im konkreten Sinne, etwa das argumentative Material zu liefern, aus dem heraus erst eine gezielte Praxis möglich ist, wie sie beispielsweise die Hacker der 2. Generation zeigen, als ein bestimmtes gelebtes Verhältnis zur Technologie. Es geht weiter darum, bestimmten Ideologien und Plänen schon heute entgegenzutreten, bevor sie die Grundlage für in Technik, Standards und Bestimmungen umgesetzte Machtverhältnisse werden: dem versteckten politischen Programm der Cyberkultur etwa, das Technik als eine unhinterfragbare Instanz, als eine naturgleiche Macht versteht und von einem Moment der Transgression ausgeht, einen ebenso »posthumanen« wie retro-modernen Neuen Menschen konstruiert. Es gilt, den falschen Versprechungen und frommen Wünschen aller Cyberpriester entgegenzutreten und die Machtinteressen dahinter offenzulegen. Der Kollaps der Virtualisierung muß als Negation der überzogenen Verheißungen zumindest mitgedacht werden. Uns kümmert nicht die morbide Idee, daß Europa verloren hat und nun dem Untergang geweiht auf der historischen Entwicklungsstufe der »Zweiten industriellen Revolution« stecken bleibt, verurteilt zum Kulturkampf und zur Verteidigung der Überreste einer ruhmreichen Geschichte. Auch eine Kritik am Neoliberalismus, die auf eine Möglichkeit der Kontrolle der Netze hofft, baut auf den alten Nationalstaat. Mehr Sinn macht es, sich international zu vernetzen, um innerhalb der transnationalen Organisation der »corporate states« handlungsfähig zu bleiben. Es geht darum, eine Imperialismus- und Ideologiekritik zu erarbeiten, die den veränderten Bedingungen des globalen Kapitalismus gewachsen ist und sie auf den Begriff bringt.

Die Kritik der in Netztechnologien eingeschriebenen Ideologien und Diskurse kann sehr leicht in eine selbstgenügsame, anti-amerikanistische Idiosynkrasie abgleiten; eine »deutsche« Netzkritik kann, genauso wie eine »französische«, in eine eurozentristisch-isolationistische Haltung übergehen, in der Sicherheitspolitik und Kulturpolitik in eins fallen. Nicht die Klagen über »amerikanischen« Kulturimperialismus samt ihrer medienökologischen Variante, sondern die Inter-

nationalisierung autonomer Netzpraxis sind gefragt. Das Problem der Übersetzung muß mitgedacht werden, die Vielsprachlichkeit fördert die Entwicklung eines net-pigeon-english, einer lingua franca cibernetica, bei der man sich nicht
scheuen muß, Fehler, sondern eher zuviel Worte zu machen: »Mach es kurz! Am
Jüngsten Tag ist's nur ein Furz« (www.goethe.de).

Man kann die Ausgrenzungverfahren und den Integrationswang beklagen, die
mit der Vernetzung und Digitalisierung einhergehen, die unheilige Allianz von
Leviathan@babylon.com und Behemoth (tm) bekämpfen, dabei vergißt man
längst, daß es sich um Gefüge von Maschinen, Menschen und Medien handelt,
die sich nicht als reine Wesenheiten oder kybernetische Faktoren, sondern als
ziemlich wirkliche Ökonomien beschreiben lassen. Statt die Akkumulation von
kulturellem Kapital unter dem Vorzeichen radikaler politischer Ziele voranzutreiben, ensteht längst eine neue Arbeiterklasse an den WWWeb-Stühlen und Te-
leworkstations. Die Umstellungen finden statt, verkrustete Bürokratien werden
schlank gemacht, die ganze Palette von Outsourcing bis Downsizing schafft eine
Heterogenität von fluiden, kleinen und flexiblen post-fordistischen Unternehmen, mit ganz eigenem Arbeitsethos und viel corporate culture, doch die neuen
Modelle sind nicht nur besser oder schlechter, sondern die Zersplitterung erfordert veränderte Formen der sozialen Sicherung und des Arbeitsverständnisses bis
hin zu Mischverhältnissen von Arbeit und Freizeit, von Entlohnung und gift
economy, sei es allein, um der Kapitalisierung der kleinsten Kommunikations-
dienstleistung und einer Zentralsierung und Standardisierung unbekannten Aus-
maßes vorzubeugen.

Eine solche soziale Praxis geht weg von der Frage, wie eine technische Topologie des Netzes auszusehen hat, geplant von einem sozialdemokratischen Partei-
enapparat; vielmehr sind im kleinen Muster zu entwickeln, die in ähnlicher Form
Verbreitung finden, alleine weil sie allzu offensichtliche Vorteile für die Leute
bieten, die sich in ihnen wiederfinden. Darum ist nicht nur am Theorie-Praxis-
Abgleich zu feilen, sondern gleich das ganze Feld mitzudenken und zu entwickeln, in dem sich eine solche veränderte Arbeitsweise ausbreiten soll. Der
Vorteil an der ungemeinen Dynamisierung der Arbeitswelt durch neue Technologien ist, daß sich damit zumindest zeitweise die Möglichkeit bietet, praktikable
Arbeitsmodelle zu entwerfen, die für die Beteiligten Spaß und Geld genug zum
Leben einbringen. Ein zartes Beispiel hierfür können möglicherweise die verschiedenen unabhängigen, nonhierarchischen Arbeitsgruppen um Websites, Digitale Städte und Kulturprojekte bieten.

Es geht der Netzkritik nicht nur um eine Kritik der in Technolgien »eingeschriebenen« Gesetze und Wahngebilde, nur um sie durch ihr Negativ zu erset-

zen, noch geht es um die Durchsetzung eines generalisierten Leitbildes; nicht um korrektes Verhalten und aufgeklärtes Bewußtsein, nicht um Volksbildung im Sinne der Verbesserung der Menschen bis hin zur Zähmung des Maschinellen, sondern darum, jenseits der Negativierungen das angebotene Material in existierende Strukturen einzubauen, ohne gleich die »Digitale Revolution« predigen zu müssen.

Die unerträgliche Leichtigkeit der digitalen Kosmopoliten benötigt eine Verortung um Symposien, Netzarbeiterkollektive, Kneipen und Privatwohnungen. Angesichts einer bevorstehenden Telekommunikationsordnung, die sich am Modell des Obrigkeitsstaates orientiert, besteht die Möglichkeit der Daten-Emigration: exil.nl bietet politisch verfolgten Datenbeständen einen Zufluchtsort. Die ersten »off-shore-sites« (im internationalen Gewässer, auf einer Südseeinsel) für Steuerflucht oder Raubkopien existieren bereits, extraterrestrische Satelliten-Server und Dienstleistungen im Graubereich. Die optimale Ausnutzung der kleinen nationalen Unterschiede wird auch im Bereich der Politischen Daten notwendig.

Burn, Cyberspace Burn!
(Schade, daß Information nicht brennt)

Viele AktivistInnen möchten nicht vertraut werden mit den Kreisen der Hacker, die in Verruf geraten sind durch ihren Ausverkauf in den alten Medien. Die Kriminalisierung elektronischer Kompetenz wurde auf breiter Basis akzeptiert, und man ist sich nicht bewußt, daß es um die klassische Aneignung der Produktionsmittel geht. Weltweit wird die politische Aktivität auf den Netzen gleichgesetzt mit der Institutionalisierung politischer Arbeit unter dem Dach international operierender NGOs (wie APC oder Soros).

Der Mythos des Hackers besagt, daß er in der Vorgeschichte der Netze zurückbleibt und als Sicherheitsproblem den Anti-Viren-Experten anvertraut wurde. Es geht nicht nur um die Onlineisierung politisch korrekten Inhalts, sondern um den kreativen Umgang mit den technischen Möglichkeiten, die sich hinter den Klickoberflächen verbergen, und zwar nicht in dem Sinn, daß man sich mit den Arsenalen des Cyberwars gegenseitig fertig macht. Es reicht nicht, die Anti-Mercedes-Benz-Site aufzumachen, um effizient den weltweiten Kampf gegen multinationale Konzerne aufzunehmen, sondern man muß sich, jenseits der Techniken der Repräsentation, neue Formen von Netzkampagnen ausdenken.

Über die Instrumentalisierung der Netze hinaus gibt es trotz aller Netzkritik neue Möglichkeiten der Befreiung zu erforschen und zu genießen. Hierzu gehören der ästhetische Gebrauch von LoTech oder die Taktiken der Verlangsamung, das Zusammenlöten hybrider Medienverbünde (Theater, Radio, Super8,

Fax, C64, Casio, Xerox, T-Shirts), das Operieren auf den untersten Systemebenen, downgrading the future, die Rückkehr zu ASCII als Politikum, Net-Strike, innercity, Prenzlnet (»Vernetzung aller Hinterhöfe«), public terminals, freie Vergabe von gefaketen E-Mail-Adressen, anonyme Blitzmails. In diesem Sinn ist der Aufruf zur Netzkritik zu verstehen.

nettime
englisch: http://www.desk.nl/~nettime
deutsch: http://www.icf.de/nettime-d
niederländisch: http://www.v2.nl/nettime-nl
newsgroup: alt.culture.nettime

Kontakt
geert@xs4all.nl, pit@contrib.de
Postfach 10591
NL-1001 EN Amsterdam
tel/fax 0031 20 6203297

Richard Barbrook und Andy Cameron

Die kalifornische Ideologie

"Etwas Wahres über die Zukunft zu sagen ist unmöglich,
und man kann nach Belieben über sie lügen." (Naum Gabo)[1]

Als der Damm barst ...

Am Ende des 20. Jahrhunderts vollzieht sich schließlich die lange prophe-
zeite Konvergenz der Medien, der Computer und der Telekommunikation zu einem Hypermedium.[2] Wieder einmal ist die unermüdliche Begierde des Kapitalismus, die kreativen Kräfte des Menschen zu diversifizieren und zu intensivieren,
auf dem Sprung, die Weise, wie wir arbeiten, spielen und zusammen leben, qualitativ zu verändern. Durch die Integration verschiedener Technologien mittels
gemeinsamer Protokolle wird etwas erzeugt, was mehr als die Summe seiner Teile ist. Wenn die Fähigkeit, unbegrenzte Mengen an Information jeder Form zu
schaffen und zu empfangen, mit der Reichweite globaler Telefonnetze verbunden
wird, können sich bestehende Arbeits- und Freizeitformen grundlegend verändern. Neue Industrien werden entstehen und Favoriten des Aktienmarktes werden weggespült. Während solcher Zeiten eines tiefen sozialen Wandels wird jedem, der eine einfache Erklärung der Vorgänge anbieten kann, mit großem Interesse gelauscht. In diesem entscheidenden Augenblick hat ein loses Bündnis
von Autoren, Hackern, Kapitalisten und Künstlern die Definition einer heteroge-
nen Orthodoxie für das kommende Informationszeitalter geschaffen: die kalifornische Ideologie.

Dieser neue Glaube entwickelte sich aus einer seltsamen Verschmelzung der
kulturellen Boheme aus San Francisco mit den High-Tech-Industrien von Silicon
Valley. Von Zeitschriften, Büchern, Fernsehprogrammen, Web Sites, News-
Groups und Netzkonferenzen unterstützt, verbindet die kalifornische Ideologie
klammheimlich den freischwebenden Geist der Hippies mit dem unternehmerischen Antrieb der Yuppies. Diese Verschmelzung der Gegensätze wurde durch einen tiefreichenden Glauben an das emanzipatorische Potential der neuen Informationstechnologien bewirkt. In der digitalen Utopie wird jeder gut drauf und
reich sein. Diese optimistische Vision wurde, keineswegs überraschend, begei-

stert von Computer-Enthusiasten, faulen Studenten, innovativen Kapitalisten, engagierten Aktivisten, modischen Akademikern, futuristischen Bürokraten und opportunistischen Politikern überall in den Vereinigten Staaten angenommen. Wie immer beeilten sich die Europäer, den letzten Schrei aus Amerika nachzuahmen. Während unlängst eine EU-Kommission im sogenannten Bangemann-Bericht empfahl, dem kalifornischen Modell des »freien Marktes« für den Ausbau der »Datenautobahn« zu folgen, imitieren avantgardistische Künstler und Akademien wie die Warwick University die posthumanen Philosophen des extropischen Kults der Westküste.[3] Ohne offensichtliche Rivalen erscheint der Triumph der kalifornischen Ideologie total zu sein.

Die weitreichende Anziehungskraft dieser Ideologen der Westküste resultiert nicht nur aus ihrem ansteckenden Optimismus. Vor allem sind sie leidenschaftliche Vertreter einer Haltung, die als eine unschuldige liberale Politikform erscheint: Sie wollen den Einsatz der Informationstechnologien, um eine neue Demokratie im Geiste Jeffersons zu schaffen, in der alle Individuen sich frei im Cyberspace zum Ausdruck bringen können.[4] Während sie jedoch dieses anscheinend bewundernswerte Ideal feiern, reproduzieren diese Technikförderer gleichzeitig einige der atavistischen Merkmale der amerikanischen Gesellschaft, vor allem jene, die aus dem Vermächtnis der Sklaverei herstammen. Ihre utopische Vision von Kalifornien basiert auf einer willentlichen Blindheit gegenüber den anderen, viel weniger positiven Eigenschaften des Lebens an der Westküste: Rassismus, Armut und Umweltzerstörung.[5] Ironischerweise beschäftigten sich die Intellektuellen und Künstler der Bay Area kurz davor mit eben jenen Problemen.

Ronald Reagan und die Hippies

Am 15. Mai 1969 gab Ronald Reagan bewaffneten Polizeieinheiten den Befehl, bei Tagesanbruch gegen protestierende Hippies vorzugehen, die den People's Park in der Nähe des Campus der University of California besetzt hatten. Während der folgenden Kämpfe wurde ein Mann erschossen und 128 Menschen mußten im Krankenhaus behandelt werden. An diesem Tag schienen die »ordentliche« Welt und die Gegenkultur in unversöhnlichem Gegensatz zu stehen.[6] Auf der einen Seite der Barrikaden vertraten der Gouverneur Reagan und seine Anhänger das freie Unternehmertum und unterstützten die Invasion Vietnams. Auf der anderen Seite traten die Hippies für eine soziale Revolution in den USA ein und bekämpften deren imperialistische Expansion in andere Länder. Im Jahr des Angriffs auf den People's Park schien die historische Entscheidung zwischen den zwei sich bekämpfenden Visionen über Amerikas Zukunft nur durch einen gewaltsamen Konflikt lösbar zu sein.

»Unsere Suche nach Abenteuer und Heroismus führt uns von Amerika weg, zu einem Leben der Selbsterschaffung und Rebellion. Im Gegensatz ist Amerika dazu bereit, uns zu zerstören ...« (Jerry Rubin).

In den sechziger Jahren waren die Radikalen der Bay Area die Pioniere der politischen Einstellungen und des kulturellen Stils der neuen linken Bewegungen in der ganzen Welt. Sie lösten sich aus der engen Politik der Nachkriegsära und organisierten Kampagnen gegen Militarismus, Rassismus, sexuelle Diskriminierung, Schwulenangst, geistlosen Konsum und Umweltverschmutzung. Statt der Hierarchien der traditionellen Linken schufen sie kollektive und demokratische Strukturen, die die libertäre Gesellschaft der Zukunft vorwegnehmen sollten. Überdies verband die kalifornische Linke den politischen Kampf mit einer Kulturrebellion. Anders als ihre Eltern weigerten sich die Hippies, nach den strengen gesellschaftlichen Konventionen zu leben, die durch das Militär, die Universitäten, die Unternehmen und selbst die linksgerichteten politischen Parteien die Leute zu »organisierten Menschen« machten. Statt dessen zeigten sie ihre Ablehnung der ordentlichen Welt durch ihre lässige Kleidung, ihre sexuelle Promiskuität, ihre laute Musik und ihre entspannenden Drogen.

Die radikalen Hippies waren Liberale im sozialen Sinne des Begriffs. Sie traten für universalistische, rationale und progressive Ideale wie Demokratie, Toleranz, Selbstverwirklichung und soziale Gerechtigkeit ein. Verwöhnt durch über zwanzig Jahre wirtschaftlichen Wachstums glaubten sie, daß die Geschichte auf ihrer Seite stünde. In Science-Fiction-Geschichten träumten sie von »Ökotopia«, von einem künftigen Kalifornien, in dem Autos verschwunden, die Industrieproduktion ökologisch verträglich, die Beziehungen zwischen den Geschlechtern gleichberechtigt sein würden und das Alltagsleben in kommunitären Gruppen stattfindet.[7] Für einige Hippies konnte sich diese Vision nur durch die Abkehr vom wissenschaftlichen Fortschritt als einem falschen Gott und durch die Rückkehr zur Natur verwirklichen. Im Gegensatz dazu glaubten andere, daß der technologische Fortschritt ihre libertären Prinzipien unweigerlich zu einer gesellschaftlichen Tatsache machen würde. Vor allem glaubten diese von den Theorien Marshall McLuhans beeinflußten Technophilen, daß die Konvergenz der Medien, Computer und Telekommunikation zwangsläufig die elektronische Agora entstehen ließe: einen virtuellen Platz, auf dem jeder seine Meinungen ohne Angst vor Zensur außern kann. Obgleich McLuhan ein Englischprofessor mittleren Alters war, predigte er die radikale Botschaft, daß die Macht der großen Unternehmen und Regierungen von den intrinsisch den Individuen Macht verleihenden Auswirkungen der neuen Technologien gebrochen würde.

»Elektronische Medien ... schaffen die Raumdimension ab. Mit der Elektrizität nehmen wir überall Mensch-zu-Mensch-Beziehungen wie im kleinsten Dorf auf. Es ist eine in die Tiefe gehende Beziehung, ohne Delegation von Funktionen oder Macht ... Der Dialog überwindet die Lektüre« (Marshall McLuhan).[8] Gestärkt durch die Vorhersagen McLuhans engagierten sich die Radikalen der Westküste bei der Entwicklung neuer Informationstechnologien für die alternative Presse, kollektive Radiostationen, Clubs für selbstgebaute Computer und Videogruppen. Die Medienaktivisten der Kollektive glaubten, sie befänden sich an der Front des Kampfes bei der Bildung eines neuen Amerika. Die Schaffung der elektronischen Agora war der erste Schritt in Richtung auf die Einführung einer direkten Demokratie in allen gesellschaftlichen Institutionen.[9] Der Kampf könnte hart sein, aber »Ökotopia« war schon fast da.

Das Emporkommen der »virtuellen Klasse«

Wer hätte vorausgesehen, daß weniger als dreißig Jahre nach dem Kampf um den People's Park die Spießer und Hippies gemeinsam die kalifornische Ideologie ausbilden würden? Wer hätte gedacht, daß eine solch widersprüchliche Mischung aus technologischem Determinismus und liberalem Individualismus zur hybriden Orthodoxie des Informationszeitalters würde? Und wer hätte vermutet, daß es mit der zunehmenden Verehrung der Technologie immer weniger möglich würde, irgend etwas Sinnvolles über die Gesellschaft zu sagen, in der sie eingesetzt wird?

Die kalifornische Ideologie bezieht ihre Popularität aus der großen Mehrdeutigkeit ihrer Lehren. Während der letzten Jahrzehnte wurde die Pionierarbeit der kommunitär orientierten Medienaktivisten großzügig von den High-Tech- und Medienindustrien gefördert. Obgleich Unternehmen in diesen Bereichen anfallende Arbeitsleistungen in hohem Grad mechanisieren und nach außen vergeben können, sind sie von den maßgeblichen Menschen abhängig, die Originalprodukte entwickeln und erzeugen können – von Softwareprogrammen und Computerchips bis hin zu Büchern und Fernsehprogrammen. Zusammen mit einigen High-Tech-Unternehmern stellen diese gut ausgebildeten Angestellten die sogenannte virtuelle Klasse dar – »die Technointelligenz der Kognitionsforscher, Ingenieure, Computerwissenschaftler, Computerspielprogrammierer und all die anderen Kommunikationsspezialisten« (Kroker/Weinstein).[10]

Da sie nicht der Disziplin der Fließbänder unterworfen oder durch Maschinen ersetzt werden können, haben Manager diese intellektuellen Arbeitskräfte durch Zeitverträge angestellt. Wie die »Arbeiteraristokratie« des letzten Jahrhunderts erfährt der personelle Kern der Medien-, Computer- und Telekommunikationsindustrien die Belohnungen und Unsicherheiten des Marktes. Einerseits sind diese

High-Tech-Künstler nicht nur meist gut bezahlt, sie haben auch eine beträchtliche Autonomie hinsichtlich ihrer Arbeit und ihres Arbeitsplatzes. Folglich wurde der kulturelle Unterschied zwischen den »organisierten Menschen« und den Hippies ziemlich unscharf. Andererseits sind diese Angestellten durch ihre Zeitverträge gebunden und haben keine Garantie, darüber hinaus beschäftigt zu werden. Da ihnen die freie Zeit der Hippies fehlt, wurde die Arbeit selbst für den Großteil der »virtuellen Klasse« zum wesentlichen Mittel der Selbstverwirklichung.[11]

Die kalifornische Ideologie eröffnet das Verständnis für die Lebenswelt dieser High-Tech-Künstler. Einerseits sind sie als Kernbeschäftigte ein privilegierter Teil des Gesamtarbeiters. Andererseits sind sie die Erben der radikalen Ideen der kollektiven Medienaktivisten. Die kalifornische Ideologie spiegelt daher gleichzeitig die Disziplin der Marktökonomie und die Freiheiten des künstlerischen Hippietums wider. Diese bizarre Mischung wurde nur durch einen fast universellen Glauben an den technologischen Determinismus möglich. Seit den 60er Jahren haben die Liberalen – im gesellschaftlichen Sinne des Begriffs – darauf gehofft, daß die neuen Informationstechnologien ihre Ideale verwirklichen würden.

Als Reaktion auf die Herausforderungen der Neuen Linken hat die Neue Rechte eine ältere Form des Liberalismus wiederbelebt: den ökonomischen Liberalismus. Anstelle der kollektiven Freiheit, an die die radikalen Hippies dachten, vertraten sie die Freiheit der Individuen auf dem Markt. Aber selbst diese Konservativen konnten dem Zauber der neuen Informationstechnologien nicht widerstehen. In die 60er Jahre zurückblickend, wurden die Voraussagen McLuhans als Ankündigung neuer Formen der Medien, Computer und Telekommunikationsmittel uminterpretiert, die von der Privatwirtschaft entwickelt werden.[12] Seit den 70er Jahren versuchten Toffler, de Sola Pool und andere Gurus zu beweisen, daß die Ankunft der Hypermedien paradoxerweise eine Rückkehr zum ökonomischen Liberalismus der Vergangenheit impliziere. Diese rückwärts gerichtete Utopie spiegelte sich in den Vorhersagen von Asimov, Heinlein und anderen Macho-Science-Fiction-Autoren, deren Zukunftswelten immer mit Weltraumhändlern, gewieften Geschäftsleuten, genialen Wissenschaftlern, Piratenkapitänen und anderen wilden Individualisten bevölkert waren.[13] Der Weg des technologischen Fortschritts führte nicht immer zu »Ökotopia«, er könnte auch zurück zum Amerika der Gründerväter zurückführen.

Elektronische Agora oder elektronischer Marktplatz?

Die Mehrdeutigkeit der kalifornischen Ideologie kommt am deutlichsten in ihren widersprüchlichen Visionen der digitalen Zukunft zum Ausdruck. Die Entwicklung der Hypermedien ist ein Schlüsselelement der nächsten Stufe des Kapitalismus. Wie Zuboff ausführt, ist die direkte Einführung der Medien-, Computer- und Telekommunikationstechnologien in die Fabrik und das Büro der Höhepunkt eines langen Prozesses der Trennung der Arbeitskraft von der direkten Beteiligung an der Produktion.[14] Auch wenn dies nur aus Gründen der Konkurrenz geschieht, werden alle großen industriellen Ökonomien ihre Bevölkerung wahrscheinlich vernetzen, um die Produktivitätsziele der digitalen Arbeit zu erreichen. Unbekannt sind die gesellschaftlichen und kulturellen Folgen, wenn man es den Menschen ermöglicht, nahezu unbeschränkte Informationsmengen auf globalem Niveau herzustellen und auszutauschen. Wird die Ankunft der Hypermedien die Utopien der Neuen Linken oder die der Neuen Rechten verwirklichen? Die kalifornische Ideologie als hybride Überzeugung reagiert unbeschwert auf diese Frage durch den Glauben an beide Visionen zur gleichen Zeit – und nicht durch die Kritik an einer von beiden.

Zum einen wurde die anti-kommerzielle Reinheit der Neuen Linken von den Advokaten der »virtuellen Gemeinschaft« bewahrt. Nach Howard Rheingold, ihrem Guru, formen die Werte der Baby Boomers aus der Gegenkultur die Entwicklung der neuen Informationstechnologien. Folglich können kommunitäre Aktivisten Hypermedien einsetzen, um den Kapitalismus der Unternehmen und den starken Staat durch eine High-Tech-»Ökonomie der Geschenke« zu ersetzen. Schon Bulletin-Board-Systeme, Netzkonferenzen in Echtzeit und Chatkanäle basieren auf dem freiwilligen Austausch von Information und Wissen seitens ihrer Teilnehmer. In Rheingolds Sicht stehen die Mitglieder der »virtuellen Klasse« noch immer an der Front des Kampfes für gesellschaftliche Befreiung. Trotz der wahnsinnig großen kommerziellen und politischen Mitwirkung am Ausbau der »Datenautobahn« werde die elektronische Agora unweigerlich über ihre kommerziellen und bürokratischen Feinde siegen.[15]

Andererseits haben die Ideologen der Westküste die Ideologie des Laissezfaire ihres einstigen konservativen Feindes übernommen. *Wired* beispielsweise, die monatlich erscheinende Bibel der »virtuellen Klasse«, hat unkritisch die Ansichten Newt Gingrichs, des rechtsextremen republikanischen Führers im US-Repräsentantenhaus, und der Tofflers wiedergegeben, die seine engen Berater sind. Die Zeitschrift sieht über die Politik, die Sozialleistungen abzuschaffen, hinweg und läßt sich vom Enthusiasmus für die liberalen Möglichkeiten mitreißen, die von den neuen Informationstechnologien eröffnet werden.[16] Obgleich sie McLuhans technologischen Determinismus übernehmen, sind Gingrich und Toffler keine Befürworter der elektronischen Agora. Ganz im Gegenteil behaupten sie, daß die Konvergenz der Medien-, Computer- und Telekommunikationstechnologien einen elektronischen Marktplatz schafft.

»Im Cyberspace ... wird ein Markt nach dem anderen durch den technologischen Fortschritt von einem ›natürlichen Monopol‹ in einen verwandelt, in dem die Konkurrenz die Regel ist« (Toffler et. al.).[17]

In dieser Version der kalifornischen Ideologie wird jedem Mitglied der »virtuellen Klasse« die Chance versprochen, ein erfolgreicher High-Tech-Unternehmer zu werden. Informationstechnologien, so der Gedankengang, vergrößern die Macht des Individuums, verstärken die persönliche Freiheit und reduzieren radikal die Macht des Nationalstaates. Bestehende gesellschaftliche, politische und staatliche Machtstrukturen werden zugunsten von unbeschränkten Interaktionen zwischen autonomen Individuen und ihrer Software verschwinden. Diese Nachfolger McLuhans vertreten vehement die Auffassung, daß der Staat sich von den über reiche Ressourcen verfügenden Unternehmern fernhalten sollte, da diese die einzigen coolen und mutigen Menschen seien, bereit, Risiken einzugehen. Anstatt kontraproduktiver Regulationen erfinden visionäre Ingenieure die zur Schaffung eines »freien Marktes« im Cyberspace notwendigen Instrumente, z.B. Verschlüsselungscodes, digitales Geld und Verifikationsmechanismen. Dem verantwortlichen Herausgeber von *Wired* zufolge sind die »unsichtbare Hand« des Marktes und die blinden Kräfte der darwinistischen Evolution ein und dasselbe. Wie in Heinleins und Asimovs Science-Fiction-Geschichten scheint der Pfad in die Zukunft in die Vergangenheit zurückzuführen. Das Informationszeitalter des 20. Jahrhunderts verwirklicht die liberalen Ideen Thomas Jeffersons aus dem 18. Jahrhundert: »Die Schaffung einer neuen Zivilisation, die auf den ewigen Wahrheiten der amerikanischen Idee gegründet ist.«[18]

Der Mythos des freien Marktes

Nach dem Sieg der Gingrich-Republikaner bei den Wahlen im Jahre 1994 befindet sich diese rechte Version der kalifornischen Ideologie im Aufstieg. Aber die heiligen Prinzipien des ökonomischen Liberalismus werden durch die aktuelle Geschichte der Hypermedien untergraben. Die Bildtechnologien des Computers und des Netzes konnten beispielsweise nur mit der massiven staatlichen Unterstützung und dem enthusiastischen Engagement von Amateuren entwickelt werden. Privates Unternehmertum hat dabei eine wichtige Rolle gespielt, aber es war nur Bestandteil einer gemischten Ökonomie.

Der erste Computer – die Differenzmaschine[19] – wurde beispielsweise von kommerziellen Unternehmen entwickelt und gebaut. Doch ihre Realisierung wurde erst durch einen Zuschuß der britischen Regierung in Höhe von 17 470 Pfund Sterling ermöglicht, was 1834 ein kleines Vermögen war. Vom Colossus bis zum EDVAC, von den Flugsimulatoren bis zur Virtuellen Realität hing der

Fortschritt in der Computertechnologie in entscheidenden Momenten von staatlichen Forschungsgeldern oder großen Aufträgen staatlicher Institutionen ab. IBM produzierte den ersten programmierbaren digitalen Computer erst, als die Firma vom Verteidigungsministerium während des Koreakrieges dazu aufgefordert wurde.[20] Seitdem wurde die Entwicklung der aufeinanderfolgenden Computergenerationen direkt oder indirekt vom Verteidigungshaushalt der USA gefördert. Neben der staatlichen Hilfe hing die Entwicklung der Computertechnologie in gleichem Maße von der Alternativkultur ab. Beispielsweise erfanden den Personalcomputer Leute, die als Amateure vor allem eigene preisgünstige Rechner bauen wollten. Die zwischen den Hobbyanwendern bestehende »Ökonomie der Geschenke« war notwendige Voraussetzung des anhaltenden Erfolgs der Produkte von Apple oder Microsoft. Und Shareware-Programme spielen bis heute eine wesentliche Rolle bei der Weiterentwicklung von Software.

Auch die Geschichte des Internet widerspricht den Behauptungen der Ideologen des »freien Marktes«. Während der ersten zwanzig Jahre seiner Existenz hing die Entwicklung des Netzes fast vollständig von der geschmähten US-Regierung ab. Große Summen an Steuergeldern flossen seitens des amerikanischen Militärs oder der Universitäten in die Herstellung der Netzinfrastruktur und subventionierten den Gebrauch seiner Dienste. Gleichzeitig wurden viele der entscheidenden Programme und Anwendungen des Netzes von Hobbyprogrammierern oder von Spezialisten in ihrer Freizeit ausgearbeitet. Das MUD-Programm beispielsweise, das Netzkonferenzen in Echtzeit ermöglicht, wurde von einer Studentengruppe entwickelt, die Fantasy-Spiele in einem Computernetzwerk spielen wollten.[21]

Eine der Merkwürdigkeiten in der rechtsdrehenden kalifornischen Ideologie ist der Umstand, daß die Westküste selbst ein Ergebnis der gemischten Ökonomie ist. Mit Regierungsgeldern wurden Bewässerungssysteme, Schnellstraßen, Schulen, Universitäten und andere infrastrukturelle Einrichtungen gebaut, die das gute Leben in Kalifornien ermöglichen. An der Spitze dieser öffentlichen Förderungen stand der High-Tech-Industriekomplex, der über Jahrzehnte hinweg die größten Zuwendungen in der Geschichte erhalten hat. Die amerikanische Regierung hat Milliarden von Steuergeldern für den Kauf von Flugzeugen, Raketen, elektronischen Systemen und Atombomben bei kalifornischen Unternehmen ausgegeben. Wer nicht von den Dogmen des »freien Marktes« geblendet war, dem war klar, daß die USA immer eine staatliche Wirtschaftsplanung hatten. Man nannte sie lediglich Verteidigungshaushalt.[22] Gleichzeitig stammten die wesentlichen Elemente des Lebensstils der Westküste aus der langen Tradition der kulturellen Boheme. Auch wenn sie später kommerzialisiert wurden, entwickelten sich kollektive Medien, der »New Age«-Spiritualismus, Surfen, Naturkost, Entspannungsdrogen, Popmusik und viele andere Formen der kulturellen Heterodoxie aus den entschieden nicht-kommerziellen Szenen der Universitäten, der Künstlergemeinschaften und Landkommunen. Ohne die alternative Kultur hätten die kalifornischen Mythen nicht ihre heutige Resonanz gefunden.[23]

Die staatliche Subventionierung und das Engagement der Szene übte einen enormen, wenn auch nicht anerkannten und nicht berechenbaren positiven Einfluß auf die Entwicklung von Silicon Valley und anderen High-Tech-Industrien aus. Kapitalistischen Unternehmern ist oft eine übersteigerte Wertschätzung ihrer Bedeutung eigen, während sie die Beiträge seitens des Staates, ihrer Mitarbeiter oder anderer Menschen kaum zu würdigen wissen. Jeder technische Fortschritt ist kumulativ. Er hängt von den Folgen einer kollektiven Geschichte ab und muß, zumindest teilweise, als kollektive Leistung gewürdigt werden. Wie in jedem industrialisierten Land griffen die Unternehmer der Westküste auf Maßnahmen des Staates und auf ein Alternativmilieu zurück, um ihre Firmen aufzubauen und fortzuentwickeln.

Als japanische Unternehmen sich anschickten, den amerikanischen Mikrochipmarkt zu übernehmen, hatten die liberalistischen Computerkapitalisten keine Probleme damit, sich einem vom Staat unterstützten Kartell anzuschließen, das die »Invasion aus dem Osten« abwehren sollte.[24] Bill Gates glaubte, daß Microsoft den Vertrieb von »Windows '95« solange aufschieben mußte, bis in es Netzprogramme eingearbeitet waren, die die Partizipation der Netzszene ermöglichten.[25] Wie in anderen Sektoren der modernen Wirtschaft ist die Frage, der sich die aufkommende Hypermedia-Industrie stellen muß, nicht, ob sie sich als eine gemischte Ökonomie entwickelt, sondern lediglich, welcher Art diese gemischte Ökonomie sein wird.

Freiheit ist Sklaverei

Wenn seine heiligen Regeln also von der profanen Geschichte widerlegt wurden, warum haben dann die Mythen des »freien Marktes« die Vertreter der kalifornischen Ideologie so beeinflußt? Innerhalb einer Vertragskultur führen die High-Tech-Handwerker ein schizophrenes Leben. Einerseits können sie nicht den Vorrang des Marktes über ihr Leben in Frage stellen, andererseits ärgern sie sich über Versuche von Leuten, die Machtpositionen einnehmen, sich in ihre individuelle Autonomie einzumischen. Mit der Vermischung von Anschauungen der Neuen Linken und der Neuen Rechten sorgt die kalifornische Ideologie für eine mystische Auflösung der widersprüchlichen Haltungen, die die Mitglieder der »virtuellen Klasse« einnehmen. Vor allem der anti-staatliche Affekt stellt die

Mittel bereit, radikale und reaktionäre Ideen über den technischen Fortschritt zu versöhnen.

Während die Neue Linke die Regierung kritisiert, weil sie den militärisch-industriellen Komplex unterstützt, greift die Neue Rechte den Staat an, weil er die spontane Ausbreitung neuer Technologien durch den Wettbewerb am Markt reguliert. Trotz der zentralen Rolle, die die öffentliche Hand für die Entwicklung der Hypermedia-Industrie spielte, predigen die kalifornischen Ideologen die antistaatliche Lehre eines High-Tech-Liberalismus: der bizarre Mischmasch aus einer anarchistischen Hippieweltanschauung und ökonomischem Liberalismus mit einem großen Schuß an technologischem Determinismus. Anstatt den real existierenden Kapitalismus zu verstehen, ziehen die Gurus es vor, konkurrierende Versionen einer digitalen »Jeffersonschen Demokratie« zu vertreten. Beispielsweise glaubt Howard Rheingold aus der Perspektive der Neuen Linken, daß die elektronische Agora den Individuen ermöglicht, die Art der medialen Freiheit auszuüben, die von den Gründungsvätern vertreten wurde. Ganz Ähnliches behaupten auch die Vertreter der Neuen Rechten.[26]

Der Triumph dieses rückwärts gerichteten Futurismus ist eine Konsequenz der nicht erfolgten Reform der USA während der späten 60er und der frühen 70er Jahre. Wie bei der Auseinandersetzung im People's Park trat der Kampf zwischen dem amerikanischen Establishment und der Gegenkultur in eine Spirale der Gewalt ein. Während es Vietnam durch große menschliche Opfer gelang, die amerikanischen Invasoren aus dem Land zu vertreiben, wurden die Hippies und ihre Verbündeten in den schwarzen Bürgerrechtsbewegungen durch eine Kombination staatlicher Repression und kultureller Kooptation zerbrochen.

Die kalifornische Ideologie verinnerlicht die Folgen dieser Niederlage für die Mitglieder der »virtuellen Klasse« auf perfekte Weise. Selbst wenn sie die von den Hippies erzielten Freiheiten genießen, sind die meisten nicht mehr aktiv mit der Verwirklichung von »Ökotopia« beschäftigt. Anstatt offen gegen das System zu rebellieren, akzeptieren diese High-Tech-Handwerker jetzt, daß individuelle Freiheit nur unter den Bedingungen des technischen Fortschritts und des »freien Marktes« erreicht werden kann. In vielen Cyberpunkgeschichten wird dieser asoziale Liberalismus durch die zentrale Figur des Hackers dargestellt, der als einsames Individuum in den virtuellen Welten der Information um sein Überleben kämpft.[27]

Die Rechtstendenz der kalifornischen Ideologie wird durch das unhinterfragte Akzeptieren des liberalen Ideals vom selbstgenügsamen Individuum unterstützt. Im populären amerikanischen Geschichtsbild entstand die Nation in der Wildnis durch freibeuterische Individuen – durch die Trapper, Cowboys, Prediger und Siedler auf dem Weg nach Westen. Die amerikanische Revolution hatte selbst das Ziel, die Freiheiten und das Eigentum der Individuen gegen unterdrückende Gesetze und ungerechte Steuern eines fremden Königs zu schützen. Der Neuen Linken wie der Neuen Rechten der USA stellen die ersten Jahre der amerikanischen Republik ein mächtiges Modell für ihre konkurrierenden Versionen der individuellen Freiheit bereit. Aber es gibt im Zentrum dieses ursprünglichen amerikanischen Traums einen tiefen Widerspruch: den einzelnen ging es in dieser Zeit nur durch das Leiden von anderen besser. Das wird nirgendwo deutlicher als im Leben von Thomas Jefferson, dem zentralen Symbol der kalifornischen Ideologie.

Thomas Jefferson war es, der den mitreißenden Ruf nach Demokratie und Freiheit in der amerikanischen Unabhängigkeitserklärung schrieb und gleichzeitig der Eigentümer von nahezu zweihundert Sklaven war. Als Politiker vertrat er das Recht der amerikanischen Bauern und Handwerker, über ihr eigenes Leben zu entscheiden, ohne den Zwängen des feudalistischen Europa unterworfen zu sein. Wie andere Liberale in dieser Zeit war er der Überzeugung, daß politische Freiheiten gegenüber autoritären Regierungen einzig durch einen weitgestreuten Besitz von Privateigentum geschützt werden können. Die Bürgerrechte wurden von diesem grundlegenden Naturrecht abgeleitet. Um die Autonomie zu fördern, schlug er vor, daß jedem Amerikaner als Garantie seiner wirtschaftlichen Unabhängigkeit mindestens 50 Morgen Land gegeben werden sollten. Während er die kleinen Bauern und Geschäftsleute des Wilden Westens idealisierte, war Jefferson in Wirklichkeit jedoch ein Plantagenbesitzer aus Virginia, der von der Arbeit seiner Sklaven lebte. Obgleich die »besondere Rechtslage« des Südens sein Gewissen beunruhigte, glaubte er weiterhin, daß die Naturrechte des Menschen das Recht einschlossen, Menschen als Privateigentum zu besitzen. In der Jeffersonschen Demokratie basierte die Freiheit der Weißen auf der Versklavung der Schwarzen.[28]

Uorwärts in die Uergangenheit

Trotz der Emanzipation der Sklaven und der Siege der Bürgerrechtsbewegung steht die Rassentrennung noch immer im Zentrum der amerikanischen Politik, besonders an der Westküste. Bei den kalifornischen Gouverneurswahlen gewann 1994 Pete Wilson, der republikanische Kandidat, durch eine bösartige Kampagne gegen die Immigranten.[29] Auf der nationalen Ebene basierte der Sieg der republikanischen Partei von Gingrich bei den Kongreßwahlen auf der Mobilisierung der »wütenden weißen Männer« gegen die unterstellte Bedrohung durch schwarze Sozialhilfeschnorrer, Einwanderer aus Mexiko und andere dreiste Minoritäten. Diese Politiker machten sich bei den Wahlen die wachsende Polarisierung zwischen der hauptsächlich weißen und wohlhabenden Bevölkerung der suburbanen Zonen, die zum großen Teil zur Wahl geht, und den größtenteils nicht-weißen und ärmeren Bewohnern der Innenstädte, die meistens nicht wählen, zunutze. Auch wenn sich die kalifornischen Ideologen ein paar der Hippie-Ideale bewahrt haben, sind viele von ihnen außerstande, eine klare Position gegen die Spaltungspolitik der Republikaner zu beziehen. Der Grund liegt in dem Sachverhalt, daß die High-Tech- und Medienfimen ein zentrales Element in der auf die Wahlen ausgerichteten Koalition der Neuen Rechten bilden. Kapitalisten und gut bezahlte Angestellte fürchten teilweise, daß das offene Zugeständnis der Subventionierung ihrer Unternehmen seitens der öffentlichen Hand Steuererhöhungen rechtfertigen könnten, um die verzweifelt benötigten Ausgaben für das Gesundheitssystem, den Schutz der Umwelt, den Bau von Wohnungen, die öffentlichen Verkehrsmittel und die Ausbildung bezahlen zu können. Aber entscheidender ist, daß viele Mitglieder der »virtuellen Klasse« durch die liberalistische Rhetorik und den technologischen Enthusiasmus der Neuen Rechten verführt werden wollten. Da sie für High-Tech- und Medienfirmen arbeiten, würden sie gerne glauben, daß der elektronische Marktplatz irgendwie Amerikas soziale und wirtschaftliche Probleme ohne Opfer von ihrer Seite lösen könnte. Sie sind gefangen in den Widersprüchen der kalifornischen Ideologie, und Gingrich ist, wie es ein Beitrag in *Wired* formulierte, gleichzeitig ihr Freund und Feind.[30]

In den USA ist eine größere Umverteilung des Reichtums für das langfristige wirtschaftliche Wohlergehen einer Mehrheit der Bevölkerung dringend nötig. Aber das richtet sich gegen die kurzfristigen Interessen der reichen Weißen, zu denen auch viele Mitglieder der »virtuellen Klasse« gehören. Anstatt ihren schwarzen und lateinamerikanischen Nachbarn etwas abzugeben, ziehen sich die Yuppies lieber in ihre reichen Vorstädte zurück, die von bewaffneten Sicherheitskräften beschützt werden und durch private Fürsorgeeinrichtungen sozial abgesichert sind.[31] Die Ausgeschlossenen partizipieren am Informationszeitalter nur als billiges, nicht gewerkschaftlich organisiertes Arbeitskraftreservoir für die gesundheitsschädigenden Firmen der Chiphersteller im Silicon Valley.[32] Selbst in die Entwicklung des Cyberspace geht die Fragmentierung der amerikanischen Gesellschaft in antagonistische und durch die Rassenzuschreibungen bestimmte Klassen als integraler Bestandteil ein. Die Bewohner der armen innenstädtischen Zonen, bereits von profithungrigen Telekommunikationsunternehmen an den Rand gedrängt, werden, weil ihnen das Geld fehlt, vom Zugang zu den neuen Online-Diensten abgehalten.[33] Im Gegensatz dazu können die Mitglieder der

»virtuellen Klasse« und andere Spezialisten so tun, als seien sie Cyberpunks in der Hyperrealität, ohne ihren verarmten Nachbarn noch begegnen zu müssen. Mit der sich immer weiter vergrößernden sozialen Kluft wird eine andere Apartheid zwischen »Information-rich« und den »Information-poor« geschaffen. In dieser High-Tech-Jeffersonschen Demokratie geht die Unterscheidung zwischen Herren und Sklaven in eine neue Form über.

Cyborg-Herren und Robotersklaven

Die Angst vor der rebellierenden »Unterschicht« hat jetzt die grundlegendste Überzeugung der kalifornischen Ideologie zersetzt: ihren Glauben an das emanzipatorische Potential der neuen Informationstechnologien. Obwohl die Anhänger der elektronischen Agora und des elektronischen Marktes die Befreiung der Individuen von staatlichen Hierarchien und privaten Monopolen versprechen, läßt die soziale Polarisierung der amerikanischen Gesellschaft eine noch beklemmendere Vision der digitalen Zukunft entstehen. Die Technologien der Freiheit werden zu Maschinen der Herrschaft.

Auf seinem Grundbesitz in Monticello erfand Jefferson viele ausgeklügelte Gerätschaften für seinen Haushalt, wie beispielsweise einen »stummen Diener«, der das Essen von der Küche in den Speiseraum brachte. Indem er die Kontakte mit seinen Sklaven durch Technik vermittelte, konnte dieser revolutionäre Individualist es vermeiden, der eigenen Abhängigkeit von der erzwungenen Arbeit seiner Mitmenschen ins Auge schauen zu müssen.[34] Im späten zwanzigsten Jahrhundert wird Technik wieder dazu eingesetzt, um den Unterschied zwischen den Herren und den Sklaven zu verstärken.

Nach einigen Visionären wird die Suche nach einer Perfektionierung des Geistes, des Körpers und des Verstandes unvermeidlich zur Heraufkunft des Post-Humanen führen – zu einer biotechnologischen Manifestation der sozialen Privilegien der »virtuellen Klasse«. Während die Hippies Selbstverwirklichung als Teil der gesellschaftlichen Emanzipation betrachteten, suchen die High-Tech-Handwerker im zeitgenössischen Kalifornien die individuelle Selbstverwirklichung lieber in der Therapie, im Spiritualismus, in der Ausbildung oder anderen narzißtischen Zielen. Ihr Wunsch, in die geschützte suburbane Zone des Hyperrealen zu fliehen, ist nur ein Aspekt dieser tiefen Obsession am Selbst.[35] Eingebettet in postulierte Fortschritte der »Künstlichen Intelligenz« phantasierte man über die Aufgabe der menschlichen Wetware, um zu lebendigen Maschinen zu werden.[36] Wie Virek und die Tessier-Ashpools in Gibsons »Sprawl«-Erzählungen glaubt man, daß einem ein gesellschaftliches Privileg Unsterblichkeit verleihen wird. Anstatt die Emanzipation der Menschheit zu prophezeien, kann diese

Form des technologischen Determinismus nur eine Verschärfung der gesellschaftlichen Spaltung bieten.

Trotz dieser Phantasien bleiben die weißen Menschen in Kalifornien abhängig von ihren dunkelhäutigeren Mitmenschen, die in ihren Fabriken arbeiten, in ihrer Landwirtschaft, ihre Kinder versorgen und ihre Gärten pflegen. Nach den Unruhen in Los Angeles fürchten sie mehr und mehr, daß diese »Unterschicht« eines Tages ihre Freiheit fordern wird. Wenn man sich auf menschliche Sklaven letztlich nicht verlassen kann, müssen mechanische erfunden werden. Die Suche nach dem Heiligen Gral der »Künstlichen Intelligenz« offenbart diesen Wunsch nach einem Golem – nach einem starken und loyalen Sklaven, dessen Haut wie die Erde gefärbt ist und dessen Innereien aus Sand bestehen. Wie in Asimovs Robotergeschichten stellen sich die Träumer der technischen Utopien die Möglichkeit vor, Sklavenarbeit durch unbelebte Maschinen zu realisieren. Aber obwohl Technologie Arbeitsleistung ersetzen oder erweitern kann, vermag sie niemals die Notwendigkeit zu ersetzen, daß Menschen diese Maschinen erfinden, erbauen und reparieren. Sklavenarbeit kann man nicht ohne jemanden verwirklichen, der versklavt wird.

In der ganzen Welt wurde die kalifornische Ideologie als eine optimistische und emanzipatorische Form des technologischen Determinismus angenommen. Aber diese utopische Phantasie der Westküste beruht auf ihrer Blindheit gegenüber – und Abhängigkeit von – der sozialen und rassistischen Polarisierung der Gesellschaft, in der sie entstanden ist. Trotz ihrer radikalen Rhetorik ist die kalifornische Ideologie pessimistisch, was wirklichen sozialen Wandel angeht. Anders als die Hippies kämpfen ihre Anhänger nicht um den Aufbau von »Ökotopia« und helfen nicht einmal dabei, den New Deal wiederzubeleben. Der soziale Liberalismus der Neuen Linken und der wirtschaftliche Liberalismus der Neuen Rechten sind hingegen zu einem unklaren Traum einer High-Tech-Version der »Jeffersonschen Demokratie« verschmolzen. Dieser Retrofuturismus könnte, großzügig interpretiert, die Vision einer kybernetischen »Frontier« darstellen, wo die High-Tech-Handwerker ihre individuelle Selbstverwirklichung entweder auf der elektronischen Agora oder auf dem elektronischen Marktplatz finden. Wie der Zeitgeist der »virtuellen Klasse« ist die kalifornische Ideologie aber gleichzeitig ein ausschließendes Glaubenssystem. Wenn nur wenige Menschen Zugang zu den neuen Informationstechnologien besitzen, kann die Jeffersonsche Demokratie eine High-Tech-Version der Plantagenökonomie des alten Südens werden. Wenn man die Mehrdeutigkeit der kalifornischen Ideologie berücksichtigt, ist ihr technologischer Determinismus nicht einfach optimistisch und emanzipatorisch. Sie ist gleichzeitig eine zutiefst pessimistische und repressive Zukunftsvision.

Es gibt Alternatiuen

Trotz ihrer großen Widersprüche glauben Menschen auf der ganzen Welt, daß die kalifornische Ideologie den einzigen Weg zur Zukunft darstellt. Mit der wachsenden Globalisierung der Weltwirtschaft empfinden viele Mitglieder der »virtuellen Klasse« eine größere Nähe zu ihren kalifornischen Kollegen. Eine Diskussion ist aber in Wirklichkeit niemals besser möglich und auch notwendiger gewesen. Die kalifornische Ideologie wurde von einer Gruppe von Menschen entwickelt, die in einem bestimmten Land mit einer spezifischen Mischung von sozioökonomischen und technologischen Optionen lebten. Ihre eklektische und widersprüchliche Verbindung konservativer ökonomischer Muster mit dem Radikalismus der Hippies spiegelt die Geschichte der Westküste wider, aber nicht die unausweichliche Zukunft der übrigen Welt. Die anti-staatlichen Annahmen der kalifornischen Ideologen sind beispielsweise reichlich beschränkt. In Singapur beispielsweise organisiert die Regierung nicht nur den Bau eines Glasfasernetzes, sondern versucht auch, die ideologische Linie der über es verteilten Information zu kontrollieren. Wenn man von dem wesentlich größeren Wachstum der asiatischen »Tiger« ausgeht, wird die digitale Zukunft nicht notwendigerweise in Kalifornien beginnen.[37]

Trotz der Empfehlungen des Bangemann-Berichtes sind die meisten europäischen Behörden gewillt, mit der Entwicklung der neuen Informationstechnologien eng verbunden zu sein. Minitel, das erste erfolgreiche Online-Netzwerk der Welt, war ein durchdachtes Produkt des französischen Staates. Als Reaktion auf einen offiziellen Bericht über die möglichen Auswirkungen der Hypermedien beschloß die französische Regierung, Mittel für die Entwicklung von interessanten Technologien bereitzustellen.[38] Ab 1981 vertrieb France Telecom das Minitel-System, das eine Mischung aus textbasierter Information und Kommunikationsdiensten anbot. Als Monopol konnte die staatliche Telecom eine kritische Masse an Nutzern für sein bahnbrechendes Onlinesystem gewinnen, indem sie jedem kostenlos einen Terminal gab, der auf ein Telefonbuch verzichtete. Nachdem der Markt geschaffen war, konnten kommerzielle und kommunale Anbieter genügend Kunden oder Teilnehmer finden, um im System Erfolg zu haben. Seitdem haben Millionen Franzosen zufrieden Tickets gebucht, miteinander kommuniziert und sich online politisch organisiert, ohne zu merken, daß sie dadurch die liberalistischen Regeln der kalifornischen Ideologie verletzt haben.

Weit davon entfernt, den Staat zu dämonisieren, glaubt die überwältigende Mehrheit der französischen Bevölkerung, daß für eine funktionierende und intakte Gesellschaft ein größerer Einfluß der öffentlichen Hand notwendig sei.[39]

Bei den letzten Präsidentschaftswahlen mußte fast jeder Kandidat zumindest rhe-torisch einen größeren staatlichen Einfluß vertreten, um den Ausschluß der Ar-beitslosen und der Obdachlosen zu beenden. Anders als ihr amerikanisches Pen-dant zielte die Französische Revolution über den wirtschaftlichen Liberalismus hinaus auf eine Volksdemokratie. Nach dem Sieg der Jakobiner über ihre libera-len Gegner im Jahre 1792 wurde die demokratische Republik in Frankreich zur Verkörperung des »allgemeinen Willens«. Deswegen war man der Überzeugung, daß der Staat die Interessen aller Bürger verteidigt und nicht nur die Rechte der einzelnen Grundbesitzer schützt. Der Diskurs der französischen Politik ermög-licht eine kollektive Handlung seitens des Staates, um Probleme zu lindern oder gar zu beseitigen, mit denen die Gesellschaft konfrontiert ist. Während die kali-fornischen Ideologen versuchen, das Geld der Steuerzahler zu verleugnen, mit dem die Entwicklung der Hypermedien subventioniert wurde, kann die französi-sche Regierung offen in diesen Wirtschaftsbereich eingreifen.[40]

Obwohl die Technologie mittlerweile veraltet ist, widerlegt die Geschichte von Minitel ganz offensichtlich die anti-staatlichen Vorurteile der kalifornischen Ideologen und der Bangemann-Kommission. Die digitale Zukunft kann eine Mi-schung aus staatlicher Intervention, kapitalistischem Unternehmertum und alter-nativer Kultur sein. Wenn der Staat die Entwicklung der Hypermedien fördern kann, dann könnte man auch bewußt dafür sorgen, daß die Entstehung einer ge-sellschaftlichen Apartheid zwischen den »Information rich« und den »Informati-on poor« verhindert wird. Indem sie nicht alles den Unwägbarkeiten des Mark-tes anheimgeben, könnten die EU und ihre Mitgliedsstaaten sicherstellen, daß je-der Bürger die Möglichkeit besitzt, mit einem breitbandigen Glasfasernetz zum geringsten möglichen Preis verbunden zu sein.

Zuallererst wäre dies eine sehr notwendige Maßnahme zur Schaffung von Ar-beitsplätzen in einer Zeit der Massenarbeitslosigkeit. Nichts spricht dagegen, als Keynesianische Beschäftigungsmaßnahme Menschen Löcher in die Erde graben zu lassen und sie wieder aufzufüllen. Wichtiger ist aber, daß die Verlegung eines Glasfasernetzes in die Häuser und Unternehmen jedem Zugang zu neuen Online-Diensten verschaffen und eine große pulsierende Öffentlichkeit gemeinsamer Fachkenntnis erzeugen könnte. Das würde es der Industrie ermöglichen, besser zu arbeiten und neue Produkte zu vermarkten. Es würde sicherstellen, daß Aus-bildung und Information jedem zugänglich sind. Ohne Zweifel wird die »Daten-autobahn« einen Massenmarkt für Unternehmen schaffen, um über das Netz be-reits existierendes Informationsmaterial – Filme, Fernsehprogramme, Musik und Bücher – zu verkaufen. Wenn gleichzeitig einmal die Menschen hypermediale Produkte ebenso verteilen wie empfangen können, wird sich schnell ein Aufblühen von öffentlichen Medien und Interessengruppen einstellen. Damit das alles geschehen kann, wird eine staatliche Intervention notwendig sein, um sicherzustellen, daß alle Bürger an der digitalen Zukunft teilhaben.

Die Wiedergeburt der Moderne

Selbst wenn dies nicht allein in ihrer Hand liegt, müssen die Europäer jetzt ihre eigene Zukunftsvision geltend machen. Es gibt verschiedene Wege zur Informationsgesellschaft, und davon sind einige erstrebenswerter als andere. Um eine aus Kenntnis erfolgende Entscheidung zu treffen, müssen die europäischen High-Tech-Handwerker eine kohärentere Analyse der Auswirkungen der Hypermedien durchführen als jene, die man in den Mehrdeutigkeiten der kalifornischen Ideologie findet. Die Mitglieder der europäischen »virtuellen Klasse« müssen ihre eigene und unterschiedliche Selbstidentität schaffen.

Dieses alternative Zukunftsverständnis geht von der Zurückweisung jeder Form der gesellschaftlichen Apartheid innerhalb und außerhalb des Cyberspace aus. Jedes Entwicklungsprogramm für Hypermedien muß sicherstellen, daß die gesamte Bevölkerung Zugang zu den neuen Online-Diensten besitzt. Anstatt des Anarchismus der Neuen Linken oder der Neuen Rechten muß eine europäische Strategie zur Weiterentwicklung der Informationstechnologien offen die Unvermeidbarkeit irgendeiner Art der gemischten Ökonomie anerkennen – die kreative und widersprüchliche Vermischung staatlicher, unternehmerischer und subkultureller Initiativen. Die Unbestimmtheit der digitalen Zukunft ist eine Folge der Allgegenwart dieser gemischten Ökonomie in der modernen Welt. Niemand weiß genau, worin die jeweils eigenen Stärken jeder Komponente liegen werden, aber eine staatliche Aktivität kann sicherstellen, daß keine gesellschaftliche Gruppe vom Cyberspace willentlich ausgeschlossen wird.

Eine europäische Strategie für das Informationszeitalter muß auch die kreativen Kräfte der High-Tech-Handwerker hochhalten. Weil ihre Arbeit nicht herunterqualifiziert oder mechanisiert werden kann, haben die Mitglieder der »virtuellen Klasse« einen großen Einfluß auf ihre Arbeit. Anstatt uns dem Fatalismus der kalifornischen Ideologie zu unterwerfen, sollten wir die prometheischen Möglichkeiten der Hypermedien nutzen. In den Grenzen der gemischten Ökonomie können die High-Tech-Handwerker etwas ganz Neues erfinden, das noch in keiner Science-Fiction-Erzählung vorhergesagt wurde. Diese innovativen Formen des Wissens und der Kommunikation werden die Vorteile von anderen, darunter auch Aspekte der kalifornischen Ideologie vereinen. Heute ist es für jede Bewegung der gesellschaftlichen Emanzipation undenkbar, die Forderungen des Feminismus, der Drogenkultur, der Homosexuellen, der ethnischen Identität und ähnliche Themen auszuschließen, denen die Radikalen der Westküste erstmals Geltung verliehen haben. Ganz ähnlich wird jeder Versuch, Hypermedien in Europa weiterzuentwickeln, etwas von dem unternehmerischen Ehrgeiz und der Haltung der Machbarkeit benötigen, die von der kalifornischen Neuen Rechten gefeiert werden. Aber gleichzeitig bedeutet die Fortentwicklung der Hypermedien Innovation, Kreativität und Erfindungsgeist. Für alle Aspekte der digitalen Zukunft gibt es keine Vorläufer.

Als Wegbereiter des Neuen müssen sich die High-Tech-Handwerker mit der Theorie und Praxis der bildenden Kunst wieder in Verbindung setzen. Sie sind nicht nur Angestellte von kybernetischen Unternehmen oder werden dies sein. Wenn sie die Erfahrungen der Saint-Simonisten und Konstruktivisten berücksichtigen, können die High-Tech-Handwerker eine neue Maschinenästhetik des Informationszeitalters schaffen.[41] Beispielsweise haben Musiker Computer verwendet, um rein digitale Musikformen wie Jungle oder Techno zu entwickeln.[42] Interaktive Künstler haben die Möglichkeiten der CD-ROM-Technik wie in Anti-Rom von Sass erforscht. Das Hypermedia Research Center hat einen experimentellen virtuellen und sozialen Raum entwickelt, der J's Joint heißt.[43] In jeder Hinsicht versuchen die Künstleringenieure, die Beschränkungen der Technologie und ihrer eigenen Kreativität zu erweitern. Vor allem aber sind diese neuen Ausdrucks- und Kommunikationsformen mit der weiter gefaßten Kultur verbunden. Die Entwickler der Hypermedien müssen die Möglichkeit der rationalen und bewußten Kontrolle über die Gestalt der digitalen Zukunft wieder geltend machen. Im Gegensatz zur elitären Position der kalifornischen Ideologie sollten die europäischen Künstleringenieure einen Cyberspace verwirklichen, der alle einschließt und universal ist. Jetzt ist die Zeit für die Wiedergeburt der Moderne gekommen.

Aus dem Englischen übersetzt von Florian Rötzer
Die deutsche Fassung wurde zuerst in *Telepolis – Das Magazin der Netzkultur* (http://www.heise.de/tp) veröffentlicht.

Anmerkungen:

1 Naum Gabo und Antoine Pevsner, Realistisches Manifest 1920, in *Tendenzen der Zwanziger Jahre*, Berlin 1977.

2 Vor über 25 Jahren haben Experten bereits den baldigen Eintritt des Informationszeitalters prophezeit. Vgl. Alain Touraine, *La Société postindustrielle*, Paris 1969 (dt.: *Die postindustrielle Gesellschaft*, Frankfurt 1972); Zbigniew Brzezinski, *Between Two Ages*. America's role in the Technotronic Era, New York 1970; Daniel Bell, *The Coming of the Post-Industrial Society*, New York 1973 (dt.: *Die nachindustrielle Gesellschaft*, Frankfurt 1975); Alvin Toffler, *The Third Wave*, London 1980; Simon Nora und Alain Minc, *The Computerisation*

of Society, Cambridge 1980, und Ithiel de Sola Pool, Technologies of Freedom, Harvard 1983.

3 Vgl. Martin Bangemann, Europe and the global information society, Brüssel 1994 (http://www.echo.lu) und das Programm der Virtual Futures '95 Conference der Warwick University (http://www.warwick.ac.uk/WWW/faculties/social_studies/Philosophy/events/vf).

4 Vgl. Mitch Kapor, Where is the Digital Highway Really Heading?, in Wired, Juli/August 1993.

5 Vgl. Mike Davis, City of Quartz, London 1990 (dt. Berlin 1995); Richard Walker, California Rages Against the Dying of the Light, in New Left Review 209, Januar/Februar 1995, sowie die Aufnahmen von Ice-T, Snoop Dog, Dr. Dre, Ice Cube, NWA und vielen anderen Rappern der Westküste.

6 Siehe George Katsiaficas, The Imagination of the New Left – a Global Analysis of 1968, Boston 1987; Jerry Rubin, An Emergency Letter to my Brothers and Sisters in the Movement, in Peter Stansill und David Zane Mairowitz (Hg.), BAMN - Outlaw Manifestos and Ephimera 1965-70, London 1971.

7 In einem Bestseller der siebziger Jahre (Ernest Callenbach, Ecotopia, New York 1975; dt.: Ökotopia, Berlin 1990) hat sich die nördliche Hälfte der Westküste vom Rest der USA abgelöst, um eine Hippie-Utopie zu verwirklichen. Diese Idealisierung der kalifornischen Gemeinschaft kann man auch in John Brunner, The Shockwave Rider, London 1975 (dt.: Der Schockwellenreiter, München 1990), und sogar noch später wie in Kim Stanley Robinson, Pacific Edge, London 1990, finden.

8 Marshall McLuhan, Understanding Media, London 1964, S. 255-6 (dt.: Die magischen Kanäle, Düsseldorf 1989); vgl. Marshall McLuhan/Quentin Fiore, The Medium is the Message, London 1967 (dt.: Das Medium ist Massage, Berlin 1984); Gerald Emanuel Stern (Hg.), McLuhan: Hot & Cool, London 1968.

9 Vgl. John Downing, Radical Media, Boston 1984

10 Arthur Kroker und Michael Weinstein, Data Trash – The Theory of the Virtual Class, Montreal 1994, S. 15 (dt.: Wien 1996). In den sechziger Jahren glaubten Theoretiker der Neuen Linken, daß diese wissenschaftlich-technischen Arbeiter den Kampf um gesellschaftliche Freiheit durch ihre Firmenzugehörigkeit und ihre Forderungen nach Selbstverwaltung führen würden, siehe Serge Mallet, Die neue Arbeiterklasse, Berlin 1972. Futurologen hingegen stellten sich die Angehörigen dieser Berufe als Embryo einer neuen herrschenden Klasse vor, siehe Daniel Bell, a.a.O.

11 Siehe Dennis Hayes, Behind the Silicon Curtain, London 1989, für eine Beschreibung der Arbeitsverhältnisse im Silicon Valley. Zu theoretischeren Untersuchungen der post-fordistischen Arbeitsorganisation siehe Alain Lipietz, L'audace ou l'enlisement, Paris 1984; ders., Mirages and Miracles, Verso London 1987; Benjamin Coriat, L'atelier et le robot, Paris 1990; Toni Negri, Revolution Retrieved. Selected Writings on Marx, Keynes, Capitalist Crisis & New Social Subjects 1967-83, London 1988.

12 Zum Erfolg von McLuhan in den Unternehmerkreisen siehe Tom Wolfe, What If He Is Right?, The Pump House Gang, London 1968. Zum Gebrauch seiner Ideen durch konservative Denker siehe Alvin Toffler, a.a.O., Ithiel de Sola Pool, a.a.O. und Zbigniew Brzezinski, a.a.O.

13 Heroische Männer sind in der Science Fiction allgemein verbreitet, siehe D.D.Harriman in Robert Heinlein, The Man Who Sold The Moon, New York 1950, oder die Hauptdarsteller in Isaac Asimov, The Foundation Trilogy, New York 1953, I, Robot, London 1968, und The Rest of the Robots, London 1968. Hagbard Celine – eine psychedelischere Version des männlichen Archetypen – ist die Hauptfigur in Robert Shea und Robert Anton Wilson, The

Illuminati Trilogy, New York 1975. Im Zeitplan der »zukünftigen Geschichte« zu Beginn der Erzählung von Robert Heinlein wird vorausgesagt, daß nach einer Zeit der sozialen Krise durch schnellen technischen Fortschritt die Stabilität in den 80er und 90er Jahren »durch eine Öffnung von neuen Grenzen und eine Rückkehr zur Wirtschaft des 19. Jahrhunderts« wiederhergestellt würde.

14 Shoshana Zuboff, *In the Age of the Smart Machine.* The future of work and power, New York 1988. Natürlich basiert diese Analyse auf den *Grundrissen* von Karl Marx. Vgl. auch ders., *Resultate des unmittelbaren Produktionsprozesses,* Frankfurt 1969.

15 Vgl. Howard Rheingold, *Virtual Communities,* London 1994.

16 Vgl. das Interview mit den Tofflers von Peter Schwartz, Shock Wave (Anti) Warrior, *Wired,* November 1993, und, als Beleg für die Unentschlossenheit, mit der diese Zeitschrift dem reaktionären politischen Programm der Republikaner begegnet, das so treffend getitelte Interview mit Newt Gingrich von Esther Dyson, Friend and Foe, *Wired,* August 1995.

17 The Progress and Freedom Foundation, *Cyberspace and the American Dream: A Magna Carta for the Knowledge Age* (http://www.pff.org/position.html).

18 Progress and Freedom Foundation, a.a.O. Toffler und seine Freunde verkünden auch stolz, daß »Amerika das Land der individuellen Freiheit bleibt und daß sich diese Freiheit selbstverständlich auch auf den Cyberspace erstreckt«, a.a.O. Vgl. auch Mitch Kapor, Where is the Digital Highway Really Heading? In *Wired,* July/August 1993.

19 Vgl. Simon Schaffer, *Babbage's Intelligence: Calculating Engines and the Factory System* (http://www.wmin.ac.uk/media/schaffer/schaffer01.html).

20 Vgl. Jon Palfreman und Doron Swade, *Dream Machine.* Exploring the Computer Age, London 1991; hier wird berichtet, wie das Ausbleiben staatlicher Förderung die Entwicklung des weltweit ersten elektronischen Computers in Nazi-Deutschland beendete. 1941 stellte die deutsche Heeresleitung die Unterstützung von Konrad Zuse ein, der bereits einen binären Code, gespeicherte Programme und elektronische Logikgatter einsetzte.

21 Vgl. Howard Rheingold, a.a.O.

22 Vgl. Ann Markusen, Peter Hall, Scott Campbell und Sabrina Detrick, *The Rise of the Gunbelt.* The Military Remapping of Industrial America, New York 1991.

23 Zur Geschichte dieser kulturellen Innovationen, die aus der frühen Drogenszene entstanden, siehe Tom Wolfe, *The Electric Kool-Aid Acid Test,* New York 1968. Interessanterweise war einer der Fahrer dieses berühmten Busses Stewart Brand, der heute einer der wichtigsten Mitarbeiter von *Wired* ist.

24 Dennis Hayes, a.a.O., weist darauf hin, daß die amerikanische Computerindustrie schon zuvor vom Pentagon ermutigt wurde, Kartelle gegen die ausländische Konkurrenz zu bilden.

25 Gates gibt zu, daß er erst kürzlich den »großen Strukturwandel« wahrgenommen hat, der vom Netz ausgeht. Siehe »The Bill Gates Column«, *The Guardian,* 20. July 1995.

26 Vgl. Rheingold, a.a.O., und Kapor, a.a.O. Trotz der libertären Motive dieser beiden Autoren wird ihr Hang zum Zeitalter der Gründungsväter von den neofaschistischen Bewegungen der Militias und Patrioten geteilt.

27 Vgl. die Hackerhelden in William Gibsons Büchern *Neuromancer* (London 1984), *Count Zero* (London 1986) und *Mona Lisa Overdrive* (London 1989) sowie in dem von Bruce Sterling herausgegebenen Band *Mirrorshades* (London 1988). Ein Prototyp dieser Art von Antiheld ist Dekker, der Jäger von Replikanten in Ridley Scotts Film *Bladerunner.*

28 Nach Miller war Thomas Jefferson davon überzeugt, daß schwarze Menschen nicht am Lockschen Gesellschaftsvertrag teilhaben konnten, der die Bürger der amerikanischen Gesellschaft zusammenband. »Obgleich die Menschenrechte theoretisch und idealerweise die Geburtsrechte jedes Menschen waren, wurden sie in der Wirklichkeit der USA nur den

weißen Menschen zugesprochen. Die schwarzen Sklaven waren davon ausgeschlossen, weil sie, obwohl zugestandenermaßen Menschen, auch Eigentum waren, und wenn die Menschenrechte in Konflikt mit den Eigentumsrechten standen, dann war das Eigentum primä.«(John Miller, *The Wolf by the Ears*. Thomas Jefferson and Slavery, New York 1977, S. 13). Jeffersons Kritik an der Sklaverei war höchstens rhetorisch. In einem Brief vom 22. April 1820 schlug er scheinheilig vor, daß der beste Weg zur Abschaffung der Sklaverei in der Legalisierung des Privatbesitzes von Menschen in allen Staaten der Union und des Wilden Westens liege! Er behauptete, daß »... ihre Verbreitung über eine größere Fläche sie individuell glücklicher machen und entsprechend die Verwirklichung ihrer Emanzipation erleichtern würde, indem die Last auf eine größere Zahl von Gehilfen (z.B. Sklaveneigner) aufgeteilt wäre.« (Siehe Merill Peterson [Hg.], *The Portable Thomas Jefferson*, New York 1975, S. 568). Siehe auch zur Beschreibung seines Lebens auf seiner Plantage Paul Wilstach, *Jefferson and Monticello*, London 1925.

29 Zur Wende nach rechts in Kalifornien vgl. Richard Walker, a.a.O.

30 Vgl. Esther Dyson, a.a.O. Esther Dyson arbeitete mit den Tofflers bei der Abfassung von »The Peace and Progress Foundation's Cyberspace and the American Dream – A Magna Carta for the Knowledge Age« zusammen.

31 Zur Zunahme von befestigten Vorstädten siehe Mike Davis, a.a.O., und ders., *Urban Control – the Ecology of Fear*, New Jersey 1992 (dt.: Urban Control, in *Die Beute*, Herbst 1994). Diese »geschützten Vororte« liefern die Inspiration für den fremdartigen Hintergrund vieler Cyberpunk-Science-Fiction-Erzählungen wie beispielsweise Neal Stephensons *Snow Crash*, New York 1992.

32 Vgl. Dennis Hayes, a.a.O.

33 Vgl. Reginald Stuart, High-Tech Redlining, *Utne Reader* 68, März/April 1995.

34 Vgl. Paul Wilstach, a.a.O.

35 Vgl. Dennis Hayes, a.a.O.

36 Vgl. die programmatische Zusammenstellung extropischer Phantasien unter http://www.C2.org/~arkuat/exi/faq/exifaq.html

37 Siehe William Gibson und Sandy Sandfort, Disneyland with the Death Penalty, in *Wired*, September/Oktober 1993. Da dieser Artikel Singapur angreift, ist es eine Ironie, daß sich das wirkliche Disneyland in Kalifornien befindet, dessen repressives Strafgesetz die Todesstrafe einschließt.

38 Siehe Simon Nora und Alain Minc, a.a.O. Eine Darstellung der ersten Jahre von Minitel findet man in Michel Marchand, *The Minitel Saga*. A French Success Story, Paris 1988.

39 Nach einer Umfrage während der französischen Präsidentschaftswahlen im Jahre 1995 befürworteten 67 % der Befragten die Behauptung, daß »der Staat mehr in das wirtschaftliche Leben unseres Landes eingreifen sollte«. Dazu siehe »Une majorité des Francais souhaitent un vrai ›chef‹ pour un vrai ›État‹«, *Le Monde*, 11. April 1995, S. 6.

40 Zum Einfluß des Jakobinismus auf die Vorstellungen von demokratischen Rechten siehe Richard Barbrook, *Media Freedom*. The contradiction of communications in the age of modernity, London 1995. Einige französische Wirtschaftswissenschaftler glauben, daß die sehr verschiedene Geschichte Europas auch ein bestimmtes – und gesellschaftlich überlegenes – Kapitalismusmodell geschaffen hat. Dazu siehe Michel Albert, *Capitalism v. Capitalism*, New York 1993, und Philippe Delmas, *Le Maître des Horloges*, Paris 1991.

41 Siehe Keith Taylor (Hg.), Henry Saint-Simon (1760-1825): *Selected Writings on Science, Industry and Social Organisation*, London 1975, und John E. Bowlt (Hg.), *Russian Art of the Avant-Garde*. Theory and Criticism, London 1976.

42 Goldie, der Jungle-Musik macht, sagt beispielsweise: »Wir müssen das weiterbringen und

das Schlagzeug und den Bass nehmen und es immer weiter pushen. Ich erinnere mich, daß wir gesagt haben, es könne nicht mehr weiter gehen. Es ist seitdem zehnmal weiter gegangen ...« (Tony Marcus, The War is Over, in *Mixmag*, August 1995, S. 46).

43 Zu Anti-Rom vgl. http://cyan.media.wmin.ac.uk/, zu J's Joint vgl. http://www.hrc.wmin.ac.uk/J'sJoint/

Critical Art Ensemble

Elektronischer ziviler Ungehorsam

In der Art und Weise, wie Macht repräsentiert wird, unterscheidet sich der Spätkapitalismus wesentlich von anderen politischen und ökonomischen Formationen. An die Stelle eines einstmals soliden Sediments der Macht treten nomadisierende Formen, ein elektronischer Datenfluß, die computerisierte Verwaltung des Wissens und der Information, in der die institutionellen Zentren des Kommandos und der Kontrolle kaum mehr auszumachen sind.

Das auffallende Äußere der Herrschaftsarchitektur versprach einst die Stabilität des Regimes: Schlösser, Paläste, Regierungssitze und Konzernzentralen fanden sich bedeutsam in der Mitte der Städte, als Herausforderung an die Unterdrückten und Unzufriedenen, gegen ihre Mauern anzurennen. Undurchdringlich und dauerhaft standen diese Bauwerke und ihre Festigkeit konnte widerständige Bewegungen demoralisieren und im Keim ersticken. Doch erwies sich diese Zurschaustellung der Macht als zweischneidiges Schwert. War die Verzweiflung oder Entschlossenheit ihrer Gegner einmal groß genug, traf sie sich mit der materiellen Auszehrung oder dem symbolischen Zusammenbruch der Legitimität, so war es den Revoltierenden kein Problem, die Machthaber ausfindig zu machen und anzugreifen. Und war die Festung erst einmal geschliffen, so bedeutete dies zumeist das Ende des Regimes. In diesem weiter gefaßten historischen Zusammenhang entwickelte sich ziviler Ungehorsam als strategisches Muster.

Zunächst war die Strategie ungewöhnlich, sich dafür zu entscheiden, bei der Bekämpfung der Machthaber auf Gewalt zu verzichten und statt dessen mit vielfältigen taktischen Maßnahmen das reibungslose Funktionieren der Institutionen in solchem Maß zu unterbrechen, daß einer Entmachtung der Regimes nichts im Wege stand. Auch wenn diese Strategie mit dem Siegerlächeln moralischer Überlegenheit antrat, verdankte sie ihre Wirkung eher der Unterbrechung ökonomischer Prozesse und symbolischen Störungen.

Ziviler Ungehorsam zielt heute häufig nur noch auf Reformen im institutionellen Rahmen des Systems statt auf dessen Zusammenbruch. Regierungen in den kapitalistischen Zentren reagieren meist tolerant auf solche Aktionen, da sie als oppositionelle Strategie den Raum für Verhandlungen eröffnen und weder Staat noch herrschende Klasse in ihrer Existenz wirklich gefährden. Zwar bleibt ziviler Ungehorsam eine Straftat, trifft aber im allgemeinen weder auf eine massive staatliche Repression, noch gelten die AktivistInnen als revolutionär oder werden im Falle einer Inhaftierung den Sonderbedingungen für politische Gefangene unterworfen. Selbstverständlich gibt es bemerkenswerte Ausnahmen von dieser politischen Linie metropolitaner Regimes, etwa die Verfolgung der Bürgerrechtler im Süden der USA.

Auch wenn ziviler Ungehorsam, gerade auf lokaler Ebene, noch erstaunlich wirkungsvoll sein kann, schwindet heute seine Durchsetzungskraft zunehmend. In erster Linie ist dies den wachsenden Möglichkeiten des Machtapparates geschuldet, den Provokationen auszuweichen. Denn obwohl die Monumente der Macht noch stehen, unübersehbar und massiv, ist die Ausübung der Macht weniger sichtbar und ortbar denn je. Die Monumente sind nicht länger Residuen der Macht, Kommando und Kontrolle situieren sich entsprechend den Notwendigkeiten der Herrschaft, und einer oppositionellen Bewegung an einem Ort entgehen sie durch Übersiedlung zum nächsten. Aktionen zivilen Ungehorsams wird so verwehrt, in die institutionellen Abläufe entscheidend intervenieren oder gar sie unterbrechen zu können. Werden etwa die Eingänge eines Verwaltungsgebäudes blockiert, so unterbrechen die AktivistInnen vielleicht die Bewegung der Angestellten (insofern diese nicht ihre Arbeitsplätze einnehmen können), doch hat das geringe Konsequenzen, solange die Bewegung des Kapitals und der Information anhält.

Die überholten Methoden des Widerstandes müssen also verfeinert und neue Modelle der Störung und Unterbrechung gefunden werden: ein Angriff auf die (Nicht-)Knoten der Macht auf elektronischer Ebene. Strategie und Taktiken zivilen Ungehorsams können auch jenseits der lokalen Aktionen nützlich sein, doch nur, wenn dadurch die Bewegung von Information statt die von Arbeitskräften blockiert wird. Leider stehen sich Linke oft selbst im Weg, wenn es darum geht, das Modell des zivilen Ungehorsams den veränderten Umständen anzupassen. Trotz eines mit Stolz vorgetragenen historischen Bewußtseins und einer kritischen Gesellschaftsanalyse weigern sich viele, die epochale Verschiebung in den Bedingungen, unter denen politisches Handeln möglich ist, anzuerkennen und tun statt dessen so, als lebten sie im Frühkapitalismus.

Diese besondere Form von »cultural lag« hindert viele AktivistInnen, neue politische Strategien zu akzeptieren. Der Grund hierfür ist nicht nur die weiterwirkende Diskrepanz von Theorie und Praxis, sondern auch das Auftreten bestimmter Überbleibsel aus der »Neuen Linken« der sechziger Jahre in den heute aktiven Gruppen. Davon überzeugt, daß die politischen Formen, die damals zum Erfolg führten (und damit ist in den USA vor allem der Beitrag der Neuen Linken zum erzwungenen Rückzug der US-Armee aus Vietnam gemeint), auch heute richtig sind, sehen diese Veteranen keinen Grund, neue Ansätze auszuprobieren. Nostalgie führt bei der endlosen Wiederholung der Vergangenheit als Gegenwart Regie und beherrscht leider sogar viele AktivistInnen der jüngeren Generation, die keine selbsterlebte Erinnerung an die Sechziger bindet. Diese Sentimentalität hält den Glauben am Leben, wenn die Strategie, die Entscheidung »auf der Straße« zu suchen, damals funktionierte, würde sie es bis in alle Ewigkeit tun.

Heute, da Einkommen und Bildung fortwährend zugunsten der Besitzenden umverteilt werden, da der Sicherheitsstaat immer weiter ins Leben der Bürger eindringt, da die AIDS-Krise weiterhin nur auf die Tatenlosigkeit der Verwaltung trifft, da immer mehr Menschen ihre Wohnung verlieren, sehen wir – als CAE – die Notwendigkeit, diese Bewußtseinstrübung linker Politik, ihre Wirkungslosigkeit jenseits der lokalen Ebene, anzuprangern.

Wir gehen davon aus, daß die »Straße«, soweit es um Macht geht, totes Kapital ist, in dieser Beziehung wertlos für Staat und herrschende Klasse. Soll dagegen ziviler Ungehorsam irgendeine Wirkung entfalten, müssen sich seine AktivistInnen irgendetwas aneignen, das für ihre Gegner Wert und Bedeutung hat. Nur so kommen sie in die Lage, über Veränderungen verhandeln (oder gar sie fordern) zu können.

Historisch hatte die Kontrolle der Straßen durchaus Bedeutung. Im Paris des 19. Jahrhunderts etwa war die Beherrschung der Straßen, als Kontrolle über Mobilität, Bedingung der Macht, sowohl was ihre ökonomische als auch die politisch-militärische Natur betraf. Straßenblockaden, die Besetzung einiger neuralgischer Punkte lähmten den Staat und bisweilen kollabierte er unter seinem eigenen Gewicht. Diese Strategie im politischen Kampf war bis in die sechziger Jahre erfolgreich, doch sie wandelte zusehends ihren Charakter: War sie Ende des 19. Jahrhunderts noch radikal, wurde sie nun zu einer liberalen Politik. Ihre Bedeutung ist an die Bedingung geknüpft, daß das Kapital in den Städten zentralisiert ist; die zunehmende Dezentralisierung, das Überschreiten staatlicher wie städtischer Grenzen entzog der Straßenaktion den Boden.

Was wir Macht nennen, kann als solche nicht gesehen werden, sondern erscheint in ihrer Repräsentation. Was hinter dieser Repräsentation liegt, ist verschwunden. Um sie greifbar zu machen, wurden für komplexe Machtbeziehungen, die Makro-Macht, eine Reihe von Abstraktionen entworfen, wie der »heterosexuelle, weiße Mann« oder die »herrschende Klasse« oder einfach »die an der Macht«. Makro-Macht begegnet man in ihren Auswirkungen, niemals als

Ursache. Daraus folgt, daß bestimmte Indikatoren gefunden werden müssen, um die Macht – und den Wert – an ihrem »Nicht-Ort« zu lokalisieren. Einen Fingerzeig scheint uns das Maß zu geben, in dem Orte oder Waren gesichert und verteidigt werden, ebenso der Aufwand, um unerwünschte Eindringlinge abzuhalten oder zu bestrafen. Doch sind diese Indikatoren erfahrungs- und nicht theoriegeleitet.

Wenn Macht ihren tradionellen Ort verließ, wohin ging sie? Nehmen wir an, daß die Kapitalbewegung weiterhin ein Angelpunkt gesellschaftlicher Verhältnisse ist, so können wir die Spur aufnehmen. Auch wenn uns der »gesunde Menschenverstand« einredet, wer das Geld hat, hat die Macht, so besitzt das Geld eben bekanntermaßen keinen Ursprungsort, sondern ist Teil einer ständigen Zirkulation bzw. Spiralbewegung. Bestenfalls können wir also auf diese Bewegung stoßen. Das Kapital selbst nimmt selten eine feste Form an; wie die Macht existiert es zunächst als Abstraktion. Dieser abstrakten Form entspricht heute der »abstrakte« Ort, den der Cyberspace abgibt. Cyperspace kann vielleicht am besten als ein virtueller Raum beschrieben werden, der Informationen birgt und über das Telefonnetz zugänglich ist. Die Möglichkeit des Zugriffs auf die im Cyberspace lokalisierten Informationen hat wiederum Auswirkungen auf die Stellung von Institutionen im realen Raum.

Die Arbeitsteilung im gegenwärtigen Kapitalismus hat sich in einem solchen Maße differenziert, daß die für Synchronisation und Organisation des Produktionsprozesses notwendige Geschwindigkeit nur noch durch den Rückgriff auf vernetzte elektronische Kommunikation erreicht werden kann. Umgekehrt wird die Kontrolle über die Verbreitung von Information und der Zugriff auf sie zum wesentlichen Moment beim Zusammenfügen der Puzzlesteine des gesellschaftlichen Zusammenhangs. Wird der Zugriff auf Informationen blockiert, verliert die betroffene Institution ihre organisierenden Fähigkeiten; hält die Blockade über einen längeren Zeitraum an, droht ein Kollaps. Die Unterbrechung der Kommunikation verhindert die Verständigung darüber, ob verschiedene institutionelle Segmente gegeneinander oder in die gleiche Richtung funktionieren. Die Unterbrechung des Zugriffs auf Informationen ist mithin eines der wirkungsvollsten Mittel, um Institutionen, seien sie Teil militärischer oder ziviler, privater oder staatlicher Unternehmen, zu lähmen.

Das Problem zivilen Ungehorsams, wie er bis heute verstanden wird, aber ist, daß er niemals auf den skizzierten organisierenden Zusammenhang, sondern auf zwar greifbare, doch periphere Strukturen zielt. Im Maßstab transnational operierender Institutionen sind solche Aktionen nichts weiter als Mückenstiche. War die Beherrschung strategischer Punkte im »realen« Raum einmal eine der Hauptquellen der Macht, so hängt heute Herrschaft an der Fähigkeit, Orte ohne Opposition zu finden und zugleich zeitweise, entsprechend taktischer Notwendigkeiten, »reale« Räume zu besetzen. Doch die Eroberung dieser Räume durch oppositionelle Kräfte wäre angesichts der dezentralen Organisation der Institutionen nutzlos.

Vergleichen wir die Sicherheitsvorkehrungen und Strafandrohungen, hinter denen Macht und Wert zu vermuten sind, rangiert der Cyberspace ganz oben. Dem US-amerikanischen Secret Service, dessen Aufgabe es bisher war, den Präsidenten und sein Umfeld zu schützen sowie Verschwörungen aufzudecken, kommt dabei immer mehr die Rolle einer Cyber-Polizei zu. Gleichzeitig haben private Firmen damit begonnen, ihren eigenen elektronischen Werkschutz aufzustellen, der zum einen Überwachungs- und Verteidigungssysteme installiert, zum anderen als Bande von Kopfgeldjägern jeden zur Strecke bringt, der versucht, das Sicherheitssystem zu durchbrechen. Dieser Werkschutz unterscheidet so wenig wie das Rechtssystem nach den Motiven der »Täter«: Ob jemand sich aus Neugier Zugang zu einem Computer verschafft oder um die darin gespeicherten Informationen zu entwenden oder zu zerstören, wird als »feindlicher Akt« registriert und mit der Höchststrafe bedroht. Trotz aller Sicherheitsmaßnahmen ist der Cyberspace aber weit davon entfernt, unangreifbar zu sein. Er expandiert und verändert sich mit hoher Geschwindigkeit, während die Sicherheitssysteme oft begrenzt und an einem bereits überholten Entwicklungsschritt orientiert sind. Heute ist die Tür für den Widerstand noch offen, aber sie beginnt sich zu schließen.

Die Aktivisten dieses Widerstands sind heute – zumindest in den USA – meist Kinder. Jugendliche Hacker arbeiten in den elterlichen Haushalten und in den Wohnheimen der Colleges daran, eine Bresche in die elektronischen Sicherungsmaßnahmen der Konzerne und des Staats zu schlagen. Ihre Motive dabei sind unklar. Einige scheinen zu ahnen, daß ihre Aktionen politischer Natur sind – wie Dr. Crash sagte: »Ob du es weißt oder nicht, als Hacker bist du ein Revolutionär.« Aber die Frage bleibt, Revolutionär wofür? Vertieft man sich in die Ausgaben des Hackermagazins *Phrack* oder surft im Internet, so findet sich kein Motiv, das über die grundlegende Forderung hinausgehen würde: Freier Zugang zu allen Informationen. Wie diese Informationen verwendet werden könnten, wird niemals diskutiert. Wenn diese Jugendlichen auch als Avantgarde einer politischen Bewegung agieren, so stehen sie doch vor dem Problem, daß sich aus ihren ersten politischen Erfahrungen noch kein kritisches Bewußtsein ergibt. Dabei besitzen sie sogar das notwendige Wissen, um zu erkennen, wo die politische Aktion beginnen müßte, um wirksam zu werden. Doch stößt man hier sofort auf das nächste Problem, die jugendlichen Allmachtsphantasien oder, wie Bruce Sterling es nannte, die Furchtlosigkeit, die direkt in den Knast führt. Tatsächlich verbüßten nicht wenige der jungen Aktivisten, man nehme nur das Beispiel der »Atlanta Three«, teils umfangreiche Haftstrafen unter Bedingungen wie politische Gefangene. Ein Freiheitsentzug aufgrund einer Anklage wegen unbefugten Eindringens mag ein wenig übertrieben erscheinen, doch zeigt sich an dieser Praxis, höchste Strafen für kleinste Vergehen zu verhängen, welcher Wert der Verteidigung der herrschenden Ordnung und des Privateigentums im Cyberspace beigemessen wird.

Bei der Verhängung solch hoher Strafen für Bagatellen entstehen gewisse Legitimationsprobleme. Folglich läßt man eine solche Justizpraxis entweder erst gar nicht an die Öffentlichkeit gelangen oder aber stellt die Vergehen als einen terroristischen Angriff auf den gesellschaftlichen Frieden dar. Beispielsweise sorgten Verhaftungen von Hackern in den USA selten für Schlagzeilen. Die vom Secret Service in Zusammenarbeit mit privaten Sicherheitsdiensten 1990 durchgeführte Großrazzia »Operation Sundevil« wurde von den Medien kaum beachtet. Die betroffenen Gruppen debattierten den Schlag zwar eingehend, doch fand das Thema kaum Erwähnung in den Hauptnachrichtensendungen, geschweige denn Fernsehmagazine hätten sich darauf gestürzt. Ob das Fehlen öffentlicher Beachtung den Medien anzulasten ist oder gar vom Geheimdienst gesteuert wurde, läßt sich schwer sagen. Doch liegt es auf der Hand, daß weder die privaten Sheriffs noch der Secret Service ein Interesse daran haben, ihre Schlapphut-Methoden öffentlich werden zu lassen, noch wollen sie Hacker ermutigen, indem sie die Macht enthüllen, die »kriminelles« Eindringen im Cyberspace eröffnet. Aus staatlicher Sicht ist es sinnvoller, technokratisch und mit dem Strafgesetz zu agieren, zumindest solange die elektronischen Dissidenten der Öffentlichkeit nicht als die Wiederkehr des Bösen präsentiert werden können, deren Werk die Zerstörung der Zivilisation ist. Nun ist es aber recht schwierig, den jungen Computer-Freaks die Rolle des Schurken der Woche zuzuschreiben. Um die Öffentlichkeit von der drohenden Gefahr zu überzeugen, bedarf es mehr als einer Anklage wegen verbotenen Zugangs zu Daten.

In einigen Hollywood-Produktionen finden sich entsprechende Szenarios, etwa in *Sneakers – Die Lautlosen* oder *Stirb langsam 2*. So bringen im letzteren Film terroristische Hacker einen Flughafenrechner unter ihre Kontrolle, nehmen auf diese Weise ganze Flüge als Geiseln und lassen gar eine Maschine verunglücken. Auch wenn dies alles gegenwärtig noch als Science Fiction wahrgenommen wird, werden Bilder genau diese Art verwandt werden, um gegebenenfalls individuelle Rechte außer Kraft zu setzen und nicht nur gegen Computerkriminelle vorzugehen, sondern zugleich politische Gegner kaltzustellen.

Wir sollten daher den Unterschied zwischen Computerkriminalität und elektronischen Formen zivilen Ungehorsams unterstreichen. Während im ersten Fall aus dem Schaden, der anderen Leuten zugefügt wird, Profit gezogen werden soll, greift der elektronische Widerstand nur Institutionen an. Elektronischer Widerstand bedeutet, das herrschende Wertesystem umzudrehen, also den Einzelnen über die Information zu stellen und überhaupt Informationen zum Wohl der Leute statt zum Funktionieren der Bürokratie zu nutzen. Strategie der Herrschenden ist es hingegen, diese Unterscheidung nicht zuzulassen und elektronischen Widerstand umstandslos der Computerkriminalität zuzuschlagen. Sie zielt darauf, den Cyberspace gegen politische Aktionen abzuschirmen und einen »Angriff« im virtuellen Raum strafrechtlich wie einen körperlichen Angriff im realen Raum verfolgen zu können. Einige wenige reformistische linke Gruppen, wie etwa die Electronic Frontier Foundation, weisen bereits darauf hin, daß Grundrechte – wie Rede-, Versammlungs- und Pressefreiheit – im Cyberspace vorenthalten werden. Sie heben deshalb in ihrer Arbeit die Unterscheidung zwischen politischem und kriminellem Handeln hervor und fordern die gleichen rechtlichen Normen für elektronische wie physische Formen zivilen Ungehorsams. Jedoch muß man davon ausgehen, daß eine reformistische Strategie, die auf eine Legalisierung elektronischer Formen des zivilen Ungehorsams zielt, auf größte Widerstände stößt. Behörden und Bürokratien, die sich im Cyberspace nicht einmal an Grundrechtsgarantien gebunden fühlen, werden wohl kaum halblegale Formen oppositioneller Politik dulden.

Elektronischer ziviler Ungehorsam unterscheidet sich im wesentlichen nicht von den traditionellen Formen dieser politischen Strategie: Im Kern ist es die gewaltfreie Aktion, die niemals die physische Konfrontation mit dem Gegner sucht. Grundlegende taktische Manöver sind auch hier das Eindringen und die Blockade, das Besetzen von Ein- und Ausgängen, die Kontrolle strategischer Punkte. Der zivile Ungehorsam wird so in elektronischer Form erneuert.

Die AktivistInnen müssen sich ihrer Verantwortung bewußt sein und die Orte für elektronische Störungen sehr sorgfältig auswählen. Wenn eine gewaltfreie Aktion nie den Eingang zur Notaufnahme eines Krankenhauses blockieren würde, so werden auch elektronisch keine Funktionen unterbrochen, die entsprechenden humanitären Zwecken dienen. Deshalb zielen beispielsweise Aktionen gegen Pharmaproduzenten häufig auf die Forschungs- und Entwicklungseinheiten oder die Marketingabteilung der Konzerne, weil deren Blockade für die betroffenen Firmen teuer wird, ohne bestimmte fur auf Medikamente angewiesene Patienten lebenswichtige Informationen unzugänglich zu machen. Elektronischer ziviler Ungehorsam schließt auch einen verantwortungsvollen Umgang mit Daten, das heißt den Verzicht auf ihre Beschädigung oder Zerstörung, ein, wenn die AktivistInnen ihre Ziele nicht erreichen. Schließlich besagt die Ethik der gewaltfreien Aktion, daß in keinem Fall, sei die Versuchung auch groß, der elektronische Angriff auf Personen, weder auf die Bankkonten der Manager noch auf die Privatkredite der Arbeiter in den anvisierten Firmen, ausgedehnt werden darf. Elektronischer ziviler Ungehorsam richtet sich gegen Institutionen.

Das gerade entworfene Modell scheint einfach, bleibt aber gegenwärtig Science Fiction. Es gibt kein Bündnis zwischen Hackern und politischen Gruppen. Obwohl ein Austausch oder eine Zusammenarbeit beiden Seiten gut tun würde, erfüllen die Auswirkungen der gesellschaftlichen Arbeitsteilung die Funktion, beide sozial zu trennen, erfolgreicher als die Polizei es könnte. Hacken bedeutet ständige technische Weiterbildung, um die Kenntnisse up to date zu halten. Eine wesentliche Konsequenz dieser unumgänglichen Auseinandersetzung mit der Technik ist, daß sie kaum Zeit läßt für die politische Beschäftigung mit den Verhältnissen, für die Bildung eines kritischen Bewußtseins oder den Ausbau eines oppositionellen Standorts. Doch wird Hackerpolitik ohne dies weiter außerordentlich unbestimmt bleiben. Die zweite Konsequenz der Orientierung an der technischen Entwicklung ist die Isolation der Hacker im geschlossenen Klassenzimmer der Technokraten, in dem es kaum Verbindung zu Leuten außerhalb der eigenen Zirkel gibt. Aber auch den traditionellen politischen AktivistInnen geht es keinen Deut besser. Den Kopf in den Wolken politischer Geschichte glauben sie zu wissen, was zu tun und womit zu beginnen ist, doch fehlen ihnen praktikable und effektive Mittel. So sicher die politischen AktivistInnen sich ihrer Sache auch sein mögen, bleiben sie doch allzuoft in Plenumsdiskussionen ohne Ende stecken, die sich nicht einigen können, welches Monument toten Kapitals unter dem nächsten Streich fallen soll. Wir haben hier also zwei Strömungen anti-autoritär motivierter Politik, die keinen Austausch kennen, die – on-line und auf der Straße – nebeneinander existieren und deren Niederlagen nicht zuletzt aus einer Kommunikationslosigkeit herrühren, für die keine der beiden Seiten verantwortlich wäre.

Die Distanz zwischen Hackern und politischen Aktivisten ist nicht der einzige Grund, warum die Strategie elektronischen zivilen Ungehorsams derzeit wie Science Fiction klingt. Die Frage, welche Inhalte ein mögliches Bündnis organisieren, ist ebenso von Bedeutung. Linke Politik stützte sich traditionell auf das demokratische Prinzip oder besser die Notwendigkeit eines Einschlusses ins Kollektiv. Die popularen Massen drücken demnach ihren gemeinsamen Willen durch die bloße Zahl aus. Die Schwächen dieser Auffassung sind offensichtlich.

Der erste Schwachpunkt ist die Vorstellung eines popularen Kollektivwillens selbst. Es ist absurd, »das Volk« oder »die Massen« als Träger eines Konsens zu sehen und die vielfältigen gesellschaftlichen Spaltungen – deren Linien Rasse, Geschlecht, sexuelle Orientierung, Klasse, Bildung, Beruf, Sprache etc. sind – auszublenden. Unterschiedliche und teilweise gegeneinanderstehende Bedürfnisse bringen zentralisierte politische Organisationen in eine merkwürdige Situation, wenn sie durch Zahlenspiele ihre Stärke demonstrieren wollen. Entweder ist dabei die Organisation relativ groß und daher ideologisch nicht geschlossen oder sie vertritt als zahlenmäßig verschwindend kleine Gruppe sektiererisch eine Minderheitenposition. Hinzu kommt das Problem der Bürokratisierung als Vorbedingung der Organisation, das Problem der Führerschaft, das Problem der Hierarchie. Auch wenn diese Probleme häufig durch Rotationsmodelle und ähnliches in den Griff bekommen werden sollen, zerstören bürokratische Strukturen gegen die besten Absichten die Möglichkeiten der Gemeinschaft (im eigentlichen Sinn).

Noch düsterer wird das Bild, betrachten wir die Möglichkeiten zentralistischer Politikmodelle im globalen Maßstab. Bis heute gibt es keine in diesem Sinn demokratische Organisation, der es auch nur annähernd gelänge, Formen multinationalen Widerstands zu aufzubauen. Die Macht hingegen tritt global in Erscheinung, und das bedeutet, dem Angriff durch bloße Bewegung auszuweichen, sich dorthin zu begeben, wo es keinen Widerstand gibt. Die zentral organisierte kollektive Aktion mag deshalb auf lokaler Ebene noch ein wenig erfolgversprechend sein, doch ist sie schier nutzlos im größeren Maßstab; nicht nur die gesellschaftliche Arbeitsteilung steht gegen einen Konsens, und es gibt keinen Apparat, der ihn *organisiert*.

Die Hacker-Phantasien von der neuen Avantgarde, deren Techno-Resistance im Dienste »des Volks« agiert, klingen gleichermaßen suspekt, auch wenn sie nicht ganz so weit hergeholt sind wie die Vorstellung einer weltweiten Demokratie. Eine technokratische Avantgarde ist zumindest theoretisch möglich, zumal die Maschinen vorhanden sind. Doch da sich diese Technokader im wesentlichen aus jungen, weißen Männern aus der Ersten Welt rekrutieren, stellt sich die Frage, was wohl deren Ziele sein werden? Die bohrende Frage, wer für wen spricht, liegt, wenn die Idee der Avantgarde auftaucht, auf der Hand.

Widerstand wirft also drei zentrale Probleme auf: Erstens, wie kann die Vorstellung der Avantgarde mit pluralen Konzepten vereinbart werden? Zweitens, welche Strategie wäre einer dezentralisierten Macht angemessen, die permanent in Bewegung ist? Drittens, wie sollten sich Gruppen im Widerstand organisieren? Obwohl kaum befriedigende Antworten auf diese Fragen gegeben werden können, möchten wir im Folgenden ein paar Überlegungen entwickeln. Eine

Strategie der Gegenmacht durch zahlenmäßige Stärke, wie sie von Gewerkschaften bis zur außerparlamentarischen Opposition verfolgt wurde, ist passé, da sie sowohl einen breiten oppositionellen Konsens voraussetzt als auch die Existenz eines zentral organisierten Gegners. Bleibt als Gemeinsamkeit der meisten Gruppierungen im wesentlichen das Ziel, einer autoritären Macht Widerstand entgegenzusetzen. Doch eine solche anti-autoritäre Orientierung erlangt politisch erst Bedeutung, wenn die monolithische Vorstellung des »demokratischen Willens« aufgegeben wird. Die Bekämpfung einer dezentralen Macht verlangt zudem den Einsatz dezentraler Mittel. Dies schließt eine Neuorientierung linker Politik ein, eine Organisierung in anarchistischen Zellen, die dem Widerstand erlaubt, viele und unterschiedliche Ausgangspunkte zu nehmen, statt nur den einen (und vielleicht falschen) Hauptgegner im Auge zu haben. In einer solchen Struktur entsteht ein inhaltlicher Konsens auf der Basis des gegenseitigen Vertrauens der Einzelnen, das, was wir wahre Gemeinschaft nennen; jede Zelle baut ihre eigene Identität auf, ohne daß dies die individuelle Identität auslöschen würde; und jede Person wird vielschichtiges Individuum bleiben, das nicht auf partikulare Praxis reduziert werden kann.

Doch wie kann eine kleine Gruppe von vier bis zehn Menschen politisch wirksam sein? Die Antwort auf diese Frage verweist auf die Struktur der Zelle. Die Zelle ist ein zusammengesetztes Ganzes, das in seinem Zusammenspiel mehr ist als die Summe seiner Teile. Um Wirksamkeit zu entfalten, muß die Kluft zwischen politischem und technischem Wissen innerhalb der Zelle überbrückt werden. Eine gemeinsame politische Perspektive verbindet dabei die Individuen besser als arbeitsteilige gegenseitige Abhängigkeit. Dennoch sind unterschiedliche Fähigkeiten und unterschiedliches Wissen nützlich, etwa wenn sich Aktivistinnen, TheoretikerInnen, KünstlerInnen, Hacker oder sogar RechtsanwältInnen zusammentun. Mit dem Aufbau von Zellen wären die Grundlagen für elektronischen zivilen Ungehorsam geschaffen, und somit könnten politische Kampagnen wenigstens damit rechnen, wahrgenommen zu werden.

Elektronische Formen zivilen Ungehorsams sind für radikalere Zellen nur ein erster Schritt – Formen elektronischer Gewalt, wie die »Entführung« von Daten oder die Zerstörung von Computersystemen, sind gleichfalls politische Optionen. Aber sind solche strategischen Überlegungen nicht Formen eines fehlgeleiteten Nihilismus? Nach unserer Auffassung nicht. Insofern eine Revolution die Verhältnisse nicht verändern wird, scheint die Negation der Negation der einzig realistische Kurs. Die historische Erfahrungen der Revolutionen und Beinahe-Revolutionen der vergangenen zwei Jahrhunderte lehrt, daß Herrschaft nicht zerschmettert werden wird, wohl aber Widerstand möglich ist. Wann immer man, kaum war man den leuchtenden Pfad der glorreichen Revolution gegangen, die Augen öffnete, mußte man feststellen, daß die Bürokratie immer schon da war, daß vielleicht Coca-Cola verschwunden war, doch irgendwas an seiner Stelle anders aussah und genauso schmeckte. Auch das ist übrigens ein Grund, warum nicht zu befürchten steht, eines Tages in einer von irren Anarchisten zerstörten Zivilisation aufzuwachen. Diese mythische Bedrohung gehört zu den Erzählungen, mit denen der Sicherheitsstaat in der Öffentlichkeit die Angst vor politischer Veränderung schürt.

Doch welche Rolle werden zentralisierte Politikformen in diesem neuen Widerstand spielen? Zentralistische Organisationen haben drei Hauptfunktionen: Erstens die Verbreitung von Informationen; Aufklärung und Agitprop bedarf zentralisierter Gegenbürokratien, die über finanzielle Ressourcen, das notwendige Personal und die Infrastruktur verfügen, um oppositionelle Gegeninformation zusammenzutragen, zu gliedern und zu verbreiten. Zweitens die Rekrutierung und Ausbildung neuer Aktivistinnen und Aktivisten; es muß klar werden, wie notwendig die technologische Alphabetisierung der Kader ist. Allein auf die Motivation der Aktivistinnen, sich auch technisch auszubilden, zu vertrauen, wird nicht genügen, um in den Zellen versierte Leute zu haben. Drittens können zentralistische Organisationen als Vermittler auftreten, wenn das Regime sich gegen alle Wahrscheinlichkeit zu Reformen entschließt. Solche Reformen gehen in der Regel weniger auf einen ideologischen Sinneswandel der Herrschenden zurück als auf einfache Kosten-Nutzen-Abwägungen. Gerade der Fetisch der Effizienz sollte als Bundesgenosse nicht unterschätzt werden.

Zentralistische Organisationen können also von Nutzen sein – wenn sie sich aus der direkten Aktion heraushalten. Die Unterwanderung von politischen Zellen ist wesenlich aufwendiger als die Infiltration zentralistischer Organisationen, und vor allem der zur Überwachung notwendige Aufwand potenziert sich mit einer zunehmenden Zahl der Zellen. Eine Reihe aktiver Zellen kann dem Regime die Stirn bieten, indem die fundamentale Strategie des Widerstands verfolgt wird: die Mittel der Herrschenden gegen sie wenden. Um dieser Strategie heute Sinn zu verleihen, ist es notwendig, daß sich der Widerstand – wie zuvor die Macht – von der Straße zurückzieht. Cyberspace ist der Ort und das Mittel des Widerstands – das zu begreifen bedeutet, ein neues strategisches Modell politischer Praxis ins Spiel zu bringen.

Aus dem Englischen übersetzt von Thomas Atzert

Mark Dery

Wired

Für einen progressiven, pragmatischen Futurismus
Ein E-Mail-Interview von Geert Lovink

Mark Dery, ein Exilkalifornier in New York, ist Amerikas Lieblings-Cyberkritiker. Nach seinem Pamphlet *Culture Jamming* und der Aufsatzsammlung *Flame Wars* lädt uns nun seine erste Monographie *Escape Velocity* zu einer elektrisierenden Reise durch die US-amerikanische Cyberkultur der Neunziger ein. Diese »Reise ins finstre Herz des Informationszeitalters« liefert uns detaillierte, journalistisch konzise Beschreibungen solcher Phänomene wie cyberdelische Rhetorik, Cyberpunks, postindustrielle Vagabunden, dem Ursprung von »virtuellem Sex«, der »rituellen Mechanik« von Stelarc und Orlan und den »obsoleten Körpern« von Hans Moravec und den Extropianern. In seinen Analysen von Kunst, Performance, Installationen, SF-Literatur und Film greift Dery auf das bewährte Handwerkszeug der Cultural Studies zurück und kritisiert, daß es den meisten Cybernauten derzeit noch sehr an Reflexionsvermögen gebricht.

Von ihrer Position an den Rändern ist Cyberkultur unvermittelt ins Zentrum der Diskussion um Hypermedien gerückt, ohne jedoch klare Perspektiven, Standpunkte und Strategien zu haben oder zu entwickeln (trotz des ganzen Zukunftsgeredes). Sie ist weder aufgeklärt-links (im ideologischen Sinn) noch litte sie am elitären Syndrom – die alte (oder »neue«) Hippie-Punk-Underground-Techno-Kunst-Szene hat nur ein äußerst verschwommenes Selbstverständnis. Dery nimmt das zum Anlaß, den Digeraten von *Wired* einige Fragen zu stellen. Beispielsweise zur radikalen Trennung von Geist und Körper, zur Behauptung, Cyberspace sei »Opium des Schizos im 21. Jahrhundert« und zur postulierten Macht der Zaibatsu, die von William Gibson und dessen Anhängern als ausgemachte Sache gilt. Dery kritisiert die unkritische Übernahme der New-Age-Ideologie (wie gegenwärtig durch Davis' »Osmose«, Michael Heims Schriften oder Marc Pesces VRML-Predigten), die pathologischen Phantasien und »höchst unwahrscheinlichen Vorstellungen von Zukunft« der Science-Fiction-Literatur und den zynischen, neo-liberalen Globalismus, der zwar für Armut und Elend in den Straßen von San Francisco völlig blind ist, aber dafür umso heftiger an die »befreiende Kraft der Techno-Alphabetisierung« glaubt.

Geert Lovink: Dein Buch *Escape Velocity* handelt, im Gegensatz zu Paul Virilios neuestem Buch mit demselben Titel, nicht unbedingt von der Überwindung der Schwerkraft durch rasante Geschwindigkeiten. Cyberkultur ist für dich vor allem eine futuristische Erzählung, die wir immer weiterspinnen, ein Mythos, ein bißchen Phrasendrescherei, manchmal sogar mit eskapistischen Tendenzen. Trotzdem ist dein Buch voller spielerischer Passagen, in denen du beschreibst, was sich die digitalen Strolche in den letzten zehn Jahren so zusammengebastelt haben. In welcher Beziehung steht deren obsessives Tun an den Rändern der Gesellschaft zu »echten«, staatlichen und kapitalistischen Mächten? Glaubst du, daß die eine, einzige Big Story des Kapitalismus dieses ganze seltsame Bedürfnis, Maschinen, Programme und Netzwerke zu basteln, doch noch verschlingen wird?

»Culture Jamming«, der zentrale Begriff deines gleichnamigen Pamphlets, kritisiert das, was du an anderer Stelle als »Mischung aus Informationsschlacht, Terrorkunst und Guerilla-Semiotik« bezeichnet hast. Damit stellst du dich gegen die sogenannte Informationsgesellschaft, in der wir heute leben. Du warnst vor einer »in immer tiefere Bereiche vordringenden, instrumentalisierenden Technokultur, die durch die Manipulation von Zeichen Konsens produziert«. Im Augenblick gibt es wenig »Cyber-Jamming«, selbst der Mythos der Subversion scheint sich überlebt zu haben. Sehen die Neunziger politisch wirklich so düster aus? Und was ist zu tun – einfach abwarten, bis sich der naive, technotopische Sturm gelegt hat?

Mark Dery: Es scheint mir doch ein bißchen verfrüht, dem Mythos der Subversion schon jetzt das letzte Geleit zu geben. Er ist doch sehr lebendig in den schillernden Subkulturen von Temporary Autonomous Zones, Islands in the Net und anderen Anarchotopien, Online wie Offline. Und auch das Magazin *Wired* z.B. malt das Bild eines wilden, verrückten, außer Kontrolle geratenen Cyberkapitalismus und bestätigt seine Leser – männlich, überdreißig, 81tausend im Jahr machende Kopfarbeiter oder, in Robert Reichs Worten, Symbolanalytiker – beständig darin, im tiefsten Grunde ihres Herzens noch immer pubertierende, mutierende Ninja-Hacker zu sein. *Wired* spricht die Sprache der Manager-Gurus wie Tom Peters, der das Hohelied der »atomistischen Unternehmen« und so richtig couragierten »Betriebseinheiten mit respektlosen Bossen an der Spitze« predigt. Allein sein Design, eine Mischung aus Cyberkapitalismus des 21. Jahrhunderts und gegenkultureller Revolution, ist auf Boomer-Phantasien abgestimmt, die, unvergeßlich von MTV unter dem Motto »Revolution ohne den ganzen Scheiß« rubriziert, graphisch mittels Day-Glo und Mighty Morphin Typographie umgesetzt werden. Es ist Jahresbericht der Unternehmen und cyberdelische Spin Art zugleich. Keith White meinte neulich in seinem Artikel »The Killer App«, die Vorstellung, »Teil eines Unternehmens zu sein, nicht mehr öde oder konformistisch finden zu müssen, sondern echt hip!«, ist Musik in den Ohren der Digerati, die ja zu gern die Aspiranten auf »eine neue, sozial nicht abgesicherte Elite« wären. So bleibt der Mythos der Subversion, wenngleich triefend vor Ironie, als abgefahrene, hochgefahrene und eingefahrene Pseudorevolution der Manager und BWLer dank *Wired* doch irgendwie lebendig.

Natürlich weiß ich, daß du beim »Mythos der Subversion« eher an Techno-Bastler wie Mark Pauline von »Survival Research Laboratories« (SRL) denkst. Der High-Tech-Lump, der dem militärisch-industriellen Komplex mit ausgedienten Robotern, die er sich unter den Nagel gerissen hat, und anderem Techno-Kram, dem er neues Leben einhaucht, den Guerilla-Krieg erklärt hat und zum Dank dafür in Figuren wie Slick Henry aus William Gibsons Roman *Mona Lisa Overdrive* im Cyberpunk-Pantheon neben anderen von der Gesellschaft ausgestoßenen Hackern verewigt wurde.

Das Problem mit der von SRL phantasierten Techno-Revolution der Mülltonnen-Kids ist, daß sie dummerweise an die Macht einer gutplazierten Bombe glauben, die »das Herz des Staates treffen« soll, wie es die Roten Brigaden einst formulierten. Postmoderne Analysen, angefangen bei Debords *Gesellschaft des Spektakels* bis zur *Elektronischen Störung* von Critical Art Ensemble, betonen immer wieder die nicht-linearen Dynamiken der Macht, die heute ätherischer, ungreifbarer geworden ist. Kontrolle kontrolliert, um es mal mit Burroughs auszudrücken, nicht mehr durch körperliche Züchtigung als vielmehr durch die Kolonisierung der Phantasie der Massen mittels medialer Fiktionen, die den Konsens herstellen sollen. Pauline weiß das ganz genau. SRLs Veranstaltungstheater gründet auf der Annahme, daß auch ritualisierter Widerstand gegen technokratische Mächte Wirkung zeigt, und wenn auch nur in den Köpfen der Zuschauer. In *Escape Velocity* endet meine Kritik an SRL mit Paulines Satz »Ich glaube an die politische Kraft der symbolischen Geste«, ein Zitat, das man locker auch linken Kulturkritikern wie Stuart Hall und Dick Hebdige und Konsorten andichten könnte.

Leider ist symbolischer Widerstand aber eben dies: nur symbolisch. Zugunsten von politischem Widerstand im kleinen wird Territorium auf größerer Ebene aufgegeben (diese Achillesferse teilt er übrigens mit dem Virtuellen Kommunitarismus). Arglos, aber in rasendem Tempo, lassen sich diese »symbolischen Gesten« dann von Konsum, Kommerz und Kapitalismus ausnehmen, häuten, ausstopfen und für die Ewigkeit präparieren, egal welches politische Potential sie einst zu besitzen schienen.

Widerständige, fürs Shoppingzentrum ungeeignete Nischen sind allemal gut als Petrischale, in der sich die merkwürdigsten neuen Meme und Ismen, warenkapitalistische Äquivalente zu Impfstoffen, als Mittel gegen virulentere politische Seuchen fröhlich vermehren dürfen. In *Strange Weather* behauptet deshalb auch Andrew Ross, die cyberdelische Gegenkultur aus *Mondo 2000* und die geheimen Enklaven der Ninsei von Chiba City in *Neuromancer* dienten nur als »experimentelle Resonanzkörper der Industrie«. Womit wir wieder bei *Wired* in dessen Funktion als kultureller Luftschacht fürs Cyber-Lumpenproletariat auf seinem Weg zur Micro-Knechtschaft wären.

Als politische Taktik stehen diese Widerstandsrituale – Mythen der Subversion, wie du sie nennst – im selben Verhältnis zu der rohen Gewalt der Nationalstaaten und den multinationalen Megakonglomeraten wie der japanische Plan, durch Papier- und Bambus-Brandbomben in den USA Waldbrände zu entfachen, zu den US-amerikanischen Atombomben, die zur selben Zeit auf Japan niedergingen. Sie sind einfach obsolet.

Sollten wir deshalb »abwarten, bis der naive, technotopische Sturm sich gelegt und die eine, einzige Big Story des Kapitalismus das ganze seltsame Bedürfnis verschlungen hat«? Natürlich nicht. Obwohl ich postmodernen Primitivismen, Transgender-Aktivismus, StarTrek-Pornographie oder The Abject™ als der letzten Hoffnung mikropolitischen Widerstands mißtraue, gehen mir andererseits auch die düsteren Prophezeihungen von einigen Erben der marxistischen Frankfurter Schule, die Cyberkultur sei ein einziger panoptischer Alptraum des ungebrochenen Herrschaftswillens, auf die Nerven. Auch der trägen Disphorie, die etwa Arthur Kroker von Baudrillard übernimmt, stehe ich skeptisch gegenüber, weil sie eine zutiefst dystopische Blickweise hat, die keinen Ausweg aus den sozioökonomischen und ökologischen Problemen um uns herum zuläßt, und statt dessen ihren Pessimismus in Science-Fiction-Jargon verpackt, der die Probleme zu schaurig-apokalyptischen Spektakeln im akademischen Freizeitpark degradiert. Vor sowas Ähnlichem warnte uns schon Walter Benjamin, als er meinte, die Selbstentfremdung der Menschheit hätte bereits jenen Grad erreicht, der sie ihre eigene Vernichtung als ästhetischen Genuß ersten Ranges erleben lasse.

Wir dürfen uns also nicht in unsere Höhle zurückziehen und zuschauen, wie die immer wölfischere Wirklichkeit unserer Zweidrittel-Gesellschaft die »naiven Technotopisten« mitsamt ihrer New-Age-Phantastereien von Gäas Paragotopie schließlich zum Abendessen verschlingt (obgleich ich das nicht so unappetitlich fände). Ein erster Schritt aus der Misere wäre, einen Flammenwerfer auf den Laissez-faire-Futurismus à la Gingrich und Toffler zu richten, die unser kollektives Los dem Markt zum Fraß vorwerfen wollen, oder auf die New-Age-Cyber-bolen, die unsere Hoffnungen zum Jahrtausendabschuß freigeben wollen. Wir müssen die gepflegten Salongespräche über die Möglichkeiten der neuen Technologie ins laute, schmutzige Hier und Jetzt verlagern und einen progressiven, pragmatischen Futurismus entwickeln.

Lovink: Am Beispiel von Vinge, Drexler und Moravec zeigst du, daß die High-Tech-Wissenschaft Brutstätte einer Techno-Eschatologie oder, wie du's nennst, »einer Theologie des Schleudersitzes« ist. Diese Propheten von Übermorgen-Land gewinnen den neuen Technologien richtig religiöse Aspekte ab. »Seine Heiligkeit lebt und gedeiht prächtig in der Maschine«, zu diesem Schluß kommst du in deinem Kapitel über techno-transzendentale Phantasmen cyberdelischer Kreise in Nordkalifornien. Die Cyberkultur ist unfähig, sich mit ihren religiösen Anwandlungen kritisch auseinanderzusetzen. Feuerbach, Marx, Nietzsche, alle haben Religion und deren Institutionen kritisiert, aber in Cyberland gibt es nicht mal einen »Anti-McKenna«. New Age ist anscheinend so tief mit Techno-Kultur verwoben, daß kaum jemand dieses stumme Einverständnis in Frage stellt. Von postmodernen Denkern ist das zwar kaum zu erwarten, aber kannst du dir eine Form von radikalem, digitalen Atheismus vorstellen, um diesen neuen Glaubenssystemen etwas entgegenzusetzen? Oder ist der kalte, modernistische Cyberspace so unerträglich, daß es metaphysischen Trost braucht, um darin zu leben?

Dery: Nun, ich bin zwar nicht Feuerbach, Marx oder Nietzsche, aber ich würde mit McKenna, den ich im übrigen für viel origineller und unendlich eloquenter halte als andere, bekanntere bärtige Propheten des Jahrtausendcyberhypes, sehr gern die Klingen kreuzen. Das tu ich letztlich auch, in einer Geschichte für das australisches Cyber-Zine *21.C*, in der ich McKennas cyberdelische Visionen als Gute-Nacht-Geschichten für Cyborgs, als Abkömmlinge des sci-fi-Mystizismus eines Arthur C. Clarke, der New-Age-Jahrtausendwende und der dionysischen »expressiven politischen Praktiken« der sechziger Jahre – speziell derer von Norman O. Brown – entlarve. McKennas gläubige Anhänger nehmen seine Theorien oft zu wörtlich und erweisen ihm damit leider einen Bärendienst, denn seine Visionen gehören ganz eindeutig in die Kategorie »Techno-Eschatologie« beziehungsweise zu einer »Theologie des Schleudersitzes«. Theologisch ist es übrigens ziemlich konventionell: Zum Beispiel wird die Entstehung der Sprache bei den Urmenschen – ausgelöst durch die katalytische Wirkung eines Funkens nach der Einnahme halluzinogener Pilze – als Geschichte des Sündenfalls erzählt; McKennas visionäre Erleuchtung bei seinen Reisen durch »fraktal geometrische Lichträume« gleicht der Wandlung von Saulus zu Paulus auf dem Weg nach Damaskus, und sein »transzendentales Objekt am Ende der Zeiten« erinnert an die Letzten Dinge in der Offenbarung des Johannes.

Ich weiß nicht, ob es unbedingt eines »digitalen Atheismus« bedarf als Antwort auf die neo-gnostischen und New-Age-Technotranszendentalismen, die die Cyberkultur durchweichen. Eigentlich sollte das scharfe Messer der Logik, gewetzt am Schleifstein einer engagierten Politik mit Leib und Seele reichen. Ich bin immer wieder sehr erstaunt darüber, daß es wirklich Leute gibt, die, ohne mit der Wimper zu zucken, an so Zeug glauben wie, daß Gäas Geist »aufersteht« (was immer das heißen mag), wenn die Zahl der Online-Bevölkerung die Anzahl der Neuronen im menschlichen Hirn übersteigt, oder an Douglas Rushkoffs Spruch in *Cyberia*, »jedem Lebewesen« sei »es gegeben, durch Feedback und Wiederkehr die Wirklichkeit im großen umzugestalten«. Wir sollten uns nicht vom neuesten Daten-Chic täuschen lassen: Es handelt sich hier um den alten »Oh-Wow«-Effekt der sechziger Jahre, den P.J.O'Rourke so hinreißend als Gefühl, daß da »eine pulsierende, schleimige Masse ist und wir alle sind irgendwie Teil davon«, beschrieben hat.

Lovink: In deiner Genealogie des Cyberpunks behauptest du, dieses (hauptsächlich literarische) Phänomen käme aus der Popmusik, vor allem aus dem Punk. Historisch aber gibt es so gut wie keine Verbindungen zwischen Punk und Technologie. Punk mangelte es auch irgendwie an der narzißtischen Selbstbespiegelung der Cyberpunks.

Dery: Meine These, Punk und Cyberpunk hätten dieselbe kulturelle Erbmasse, wird ausführlich in meinem neuen Buch entwickelt. Aus Platzgründen verweise ich deshalb alle Interessierten einfach auf *Escape Velocity*. In geraffter Form will ich kurz ausführen, daß Punk und Cyberpunk sich in der Verklärung von urbanem Verfall und geschmacklosem Lowlife treffen. Und auch in ihrer spezifischen, halb existentiellem Überdruß, halb Zukunftsangst geschuldeten Gefühlsleere, und besonders in ihrem heimlichen Glauben an die Politik der Vereinnahmung und des subversiven Gebrauchs von umfunktioniertem alten Krempel – Kitsch als Strandgut der Konsumgesellschaft, Müll des Scheiterns von Wissenschaft und Industrialisierung. Im Kapitel »Metall Maschine Musik« zitiere ich einen Typ, der früher mal für das legendäre New Yorker Magazin *Punk* geschrieben hat. Er sagt, Punkrock »hieß damals, ja zu sagen zur modernen Welt. Punk, genau wie Warhol, liebte alles, was zivilisierte Leute haßten: Plastik, Fast-Food, B-Movies, Werbung, Geldmacherei«. Punk-Ästhetik mit ihrer robophatischen Ausdruckslosigkeit (die nicht zuletzt an die *Mondo*-Ikone Andy Warhol und seinen Wunsch, ein Roboter zu sein, erinnert), ihrer böse grinsenden Umarmung des gesammelten Vorstadtmiefs der Tupperwarengesellschaft, entspricht bis ins Detail den cyberpunkigen Dystopien, die ihren ätzenden Spott über das gelobte Übermorgen auskippen, das sie nie erleben werden. Der beißende Hohn erinnert an »The Gernsback Continuum«, wo William Gibson die technokratischen Phantasmen der SF-Groschenromane liebevoll zur Schlachtbank führt. Diese und andere Überschneidungen, auch mit dem zynischen Modernismus und der Liebe zu Ramschkultur der Independent Group – deren ICA-Ausstellung 1956 »This is Tomorrow« der reinste Proto-Cyberpunk war! -, mit dem Popkünstler Richard Hamilton und mit New-Wave-Visionären wie J.G. Ballard finden ihre Apotheose in Bands wie Normal und Flying Lizards. No-Futurismus ist eben auch eine Form von Futurismus.

Lovink: Als ich deine Kritik zu Survival Research Laboratories (SRL) las, fiel mir auf, daß du sie nicht mit der »Industrial«-Bewegung in Verbindung bringst, die ja ebenfalls aus der Musik kommt. Industrial-Ästhetik hat vieles gemeinsam mit der digitalen Technologie der achtziger Jahre. Das Zeitalter des Immateriellen vorwegnehmend, feierte sie die Düsterkeit verlassener Fabrikgelände, die Extrembedingungen von Häuserkampf und Straßenschlacht und die pure Materialität gigantischer, aber nutzloser Metallgegenstände. Obwohl man es auch als dionysische Antwort auf die unerträgliche Leichtigkeit des Yuppie-Seins (der herrschenden Klasse der achtziger Jahre) sehen könnte, wirfst du SRL »Macchinismo« vor und sprichst von »verdrängter männlicher Sexualität«. Aber vielleicht ist ihr Publikum ja angesichts der ganzen politischen Korrektheit und allgemeinen Transparenzforderungen besonders angetan von der Düsterkeit und dem Schmutz von SRLs Spektakel »der niederen Schichten«?

Dery: Ich bekenne mich schuldig. Ich habe versäumt, SRL in den kunstgeschichtlichen Kontext von Industrial zu stellen, aber zu meiner Rechtfertigung möchte ich anfügen, ich bin einfach davon ausgegangen, daß die meisten sowieso Re/Searchs berühmtes »Industrial Culture Handbook« gelesen haben, in dem SRL als Nullpunkt dieser Form von Ästhetik bezeichnet wird. Natürlich sind alle meine selbstgedichteten Cybermythen – das mechanistische Chaos von SRL, die Cyber-Körper-Performance-Kunst von D.A.Therriens Comfort/Control, Industrial-Musik und Science-Fiction-Filme von *Tetsuo* bis *Terminator* – Teil einer mechanistischen Ikonographie, ironische Metaphern für eine Informationsgesellschaft, deren technologisches Totem, der Computer, sich jeder Repräsentation entzieht. Sein serienmäßig glattes Äußeres ist zu undurchdringlich und seine inneren Vorgänge zu komplex und dynamisch, um sie greifen zu können. Nur über die Heavy-Metal-Materialität des Maschinenzeitalters ist es möglich, sich dieser postindustriellen Maschine überhaupt anzunähern. Meines Wissens ist es überhaupt nur einmal gelungen, mit dieser Logik zu brechen: durch die metallisierte Verflüssigung von T-1000 im *Terminator 2* – wenn es je einen gleitenden Signifikanten gab, dann diesen! Seine Logik ist möglicherweise zeitgemäßer: Die eigentlich flüssige, silbrige Gestalt ohne Merkmale wird, sobald sie etwas berührt, zu dessen täuschend echter Kopie und vor-verkörpert so eine vom Computer entworfene, beunruhigend ungewisse Zukunft. T-1000 ist die unheimliche Verkörperung von Cyberkultur, deren Kennzeichen die Entmaterialisierung der Arbeit, der Waren, selbst der genetischen Codes lebender Organismen durch Digitalisierung ist.

Zu deiner Bemerkung, SRL-Spektakel wollten durch die Entladung chthonischer oder dionysischer Impulse der »unerträglichen Leichtigkeit des Yuppie-Seins« entgegentreten – übrigens eine Interpretation, die sie in eine aufgeklärtere Ecke stellen würden als die üblichen Anschuldigungen, Heavy-Metal-Machos zu sein – muß ich zunächst sagen, daß die von dir zitierten Vorwürfe nicht von mir, sondern von feministischen Kritikerinnen stammen. Ich habe sie nur im Rahmen einer kritischen Analyse von SRLs avantgardistischen Demo-Veranstaltungen hinsichtlich ihrer Geschlechterpolitik wiederholt. Die Passage aus *Escape Velocity* lautet so: »Manche sind allerdings der Meinung, daß Paulines Arbeiten, halb Macho-, halb Macchinismo-Ästhetik, den Technologie-Kult letztlich bloß bestätigen und nicht, wie behauptet, ihm entgegenwirken. Eine Feministin kritisierte SRLs Gewaltorgien als ›verdrängte, männliche Sexualität, die als Zerstörungstrieb wiederkehrt‹«. Ich will einfach zeigen, daß SRL ein mehrdeutiges Phänomen ist, das sich nicht in ideologische Zwangsjacken stecken läßt. Ihre Performances inszenieren die Cyberpunk-Phantasien einer Technorevolution und sind kohlrabenschwarze Komödien über Aufrüstung und die apokalyptische Doktrin der wechselseitigen Vernichtung, auch wenn sie mit ihren Zerstörungsorgien pubertäre, möglicherweise »männliche« Wunschvorstellungen – der Essentialismus ist dabei recht ärgerlich – ansprechen. In einer BBC-Dokumentation über Maschinen-Kunst mit dem Titel *Pandemonium* habe ich SRL als Mischung aus Peter Pans Verlorenen Buben und der Baader-Meinhof-Gruppe bezeichnet.

Ehrlich gesagt, ich finde SRLs unverhohlene Lust am mutwilligen Maschinengemetzel hinreißend. Ein kraftvolles Korrektiv zur betulichen Otto-Normalverbraucher-Moral in der Mainstream-Kunstszene. Das politisch korrekte, bürgerliche Denken besteht darauf, daß wir uns mit unseren schuldhaft-sündigen Vergnügungen »aussöhnen« müssen. Es findet Abject Art überhaupt nicht gut, weil ihren Vertretern ja gerade die Unversöhnlichkeit mit ihren Inhalten und daher mit sich selbst große Freude bereitet. Ich würde SRL nicht »dionysisch« nennen, weil mir das zu sehr nach *Mondo 2000* und Jim-Morrison-Fanclub klingt – »pubertierend« scheint mir angebrachter. Crumb, Robert Williams oder auch John Belushi in *National Lampoon's Animal House* haben ja gezeigt, daß der pubertierende Jugendliche die wohl kraftvollste Verkörperung von Kristevas »Verwerfung« ist.

Lovink: Du nimmst Stelarcs Begriff des »obsoleten Körpers« ziemlich ernst und zitierst sogar einen Neurologen mit den Worten: »Ich halte Stelarcs Phantasien für krankhaft. Sie sind extrem, narzißtisch gestört und auf Alleinherrschaft gerichtete Weltzerstörungsphantasien.« Warum ziehst du hier die Psychoanalyse mit rein? Es ist doch ohnehin klar, daß die Internalisierung von Technologie und Macht Stelarcs Thema ist, um das zu kapieren, braucht man keine Psychoanalyse. Wenn, wie du behauptest, Stelarc tatsächlich »Foucaults idealem Subjekt der Macht« Gestalt gibt, »nämlich durch den vollständig durchschauten, manipulierbaren, ›disziplinierten‹ Körper«, dann verweist das doch bloß auf einen wichtigen Aspekt im täglichen Leben. Was du vermutlich hinterfragen willst, ist die gesellschaftliche Funktion des Künstlers. Fördert Technologie-Kunst, wie die Stelarcs, zynische, asoziale Tendenzen, und wenn ja, soll sie deshalb bekämpft werden?

Dery: Der Grund, weshalb ich den Neurologen Richard Restak von der George Washington Universität zitiert habe, hat nichts damit zu tun, daß ich die psychologischen Motive für Stelarcs posthumane Rhapsodien offenlegen wollte, sondern damit, daß ich die verqueren, holzschnittartigen Zukunftsmöglichkeiten des Cyborgs kritisieren wollte, die Stelarc entwirft und die meines Wissens noch nie genauer untersucht wurden. Restak stößt sich zwar aus psychologischen und philosophischen Gründen an Stelarcs post-evolutionärem Szenario, aber er zerlegt es letztlich aus medizinischer und technischer Perspektive.

Deiner Bemerkung, die »Verinnerlichung von Technologie und Macht« würde sich bei Stelarcs Thematik von selbst verstehen oder sei offenkundig und ich hätte ihn eigentlich nur als Buhmann für postmoderne Pathologien oder andere »zynische, asoziale Tendenzen«, die unser prothetisches Dasein zeitigt, gebraucht, muß ich heftigst widersprechen. In meinem Buch versuche ich zu zeigen, daß solche Argumente bei Stelarc nichts bringen. Er übersteht alle Versuche, seine Arbeiten mythographisch oder semiotisch zu unterlaufen, und verlangt, seine Cyber-Körper-Events wörtlich zu nehmen, als industrielle Forschung und Entwicklung für eine »post-evolutionäre« Mensch-Maschine-Verbindung. Durch technologische Terminologie versucht er, seine posthumanistischen Verkündungen zu untermauern, und er beruft sich auf »kontextfreie«, wissenschaftliche Objektivität, die jede politische oder gesellschaftliche Lesart seiner Arbeiten von vornherein verhindern soll. Allein der Anspruch jedoch, es gäbe Ideelles ohne Ideologie oder einen gesellschaftlichen Raum, in dem das Zusammentreffen von Körper und Maschine außerhalb jeglicher machtpolitischer Zusammenhänge stattfinden könnte, ist reine Science Fiction. Der Leitgedanke jeder Form von zeitgenössischer Wissenschaftskritik ist doch, daß Wahrheit im selben Maß konstruiert wie herausgefunden wird, das heißt, daß sogar die auf strikte Wertneutralität angelegten Diskurse immer durch kulturelle Vorannahmen eingefärbt sind.

Hinterfrage ich wirklich »die gesellschaftliche Funktion des Künstlers«? Ja, durchaus, insoweit ich von Stelarc verlange, die stillen politischen Implikationen seiner Cyberkultur zu reflektieren, die in seinen Arbeiten unterhalb des Radarschirms mitfliegen. Was wir brauchen, ich sagte es bereits, ist eine posthumanistische politische Praxis. Stelarcs Arbeiten und auch sein Denken existieren nicht in einem wertfreien, kulturellen Vakuum, wie es traditionell von den Naturwissenschaften postuliert wurde, auch wenn er es gern hätte. Seine SF-Visionen von Körpern, die endlich kein »gesellschaftlich besetzer Ort« mehr sind, sind von allen Seiten fest umzingelt von feministischer Körperpolitik, von Diskussionen zur Ethik in menschlicher Biotechnologie und von grüner Kritik an kapitalistischen Vorstellungen von »technologischem Fortschritt« und ungehinderter Expansion.

Lovink: Das letzte und längste Kapitel in *Escape Velocity* beschäftigt sich mit der »Cyborgisierung der Körperpolitik«. Du schreibst: »In der Cyberkultur ist der Körper eine durchlässige Membran, seine Integrität ist dahin, und ein Heiligtum ist er auch nicht mehr.« Du weist darauf hin, daß »der Körper zur ideologischen Kampfstätte für Abtreibungsdebatten, Aidsbehandlung« usw. wurde. Du wirfst Cyborg-Enthusiasten vor, am Kern des Problems vorbeizudenken – Orlan und die Krokers vergessen, daß es immer noch um, wie Scott Bukatman sagt, »echte Körper« geht. Darf man heute nicht mehr über ungewöhnliche, neuartige Körper-Maschine-Verbindungen rumphantasieren?

Dery: So was ähnliches hat mich Howard Rheingold neulich in einem Interview für »Salon« auch gefragt, er wollte wissen, wie's um »den Spaß beim Posthumanismus« steht. Posthumanismus – wir sollten uns im übrigen immer vor Augen halten, daß es sich hierbei bislang um eine reine Sci-fi-Phantasie handelt – verführt durch seine Versprechen von körperloser Kinese und Info-Taumel, durch die Marvel-Comics-Visionen einer massiven Gleichzeitigkeit von Brainpower und Cyborg-Muskelkraft. Wer hätte nicht schon mal von körperlosen Loopings durch die fraktalen Geographien des Cyberspace geträumt und sich vorgestellt, er käme als Infomorph wieder, wie in Charles Platts wunderbarem Roman *The*

Silicon Man? Oder sich von der Idee eines kybernetisch so unendlich riesigen Gehirns verführen lassen, das alles menschliche Wissen in sich trägt und in einer Pikosekunde vom heimlichen Sexleben von Cheng und Eng zum Kugelaustrittsloch an JFKs Schädel zu den Neurogliazellen in Einsteins Hirn hüpfen kann? O.B. Hardisons grandioses, einsames Bild am Ende von *Disappearing Through the Skylight* fasziniert mich unendlich: da wird ein menschliches Bewußtsein auf eine Raumsonde, die auf Sonnensegeln am Rande der Unendlichkeit entlangschwebt, »runtergeladen«. Aber ach, welcher Preis für dieses großartige, vollendete Bild! Hardison beschwört das tragische Bild eines Mannes, der gegen seinen Willen »runtergeladen« wurde und nun erkennen muß, daß er eine Elektronenwolke in den Erinnerungen eines Computerhirns ist und er seine Frau und Kinder nie wieder in Arme aus Fleisch und Blut schließen wird können, wird mich für immer verfolgen. – Linke Intellektuelle finden halt immer ein Haar in der Suppe, nicht wahr?

Lovink: Vielleicht neigt sich die erste Phase der Cyberkultur mit ihren Gerüchten und virtuellen Verführungen nun ihrem Ende zu. Wir müssen dennoch versuchen, die Gesetze der Verführung und die Ökonomie des Begehrens zu verstehen. Möglicherweise liegen die Probleme der Cyberkultur auch in deren sozial und wirtschaftlich unklaren Verankerungen – sie ist ja weder Massenkultur noch eindeutig politische Opposition gegen die herrschende Klasse. Das schafft Raum für sprühende Phantasien, für massenhaft Zeichen ohne Referenten. Manchmal scheinst du dir aber unsicher, ob du die cyberdelischen Tagträume der kalifornischen Techno-Transzendentalisten wie den Extropianern wirklich ernstnehmen sollst. Andererseits, wie ernst nimmst du die *Wired*-Visionen einer Dritten Welle in der Wirtschaftspolitik, die die Grundlage vieler Cyber-Prophezeihungen darstellen?

Dery: Ich nehme die intellektuell entrückten New-Age-Propheten und die Cyberkapitalisten, von denen wir bereits gesprochen haben, so ernst wie man Typen nehmen muß, die an den Joysticks der Macht rumfuchteln. Ich bin ein nichtdekonstruierter intellektueller Sturkopf, der tatsächlich noch glaubt, daß Ideen Folgen haben und man deswegen den Laissez-faire-Futurismus, der schwanzwedelnd in *Wired* propagiert wird, ziemlich ernstnehmen sollte, weil die Wirtschaftsheinis dieses Gingrich-Toffler-Gelaber darin für bare Münze nehmen und sich daran ausrichten. Politik wird ja zunehmend von Wirtschafts-Lobbyisten gemacht (manche werden bereits darum gebeten, die Gesetzesentwürfe, die sie mit ihren Schmiergeldern, ähem, mit ihrer finanziellen Unterstützung im Präsidentenwahlkampf erkaufen, schon mal *schriftlich* vorzuformulieren), und deshalb ist die Frage, wer den Wirtschaftsbossen jeweils ins Ohr flüstert, ziemlich wichtig, vor allem für diejenigen von uns, die nicht geneigt sind, ihre Zukunft der Gnade der paternalistischen Multinationals anheimzustellen, ungehindert aller Scheingesetzgebungen jener unsäglichen Zweiten Welle, die sich Nationalstaat nannte. Ob *Wired* ein Murdoch-Mega-Godzilla ist? Wohl kaum. Dennoch ist nicht zu überhören, daß der Manager-Guru Tom Peters bereits Kevin Kellys Liedchen trällert – letzterer seines Zeichens Herausgeber und Hausphilosoph von *Wired* – und auch George Gilder pfeift es, bloß in einer anderen Tonart. Und die atemberaubenden Vortragsgagen, die sie bereits jetzt kassieren, lassen vermuten, daß beide in der Business-Kultur *ziemlich* hoch gehandelt werden. *Wired*s Laissez-faire-Visionen eines zur Unkenntlichkeit geschrumpften Nationalstaates haben bereits einige Herren in den Vorstandsetagen aufhorchen lassen. Ich meine, das genügt, um solche Vorstellungen ernstzunehmen – so ernst, wie einen Retrovirus in der Körperpolitik, um eine augenblicklich topaktuelle genetische Metapher zu bemühen.

Aus dem Englischen übersetzt von Bettina Seifried

Literatur:

Dery, Mark (1996). *Escape Velocity:* Cyberculture at the End of the Century. Grove Press (England: Hodder & Stoughton; dt. Ausgabe: *Die Kultur der Zukunft.* Berlin: Verlag Volk und Welt 1997)

Hakim Bey

Temporäre Echtzeit

Drei Gespräche

Hakim Bey vs. Enzo 23

Enzo 23: Zuerst eine einfache Frage: Mir fiel auf, daß deine Arbeiten immer außerhalb eines *bestimmten* Raumes bleiben: nämlich des akademischen Raums. Einige Figuren, auf die du dich beziehst, wie Burroughs, Thoreau, Sade und Oscar Wilde, wurden ja gesellschaftsfähig und eingemeindet. Befürchtest du eine ähnliche Vereinnahmung oder vielleicht eine falsche Vermittlung deiner Texte?

Hakim Bey: Ja natürlich. Es geht dabei um das Paradox, ein Buch zu schreiben, in dem du die Leute warnst, den Medien nicht zu trauen, und dazu selber ein Medium, nämlich ein Buch, verwendest. Aus dieser Verstrickung führt kein Weg hinaus, soviel ist klar. Entweder wir kommunizieren oder wir lassen es. Naja, ich hätte vielleicht schwören können, daß ich nie wieder was schreibe, sondern mich ab jetzt nur noch mündlich mit einzelnen Individuen austausche. Das wäre wahrscheinlich der Idealfall, aber mein Metier ist eben das Schreiben. Medien haben die üble Eigenschaft, echte Erfahrungen im Herzen und im Kopf der Leute zu ersetzen, und ich muß für meine Arbeit mit diesem Paradox leben. Wenn die Leute lieber in mein Buch als in sich selbst schauen wollen, um sich ihre Urteile zu bilden, dann ist das sicher unerfreulich. Ich wollte kein Guru werden und mein Buch als Bibel verkaufen. Aber es kommt immer wieder vor, daß die Leute die Nachricht von der Möglichkeit von Freiheit, oder sogar den, der ihnen diese Nachricht überbringt, bejubeln, anstatt die Botschaft an sich ernst zu nehmen. Ich wollte nie so einer sein, deshalb empfinde ich es fast als Versagen, daß es so gekommen ist.

Enzo 23: Man kann diese Antwort in zwei Richtungen deuten. In den Fünfzigern zum Beispiel war es die Aufgabe des Staats, sich in der Gesellschaft zu replizieren. Denken wir das mal zuende. Die Kinder damals waren wie ihre Eltern und die wiederum wie der Staat. Das Ideal damals war, sich auf so vielen Ebenen wie möglich zu gleichen. Der Rebellionsfaktor war gering. Mit den Sechzigern, den kulturellen Bewegungen und Aufständen gab es plötzlich mehr Innenschau. Die

Jungen wollten das Bestehende nicht mehr ohne weiteres wiederholen. Und heute haben wir die Popularisierung des Internets, einem neuen Katalysator und eine Art elektronisches Dope der zweiten Generation. Wenn nun also deine Bücher durch das Internet verbreitet werden, dann verlierst du auch die Kontrolle darüber, was mit deiner Philosophie, mit deinen Ideen geschieht. Zum Beispiel könnten sie von einem Wissenschaftler aufgegriffen, bearbeitet und dann wieder als Zusammenfassung in Umlauf gebracht werden. Das wäre dann die McDonaldisierung der Schrift, die schon seit langem droht. Kann das Netz die Integrität deiner Schriften überhaupt garantieren?

Hakim Bey: Das ist kein Problem, das erst mit dem Internet auftaucht. Jedes neue Medium hat die Tendenz, sich tyrannisch aller Diskurse zu bemächtigen. Als die US-Regierung das Postwesen übernahm, gab es zum Beispiel einen Typ namens Anthony Comstock, der sich selbst zum Zensor und Chef der neuen Postbehörde ernannte. Der ging nun also die Post der Leute durch und suchte nach Obszönitäten. Darunter fiel auch Empfängnisverhütung. Anfang des Jahrhunderts gab es also noch Leute, die ins Gefängnis kamen, weil sie Informationen zur Empfängnisverhütung per Post weitergaben. Wie immer riefen die Linken nach Redefreiheit und die Radikalen schimpften über Repressalien. Bald wurde es amtlich, daß der Staat das Recht hatte, in den Briefen der Leute herumzuschnüffeln. Als das Telefon auftauchte, war es ähnlich. Auch die Erfindung der Druckpresse war damals ein Schlag gegen die Autoritäten und brachte prompt die protestantische Reformation in die Gänge, als die Bibel und andere religiöse Texte endlich in die Mundart übersetzt werden konnten. Es geschieht also immer dasselbe, egal mit welchem Medium: zunächst bringt es die Kacke zum Dampfen, und dann muß es auf die eine oder andere Art unter Kontrolle gebracht werden. Bislang hat sich das mit historischer Regelmäßigkeit wiederholt. Es ist also sicherlich sinnvoll, soziales Verhalten und Medium in einen Zusammenhang zu bringen, aber man sollte sich hüten davor, dies für eine Erklärung für die vielgestaltigen Formen gesellschaftlichen Verhaltens außerhalb des Mediums zu halten. Dennoch, ja, es gibt da einen Zusammenhang. Mit jeder neuen Generation, die mit einem neuen Medium groß wird, entstehen neue soziologische Erkenntnisse. Bei meiner Generation war das der Fernseher, bei eurer nun das Internet. Anfang der Fünfziger begann das Fernsehen bei uns einzusickern und in den frühen Sechzigern gab es dann ein merkwürdiges, aber enges Verhältnis zwischen dem Medium und einer ganzen Generation, die ihm ausgesetzt war. Das liegt daran, daß jedes Medium zu dem, wofür es ursprünglich gedacht war, noch Grauzonen der Freiheit entwickelt, die nicht unbedingt positiv besetzt sein müssen, es sind oft einfach Energiefreisetzungen. Beim Fernsehen waren es massive Freisetzungen von Bildern und Vorstellungskraft. Gleichzeitig wurde auf anderen, nicht-medialen, sozialen Ebenen gerade LSD und andere psychedelische Drogen entdeckt. Vielleicht kann man die auch als Medium betrachten. Diese Strömungen kombinieren und verstärken sich dann und schaffen eine neue Phase in der, wie zum Beispiel in den Sechzigern, die Leute Subkulturen der Unmittelbarkeit geschaffen haben, ohne sich von irgendeinem Medium leiten zu lassen. Das war ein Akt der Verweigerung, der durch die ganze Gesellschaft ging. Allerdings war er nicht besonders politisch. Wenn wir hier in Amerika mit derselben Energie, mit der wir die psychedelische Revolution vorangetrieben haben, auch die politische und intellektuelle Revolution betrieben hätten – wie das etwa in Europa zur selben Zeit geschah –, dann wären wir heute vielleicht weiter, wer weiß.

Enzo 23: Ich haben den Eindruck, daß in den Siebzigern die Medien verstärkte Anstrengungen unternommen haben, gesellschaftliches Handeln und soziale Interaktionsstandards wieder besser steuern zu können.

Hakim Bey: Darauf wollte ich gerade hinweisen. Besonders der Vietnamkrieg war eine großartige Gelegenheit für das Fernsehen, das Verhältnis zwischen Medium und sozialem Handeln oder vielmehr Reaktionen in einem sehr praktischen Sinn zu erforschen. Damals hat sich das Fernsehen perfektioniert.

Enzo 23: Du meinst Trivialisierung und Kommerzialisierung?

Hakim Bey: Ja, so sehe ich das heute. Heute haben wir das Nach-Vietnamkriegsmedium Fernsehen, das während des Golfkriegs voll zum Tragen kam. Die Golfkriegsberichterstattung war die Perfektionierung der Lektionen, die es während des Vietnamkriegs lernen mußte. Es war völlig klar, daß es diesmal keine endlosen Einblendungen von Leichensäcken oder toten Gefangenen und all den Dingen, bei denen sich den Amerikanern der Magen umdreht, geben würde. Tja, und lustigerweise kommt genau in dem Moment der Geschichte ein neues Medium auf, das Internet, zu einem Zeitpunkt, als das alte Medium gerade dabei ist, sich zu vollenden, und die Kontrolle perfekt ist. Das neue Medium ist noch nicht perfekt ... und jedes Medium, das sich entwickelt, nährt zunächst die Hoffnung, daß es nicht von innen, aus sich selbst heraus kontrollierbar ist. Die Post kann die Briefe nicht kontrollieren. Wenn wir also von einer Kontrolle des Netzes sprechen wollen, dann muß sie von außen kommen. Das Netz war eine militärische, absichtlich dezentral organisierte Vorrichtung, um zu verhindern, daß irgendein zentraler Datenspeicher während eines Atomkriegs zerstört werden konnte. Dann geriet das dezentrale Medium aus dem Ruder – böse Überraschung. Plötzlich gab es Hacker und Netzsurfer, und auf einmal waren alle dabei. Wir haben es mit einer Technologie zu tun, die schon deshalb nicht von innen heraus kontrolliert werden kann, weil schon der Versuch, das Internet zentralistisch und kontrollierbar zu machen, das Medium zerstört.

Trotzdem lassen sich die Leute schnell einschüchtern. Ich erfinde mal ein ziemlich lächerliches Beispiel: Ein Typ stiehlt der Bell Telephone Gesellschaft ein Dokument im Wert von 99 Cent (das ist tatsächlich geschehen). Sie prügeln ihn windelweich, nehmen seinen PC und sämtliches Zubehör mit und stecken ihn in den Knast. Dann hängen sie das an die große Glocke, jeder soll es wissen, und der Typ bekommt die Höchststrafe. Danach sagt jeder brav: »Oho, das laß ich aber lieber.« Das ist Einschüchterung. Das ist nichts anderes als Terrorismus. Der Staat hat das Gewaltmonopol, das Terrormonopol. Das Individuum hat nicht im mindesten dieselben Möglichkeiten, ähnlichen Terror zu veranstalten. Dazu kommt, daß die kapitalistischen Kräfte in Form der privaten Fernsehanstalten genauso scharf darauf sind, sich im Internet breit zu machen, das heißt, dieses durch Terror und Geldgier unter Kontrolle zu bringen. Uns stehen in Zukunft 600 Kanäle zur Verfügung, die soviel Angebote haben, daß zum Schluß jeder inaktiv davorhocken wird. Es mag schon sein, daß ein paar technische Nischen und Möglichkeiten bleiben werden, um das Netz als freies Informationsmedium zu nutzen, wie in anderen Medien auch. Aber im Lauf der Zeit werden sie ein verschwindend geringer Teil des Mediums darstellen. Und daran ist der Terror schuld – die Kontrolle des Mediums durch die Terrorisierung der Leute.

Enzo 23: Ist das dein pessimistischer Blick aufs Internet?

Hakim Bey: Ja. Aber ich habe auch einen optimistischen Ausblick. Die Leute, die die Meinungsfreiheit und das Recht auf ungehinderte Verbreitung von Information hochhalten, werden immer Widerstand leisten – im, durch das und außerhalb des Internet. Aber ich sehe nicht so viele Anzeichen dafür. Widerstand im Netz ist nur virtueller Widerstand, ein Zeigen, Ausstellen von Widerstand, nicht substantieller Widerstand. Da labern dann Leute von Redefreiheit und sind dabei nur intellektuelle, abstrakte, virtuelle Schwätzer.

Enzo 23: Wie werden Träume von Freiheit denn wahr?

Hakim Bey: Wir brauchen eine Verbindung zwischen dem Netz und der wirklichen Welt. Wenn ich etwas anbaue auf dem Feld, und das dann gegen Speck eintauschen möchte, warum das nicht über das Netz abwickeln? Steuern und Gebühren sparen, sogar das Geld als Tauschmittel abschaffen, mich von diesem Medium befreien – das ginge alles durchs Netz. Ich bin kein Idiot, der meint, alle sollten nun mal schön zurück in die Wälder und Tauschhandel betreiben. Das

Netz kann uns sehr behilflich sein, um wirtschaftlich zu arbeiten und mehr freie Zeit für uns zu haben.

Enzo 23: Als ich dein Buch *Die Temporäre Autonome Zone* gelesen habe, fiel mir besonders ein Satz auf: »Endgültige Überwindung des Körpers – Cybergnosis«. Vielleicht ist das der Grund, warum die digitale Welt sich nicht mit unserer dreidimensionalen verbindet. Weil wir durch die digitale Welt ja irgendwie schon vor der dreidimensionalen fliehen?

Hakim Bey: Das stimmt. Das Medium selbst lädt dazu ein, sich von der körperlichen Realität loszulösen. Jedes Medium tut das auf seine Weise, weil die Definition von Medium gerade ist, daß es eine Verbindungsbrücke darstellt. Aber Brücken können auch trennen.

Im Interview mit Public Netbase t0

t0: Du meinst, daß es besser wäre, die Leute kämen wieder persönlich zusammen und teilten Raum und Zeit miteinander, redeten, berührten sich, tanzten und was sonst noch. Daß alle Versuche, solche Situationen zu vermarkten, verboten gehören und diese temporären Echtheits-Erfahrungen unter Glas geschützt werden müßten?

Hakim Bey: Wir können nichts verbieten. Es gibt keinen Papst der Temporären Autonomen Zonen, der dogmatisch bestimmt, was geht und was nicht. Allerdings glaube ich schon, daß Vermarktung die ungeeignetste Form ist, um Ideen zu verbreiten. Im Augenblick begegnet man oft einer ablehnenden Haltung gegenüber den Medien, aber die Idee dahinter bleibt dieselbe: immer noch mehr Leute anzusprechen als über einen medialisierten Event. Einmal von den Medien aufgegriffen, erkennst du deine eigenen Ideen nicht wieder, weil irgendwer sie sofort zu einer Ware formt, die sich verkaufen läßt. Sie werden so zu Repräsentationen anderer Leute Wünsche und Bedürfnisse. Die Vorstellung, man könne in die Medienwelt eintauchen wie in ein großes, gleichförmiges Meer voll bunter Diskurse, ist fehl am Platz. Gerade im Augenblick ist diese naive Haltung eine ziemlich schlechte Strategie, denn die Medienwelt lechzt nur so nach falschen Bildern von Dissidenz und Widerstand. Das liegt wahrscheinlich daran, daß alle irgendwie des Vermarktungs-Business müde geworden sind und sich nach was anderem sehnen, aber gleichzeitig können sie sich auch nicht vorstellen, daß eine Ware oder ein Lifestyle-Markenzeichen wie z.B. bestimmte T-Shirts die Sache selber sind, nicht bloß für eine Sache stehen. Ich sehe da eine gewisse Gefahr im promisken Umgang mit den Medien.

t0: Also brauchen wir doch physikalische Räume – Immediatismus braucht physikalische Räume ... sollten wir uns nicht virtuellen Räumen zuwenden? Allerdings wäre das ein Widerspruch zu deinem Konzept der Immediatät, das ja jedes Medium ablehnt, um sich wieder im physikalischen Raum zu treffen.

Hakim Bey: So habe ich das nicht gesagt. Ich sagte, es gibt keine Temporäre Autonome Zone ohne physikalischen Raum. Natürlich gibt es aber Zusammenhänge zwischen Cyberspace und physikalischen Räumen, sogar eine ganze Menge. Was ich meine ist, daß sich Freiheit nicht definieren läßt, ohne den ganzen Körper miteinzubeziehen. Wenn also meine Augen frei sind, meine Nase aber nicht, dann ist das keine Freiheit. Ich behaupte, es gibt keinen Grund zum Feiern im Cyberspace – wenn sich die virtuellen Ereignisse und die physikalische Welt nicht durchdringen, ist es sich wieder bloß eine Form der Repräsentation. Da das als Un-Freiheit erlebt wird, müssen wir uns einfach gegen alle Arten von Repräsentationen wehren. In dieser Hinsicht scheint es mir auch notwendig, dem Cyberspace kritisch gegenüberzustehen. Er mag ja eine nützliche Waffe darstellen in manchen Momenten, aber als Repräsentationen in der Maschine werden wir nicht freier. Klar kann ich mich in der virtuellen Realität in eine Comicfigur verwandeln und alle möglichen Phantasien ausleben. Aber es bleiben doch Repräsentationen, es ist nicht mein Leben. Repräsentationen von mir für den Cyberspace und Repräsentationen vom Cyberspace für mich. Aus diesem Zirkel führt kein Weg hinaus – kein Entkommen aus dem Teufelskreis. Kurzum: Physikalische und nicht physikalische Welt schließen sich nicht gegenseitig aus, aber es gibt keine Freiheit in der einen ohne die andere.

t0: Wie sieht es aus mit dem Zusammenhang von Kreativität und Technologie?

Hakim Bey: Wir müssen erstmal ein kritisches Bewußtsein entwickeln. Und zwar gegenüber dem ganzen Konstrukt der sogenannten »Technologie«. Technologie ist weder neutral noch gottgegeben, sie entspringt weder dem brennenden Busch noch der Antimaterie. Sie wird von Menschen gemacht. Deshalb ist die gesamte menschliche Gesellschaft immer schon eingeschrieben in jede Maschine, bevor dann wiederum jede Maschine zu einer Kraft wird, Neues in die Gesellschaft einzuschreiben. Du kannst diese negativen Aspekte beachten und trotzdem kreativ sein, warum nicht? Das bestreite ich gar nicht. Das einzige, was ich, zumindest von mir, fordere, ist, ein kritisches Bewußtsein gegenüber der Technologie zu entwickeln.

t0: Was hälst du vom Internet? Siehst du in der Computertechnologie eine Möglichkeit, wie Menschen ihr Wissen organisieren und verbreiten können? Sollten sich die Menschen auf ein gemeinsames Verständnis von Wahrheit einigen?

Hakim Bey: Unter dem epistemologischen Aspekt funktioniert das Internet ausgezeichnet. Wenn wir das Internet mehr als epistemologisches Werkzeug betrachten und nicht als Ontologie, sind wir auf dem richtigen Weg. Das Internet ist ein großartiges Instrument, um Wissen hervorzubringen – als eine Existenzweise allerdings läßt es viel zu wünschen übrig. Und auch Wissen existiert letztlich nur, wenn es sich angeeignet wird, sei's von einem Individuum, sei's von einer Gruppe, und dadurch zu einem tatsächlichen, aktiven Bestandteil des Lebens wird. Ich wäre aber zögerlich – ich bin ein moderner Zauderer – und mißtrauisch einer universellen Epistemologie, einem einheitlichen Wissenssystem gegenüber, denn das hieße, jede NetznutzerIn müßte dieselbe – durchaus auch körperliche – Erfahrung mit dem Wissen machen, das Wissen müßte in identischer Form eine Rolle für unser Leben spielen, und das stört mich ungemein. Als Werkzeug oder sogar Waffe im Kampf um Wissen scheint mir das Internet durchaus das aufregendste und interessanteste Feld der diskursiven Auseinandersetzungen zu sein, das es in diesem Augenblick gibt. Aber ich betrachte es als Ort der Kämpfe, nicht als wunderbares Geschenk, das vom Himmel fiel. Es hat durchaus seine ihm eigene Perfektion, strukturell gesehen, aber eben nur als neue Technologie, die ebenfalls viele komische Nebeneffekte hervorgebracht hat, ziemlich chaotische Zustände. Aus diesem Chaos kann einerseits das schlimmste Elend, andererseits unglaubliche Freiheit und Freude entstehen. Es ist sowieso seltsam, daß das Internet ursprünglich im militärischen Zusammenhang entwickelt wurde. In diesem Sinn war es immer schon korrumpiert. Nun müssen wir uns die Frage stellen, in welchem Sinn wir uns als Netzaktivisten bezeichnen.

t0: Wie wäre es, wenn wir mit den Bösen redeten und versuchten, gemeinsam einen Weg zu finden?

Hakim Bey: Na dann viel Spaß. Nehmen wir zum Beispiel das Netz-Magazin *Wired*. Es wird von einem nationalen Think Tank, einer Denkfabrik mit dem wundervollen Namen »Institut für Frieden und Gerechtigkeit« oder so ähnlich finanziert, die von Newt Gingricht geleitet wird. Damit verschafft sich dieser Typ Zugang zu einer Menge Leute. So kriegen die Wirtschaftskonzerne Zugriff auf Diskussionslisten im Netz, in denen sie dann ihre Produkte lancieren können. Ich glaube, daß die Zusammenarbeit mit solchen Leuten – von denen ich im übrigen nie gesagt habe, sie seien »böse«, höchstens »nicht gleichgesinnt« – läuft immer darauf hinaus, mein Elend zu vergrößern. Wenn ich also etwa glaubte, daß *Wired* das heißeste, coolste Magazin im Netz sei, und das glauben sehr viele, weil

Wired sagt, daß es so sei, dann steck ich aber bis zur Halskrause in der Scheiße, wie man bei uns zuhause sagt. Dann wirst du nämlich schnell merken, daß du deine Energien verschwendest, was nicht gerade zu einem verschärften Glücksgefühl beiträgt. Dieselbe Geschichte wie die von den Grungemusikern, die den Schritt machten, mit den Majors auf der globalen Wirtschaftsebene zusammenzuarbeiten und sich dann so unglücklich und elend fühlen, daß sie Selbstmord begehen. Obwohl sie nun Millionen von Dollar verdienen, haben sie keine kreativen Bande mehr zu ihren Hörern, die ja an der Entstehung der Songs immer auch mitbeteiligt sind. Ich meine, daß jede Situation eine neue Situation ist. Es gibt keine Garantien und Sicherheiten, die einem in solchen Momenten helfen. Jedes Eine-Million-Dollar-Angebot kann was taugen. Jeder Schlag ins Gesicht auch. Keine vorgängige Schlußregel kann festlegen, daß die Million immer besser ist als der Schlag. Manchmal muß man auch widerstehen können. Ob dieser Widerstand je zu einem Ziel führt, ist mir dabei ziemlich egal. Das interessiert mich nicht. Wahrscheinlich kann man darauf endlos warten. Aber für mich ganz persönlich, im kleinen, gibt es immer wieder Erfolge und Niederlagen. Ich könnte die Bewegungen meiner Erfahrungen auf einer Karte nachzeichnen. Und auch für die Zukunft vorauszeichnen: mit wem ich Geschäfte mache, welche Dinge ich weiterverfolge, wie meine Kunst aussehen soll usw. Ich rede hier nicht von sozialem Realismus, ich schrei auch nicht nach »engagierter« Kunst oder politischen Kunstwerken. Ich verlange nur von mir selbst, mir dessen bewußt zu sein, was ich da tue. Wenn also *Wired* je auf die Idee käme, mir etwas abkaufen zu wollen, würde ich ihnen den Finger zeigen. Ich kann nicht anders. Der Preis wäre zu hoch.

Im Gespräch mit Mordecai Watts

Mordecai Watts: In *T.A.Z.* behauptest du, daß unsere Vorstellungen und Bilder von den Medienbildern vorgegeben sind, als hätten wir selbst keine eigenen mehr. Die Leute werden mit Bildern zugeschüttet, anstatt selbst welche hervorzubringen. Ganz am Rande kamst du dort auch auf die virtuelle Realität zu sprechen, als neueste Form von Unterhaltung mit den niedrigsten Anforderungen an unsere Phantasie überhaupt.

Hakim Bey: Mir wird das immer klarer. Am Anfang, muß ich sagen, hat mich das alles brennend interessiert, möglicherweise habe ich mich sogar von einer gewissen Begeisterung über diese neue Technologie anstecken lassen. Wie alle anderen habe auch ich Gibson gelesen, und mir gefiel diese dystopische Sicht der Dinge gut. Als dann aber Leute wie Timothy Leary enthusiastisch reagierten, begann ich darüber nachzudenken. Bislang sehe ich keine Anzeichen dafür, daß die Dinge sich so entwickeln, wie Onkel Tim das vorausgesagt hat. Ich denke, jede Technologie kann demokratisch funktionieren, wenn sie gerecht verteilt wird. Es ist die einfache marxistische Idee der Verteilung der Produktionsmittel. Keine Technik ist in sich bereits autoritär, obwohl man natürlich bedenken muß, daß jede neue technologische Entwicklung wieder auf die Gesellschaft, die sie hervorgebracht hat, zurückwirkt, eine Art auf sich selbst zurückweisender Kreislauf, durch den bereits vorhandene Strukturen der Unterdrückung beziehungsweise fehlende Autonomie verstärkt werden. Und so ist das auch mit der gesamten Kommunikationstechnologie. Die Möglichkeit dessen, was in den Fünfzigern und Sechzigern elektronische Demokratie genannt wurde, besteht strukturell nach wie vor und läßt sich auch in den Strukturen des Internets finden. Wenn man sich aber vor Augen führt, welche High Tech-Ausrüstung notwendig ist, um an der virtuellen Realität Teil zu haben, dann wird klar, daß die meisten Menschen davon ausgeschlossen bleiben. Wahrscheinlich auch in Zukunft. Die VR-Ausrüstung wird nie so billig werden, daß sich ein Dockarbeiter in Manila Zugang zum Cyberspace verschaffen kann – geschweige denn ein Dockarbeiter in Atlanta, oder ich. Deshalb ist es innerhalb eines kapitalistisch organisierten Systems sinnlos, von einer elektronischen Demokratie zu reden. Die Anschaffungspreise markieren den Übergang von einer Klasse zur anderen. Wir werden eine Datenautobahn bekommen, aber sie wird von Leuten wie den Republikanern und Demokraten in Washington verwaltet. So wenig wir hier eine rechtsstaatliche Demokratie haben, so gering stehen die Chancen auch für eine elektronische Demokratie.

Was die Vereinnahmung der Vorstellungskraft durch die Medien angeht, ist meine Sicht der Dinge in den letzten Jahren noch düsterer geworden. Besonders in bezug auf virtuelle Realitäten und alles, was dazu gehört. Das Internet ist zwar ein Faszinosum, und ich hatte meine schönen Momente damit und will diese nicht schmälern, außerdem besitzt es tatsächlich ein paar Eigenschaften, die einen autonomen, nicht-hierarchisch strukturierten Cyberspace vorstellbar machen könnten, aber trotzdem steht es unter dem Druck der Macht, das wissen wir alle. Und am Ende wird die Macht immer siegen, denn die Macht hat die Macht. Sie verfügt über die Kilowattstunden und die großen Armeen, wie Stalin einst in bezug auf den Papst sagte. Deswegen bin ich ziemlich düster gestimmt, wenn ich an die Zukunft des Internets denke. Wenn Clinton und die anderen Arschlöcher wirklich ernst machen mit der Datenautobahn und deren gesetzlicher Regulierung, dann werden wir bald miterleben, wie sogar der liberalste Sunnyboy unter den Demokraten zum Cyber-Faschist wird. Es ist sowieso alles eins. Es gibt natürlich Raum für Auseinandersetzungen oder Debatten, wie auch immer man's nennen will, das Internet ist ein interessanter Ort dafür. Aber neunzig Prozent dessen, was dort geschieht, ist doch völliger Schwachsinn und hat nichts damit zu tun, daß Freiheitsrechte verteidigt oder autonome Projekte und Aufgaben verbreitet und vorangetrieben würden oder sich tatsächlich für eine nicht-hierarchische, nicht-autoritäre Form des Umgangs miteinander eingesetzt würde. Das meiste ist doch banales Geplänkel, das genauso gut über die guten alten »Partylines« am Telefon laufen könnte. Wahrscheinlich bist du zu jung, um diese Partylines noch zu kennen: früher hingen immer fünf oder sechs Parteien an einer Telefonleitung mit derselben Nummer. Man vereinbarte ein Signal, das anzeigte, ob es für dich war oder für den Nachbarn. Ich sehe da keinen durchschlagenden Unterschied zu meiner alten Tante Janice, die grundsätzlich das Telefon abnahm und dann den Gesprächen der anderen zuhörte, die gar nicht für sie gedacht waren. Wenn das Autonomie sein soll, dann haben wir's also schon vor sehr langer Zeit geschafft.

Watts: Hast du einen Vorschlag, wie man das Internet am besten zu einer Temporären Autonomen Zone umgestalten kann?

Hakim Bey: Soviel ich von anderen Leuten weiß, die technisch viel besser informiert und aktiver sind als ich, ist der Schlüssel die Verschlüsselung: Codes, die nicht zu knacken sind. Im Moment sollte man auf die Cypherpunks achten. Diese Verschlüsselungsfreaks scheinen diejenigen zu sein, die das Netz am aktivsten nutzen für die Durchsetzung der Rede- und Meinungsfreiheit – legal und außerhalb der Legalität. Wenn »Clipper«[1] scheitert, weil es immer feinere Verschlüsselungsmethoden gibt und so die Möglichkeit des Knackens sich immer weiter am Horizont verliert, tja, was dann? Dann bliebe nur noch die tatsächliche Zerschlagung der Maschinen selbst und der Leute zuhause, die die Systeme nutzen. Das würde einer Kriegserklärung gleichkommen. Es gab bereits eine: ich denke, der Versuch, »Clipper« überall einzuführen, war eine Kriegserklärung ans Netz. Jetzt sind sie selbst die Angeschmierten, denn es gelang einem Hacker binnen zehn Minuten, »Clipper« unschädlich zu machen, seinen Code zu knacken. Das zeigt ein bißchen die augenblicklich noch sehr chaotischen Zustände. Das Chaos bringt entweder Zerstörung, Krankheit und Tod, oder, wenn alle Herzen gleichschlagen und die Dinge richtig laufen, dann wird aus dem Chaos eine Temporäre Autonome Zone. Ich habe aber schon mehrfach betont, daß das Netz keine Bedingung für T.A.Z. ist, und darauf möchte ich auch bestehen. Autonomie findet sich nicht nur im Internet, es braucht auch physikalischen Raum und Nähe. Autonomie existiert nicht nur auf der Ebene von Vorstellung, Phantasie und in der Welt der Bilder. Autonomie muß alles sein: sie betrifft das ganze Sein, und das wurzelt immer noch in der Erde und bedarf einer Physis, Materialität, eines Körpers, der Sterblichkeit und all dessen, was der unechten Unsterblichkeit im Cyberspace entgegensteht.

Aus dem Englischen übersetzt von Bettina Seifried

Anmerkungen:

1   Die staatlich verordnete Verschlüsselungsroutine der Clinton-Administration (A.d.Ü.)

Katja Diefenbach

Kontrolle, Kulturalisierung, Neoliberalismus

Das Internet als Verstärker

Vorbemerkung: Anti-Hype

Das Internet ist die grellste Oberflächenerscheinung der neuen Informationstechnologien. Hier fusionieren unterschiedliche kulturalistische Projektionen: das »postmoderne« Phantasma einer neuen kommunikativen Demokratie, der Underground-Traum von Sabotage und Gegenmacht einer Techno-Guerilla, die technikdeterministische Rede von intelligenten, kollektiven Gehirnen, virtuellen Gemeinschaften, Rhizomen, Gender-Cross-Spielzonen und neuen Kontinenten. Damit ist das Internet zur extremsten kulturellen Vermittlungszone eines technologischen Projekts geworden, das von Mikroelektronik bis zu Bio- und Gentechnologien reicht. Die Netzdiskussion hat bisher wenig darüber verraten, inwieweit die neuen Technologien die kapitalistische Umstrukturierung in eine neoliberale »Kontrollgesellschaft« katalysieren und verstärken. Diese Konstruktion von blinden Flecken ist selber Teil der gesellschaftlichen Veränderung. So werden die verschiedenen Funktionen von Informationstechnologie als »namenlose Ideologie«, als Kontrolloperation, als Voraussetzung einer postfordistischen Ökonomie und als Feld für Ästhetizismus und kulturelle Vermittlung einer neuen Herrschaftsformation ausgeblendet.

1. Technische Versprechen

Hinter uns liegt eine lange Phase des Internet-Hypes. Allmählich aber geht die Zeit der Werbung, der großen Mythen, des »Wichtig, Wichtig!« zuende, und eine massenhafte Individual- und fortschreitende industrielle Nutzung der neuen Technologien setzt ein. Der Internet-Hype war von einem idealtypischen Austausch zwischen »Underground« und »Mainstream« bestimmt, weil beide Seiten Wissen, Information und Geschwindigkeit fetischisieren und gleichzeitig soziale und politische Begriffe auf technische Strukturen übertragen. So wurden von Anfang an auch konservative, biologistische und wirtschaftsliberale Hymnen, die die Wiedergeburt von Kapitalismus und Demokratie aus der »informationellen

Revolution« besingen, im Chor der »Neue Technik, neue Welt«- Begeisterten attraktiv gemacht. Ein Begriff wie »e-democracy« (electronic democracy) konnte zum Beispiel nur an Boden gewinnen, weil es vom Mediensymposion bis zur Software-Werbung en vogue wurde, Emanzipation und Fortschritt als Folge technischer Innovation auszugeben. Dadurch ist ein ideologisches Märchen erneut ins Spiel gebracht worden, das man als eine der großen Erzählungen des Kapitalismus bezeichnen kann: Mit der dynamischen Konkurrenz des Marktes werde sich immer wieder das Neue und Beste, Innovationsgeist und freiheitliche Individualität durchsetzen. Inzwischen soll es die Computertechnik selbst sein, die Bildung, Reichtum und Selbstverwirklichung aller gewährleiste. In deutlichem Gegensatz zur Unternehmenskonzentration auf globalisierten Märkten und zur Abkopplung ganzer Regionen vom Weltmarkt phantasieren die »Cyberkapitalisten« von der Tauschgesellschaft der Individual-Informatiker, von einem Kosmos kleiner Unternehmer, in dem die Technologie alle sozialen Barrieren für eine ideale Welt des vollkommenen Wettbewerbs aufgehoben hat. Für George Gilder zum Beispiel, Theoretiker der amerikanischen Neuen Rechten, sind demnach die Computertechnologien »feindlich gegen Hierarchien, Monopole, industrielle Bürokratien und andere Top-down-Systeme aller Art. Gerade so, wie Intelligenz und Kontrolle auf PCs übergehen, von zentralisierten Datenbanken zu Desktop-Bibliotheken, von wenigen nationalen Rundfunknetzen zu Millionen von Programmgestaltern rund um den Globus, so geht die ökonomische Macht von Masseninstituitonen an Individuen über« (George Gilder, To Renew America, New York 1995). Die entsprechende kulturelle Ästhetik dieser fetischistischen Anpreisung von Datenverkehr als Unterpfand einer neuen Freiheit tritt im Zeichen des radikal Neuen und radikal Fortschrittlichen auf.

2. Es gibt keine Cyberkultur

Seit Jahren operiert ein Großteil der philosophischen, kulturtheoretischen oder essayistischen Texte mit dem symbolischen Mehrwert von »what's new, what's up, what's cool«. Aktuelles Beispiel ist der Text »Cyberkultur« von Pierre Lévy, Professor für Informations- und Kommunikationswissenschaften in Paris-St. Denis, in dem Lévy »Cyberkultur« mit dem Glanz einer avantgardistischen, sozialen Bewegung ausstattet. Was Lévy »Cyberkultur« nennt, ist ein sehr diffuses Gemisch, das von High-Tech-Hippies, Computerfreaks und basisdemokratischen MedienaktivistInnen über Techno-TheoretikerInnen und NaturwissenschaftlerInnen bis hin zu »commercial upstarts« und kapitalistischen Ideologen der »Informationsgesellschaft« reicht. Lévy tut so, als hätten sie ein gemeinsames emanzipatorisches Programm, das aus den Punkten »universelle Kommunikation aller mit allen, Konstruktion virtueller Gemeinschaften und Synergie kollektiver Intelligenz« bestünde. Dahinter steht die Annahme, die im Diskurs der neuen Technologien immer wieder auftaucht, daß eine neue Technologie eine neue Sozietät stiften könne, daß der Zugang zu einer technologischen Struktur wie Computer und Telefon soziale Emanzipation herstellen könne, sobald man nur ein paar kulturelle Parolen hinzuaddiere: mehr Kommunikation, mehr Kontakt, mehr Intelligenz. Der Begriff von Emanzipation reduziert sich gleichzeitig auf ein kognitives und kommunikatives Phänomen: Vernetzung gut, alles gut. Entsprechend haben die meisten »Techno-TheoretikerInnen« die Realität ökonomischer Unterdrückung aus den Augen verloren und setzen wie Lévy auf das kreative Zusammenspiel von Industrie und »sozialer Bewegung«: »Nach dem Verschwinden des Totalitarismus im Osten konnten einige Intellektuelle sagen: ›Wir haben für die Demokratie gekämpft, und jetzt haben wir den Kapitalismus erhalten.‹ Die Aktivisten der Cyberkultur könnten ihrerseits diesen Satz aufgreifen. Aber glücklicherweise ist der Kapitalismus nicht gänzlich inkompatibel mit der Demokratie und die kollektive Intelligenz nicht mit dem weltweiten Supermarkt. Wir sind nicht genötigt, uns für das eine statt des anderen zu entscheiden: Das ist die Dialektik der Utopie und des Geschäfts, das Widerspiel der Industrie und des Begehrens« (Pierre Lévy, Cyberkultur, in: *Telepolis*, Mannheim 1996).

3. Affirmative Utopien

Mit der Zeit ist eine technische Utopie des Internets entstanden, die von sehr unterschiedlichen gesellschaftlichen Fraktionen bedient wird. Sie stützt sich auf die technische Potentialität der Computernetze, international und schnell Datenaustausch von vielen zu vielen, maximal von allen zu allen in verschiedenen Formaten zu ermöglichen.

• Ihre erste Argumentationsfigur ist die basisdemokratische Forderung nach »access for all«, die zum Beispiel die von John Perry Barlow und Mitch Kapor gegründete »Electronic Frontier Foundation« stellt. Besonders aufschlußreich ist John Perry Barlows »Unabhängigkeitserklärung des Cyberspace«, mit der er auf den US-amerikanischen »Telecommunication Reform Act« reagierte und dabei den Mythos vom unabhängigen Kosmos Internet wieder aufwärmte: »Regierungen der industriellen Welt, ihr müden Giganten aus Fleisch und Blut, ich komme aus dem Cyberspace, der neuen Heimat des Geistes. Im Namen der Zukunft bitte ich euch, Vertreter einer vergangenen Zeit: Laßt uns in Ruhe! Wo wir uns versammeln, habt ihr keine Macht mehr« (in: *Telepolis*, Mannheim 1996). Die Vorstellung einer basisdemokratischen Computernetzwerk Welt teilt aber z.B. auch der »immediast underground«, eine Gruppe von US-amerikanischen Mediensubversiven, die ganz im Geiste Burroughs auf die »elektronische Revolution« hoffen, genauso wie Teile der AktivistInnen des niederländischen Web-Servers xs4all. Verbunden sind diese verschiedenen Szenen durch die Annahme, daß in der technischen Struktur des Internets und seiner massenhaften Ingebrauchnahme ein quasi-automatisches Demokratisierungspotential liege.

• Die zweite Argumentationsfigur technischer Utopie findet sich im »postmodernen« Loblied auf die »vielstimmigen und pluralistischen Hypermedien«, die jeden Wissenstotalitarismus dekonstruieren könnten. Diese Argumentation macht die Internetdebatte mit poststrukturalistischen Begriffen wie Rhizom, Dekonstruktion und Verkettung schick: »Auf dem Web findet sich alles auf der gleichen Fläche. Deswegen ist alles differenziert. Das Web verbindet eine offene Vielzahl von Gesichtspunkten, doch diese Verwirklichung wird transversal verwirklicht, als Rhizom, ohne göttlichen Standpunkt, ohne überragende Vereinheitlichung« (Pierre Lévy, a.a.O.). Deleuze' und Guattaris Vorstellung vom Rhizom als maschinellem System, in dem »jeder beliebige Punkt mit jedem anderen verbunden werden kann und muß« (*Rhizom*, Berlin 1977), ist innerhalb einer Diskussion um Mikropolitik und Verkettungen von Aussagen und Praktiken entstanden. Lévy unterschlägt ihre Unterscheidungen in Wunschmaschine, technisch-gesellschaftlicher Maschine und perverser Maschine, um das Maschinelle mit dem Technischen in eins setzen zu können, während demgegenüber Deleuze und Guattari das Maschinelle ins Politische einführen und die Trennung zwischen Politischem und Psychischem aufheben wollten: »Für uns geht es darum zu erkunden, ob der Wunsch eine Triebfeder und ein grundlegender Einsatz revolutionärer Kämpfe oder bloß eine zweitrangige Angelegenheit ist. Die Massenkämpfe erfordern den Einsatz revolutionärer Kriegsmaschinen; wie Vietnam zeigt, kämpft man gegen Tanks nicht mit Fäusten an. Aber um zu gewährleisten, daß eine revolutionäre Maschine immer stärker und koordinierter und nicht etwa subordinierter wird, muß sie der Gefahr aus dem Wege gehen, etwa nur einen einzigen Generalstab zu haben, der alles überkodieren würde, muß sie also polyzentrisch sein, muß es ebensoviele Entscheidungszentren wie Zentren des Kampfes geben und darf sie trotzdem nicht in einen Zustand von Segmentarität verfallen. Eine revolutionäre Gesamtpolitik steht nicht im Gegensatz zu einer Mikropolitik des Wunsches des Kindes, der Frau, des Homosexuellen ...« (*Mikro-Politik des Wunsches*, Berlin 1977). Viele Texte der »postmodernen Medientheorie« entwenden Begriffe der poststrukturalistischen Theorie und übertragen sie direkt auf technische Strukturen. Heraus kommt meist ein fröhlich-eindimensionaler Technikdeterminismus, der sich für nichts zu doof ist: »Mittlerweile genügt die tägliche Dosis Surfen auf dem Internet, um Deleuze' und Guattaris Gleichung von Rhizomatik und Nomadologie zu verifizieren« (Stefan Bollmann, Christiane Heilmann: Sucht keine Wurzeln, folgt dem Kanal, in: *Kursbuch Internet*, Mannheim 1996).

• Die dritte Argumentationsfigur der »Techno-Utopie« schließt direkt an das Primat von Wissen und kollektiver Intelligenz der beiden ersten Positionen an und gibt ihm eine offen reaktionäre Wendung. Ich möchte diese Position konservativen Kognitions- oder Gehirnfetischismus nennen. Bestes Beispiel ist das Manifest »Magna Charta für das Zeitalter des Wissens« von den US-amerikanischen Konservativen wie George Gilder und Alvin Toffler. Sie formulieren eine neoliberale Welt der Zukunft, in der Wissen, Individualismus, ungehemmtes Konkurrenzdenken und Marktmechanismen die Hauptrolle spielen. Gilder und Toffler beschreiben die neoliberale Umstrukturierung als quasi natürliche Folge technischer Entwicklung, dank der wir uns endlich von »zuviel Bürokratie, Institution und Verwaltung« befreien könnten, also von zuviel korporativer Einmischung von Seiten des Staates oder der Gewerkschaften, die wirtschaftsliberale Konservative immer schon gestört hat. Die »Magna Charta« ist eine bioelektronische Naturphilosophie des Neoliberalismus, in der technische und kapitalistische Innovation als evolutionärer Sprung nach vorn abgehandelt werden. Gleichzeitig werden die dualen Trennungen patriarchaler »abendländischer Philosophie« zwischen Geist und Körper, Kultur und Natur erneut restauriert, indem darauf verwiesen wird, daß uns die neuen Technologien in den Stand versetzen, eine Ära körperlosen, »elektromagnetischen Wissens« zu betreten: »Überall gewinnen die Kräfte des Geistes die Oberhand über die rohe Macht der Dinge« (Magna Charta für das Zeitalter des Wissens, in: *Kursbuch Internet*, a.a.O.).

• Die vierte Argumentationsfigur jener affirmativen »Techno-Utopien« ist die Forderung von Regierungen und Unternehmen nach freier Zirkulation von Wissen als Ware, die sie als »demokratische Investition« anpreisen. Hier kann man exemplarisch an die Äußerungen von US-Vizepräsident Al Gore »vom größten Geschäft auf dem wichtigsten und lukrativsten Markt des 21. Jahrhunderts« und an die amerikanische Regierungsinitiative einer »National Information Infrastructure« erinnern. In München hat im Februar 1997 eine Tagung unter dem Titel »Internet und Politik. Die Modernisierung der Demokratie durch die elektronischen Medien« stattgefunden, die sich ganz auf diese Position bezieht: »Elektronische Demokratie als Schlüssel für die Zukunftsfähigkeit Europas« (Martin Bangemann), »Die Zukunft planen. Strategien eines Global Players für die Entwicklung von technischen Standards« (Microsoft), »Die deutsche Telekom und das Internet. Visionen für eine globale Infrastruktur des World Wide

Web« (Telekom), »Schlanker Staat und bürgernahe Verwaltung. Elektronische Medien bieten neue Möglichkeiten für die überfällige Reform von Staat und Verwaltung« (Joachim Hesse, Europäisches Zentrum für Staatswissenschaft und -praxis) usw.

Die Münchner Tagung, die unter der Schirmherrschaft von Ministerpräsident Edmund Stoiber stand und von Burda Medien veranstaltet wurde, zeigt exemplarisch, daß in der »Netzdiskussion« weniger Trennungslinien zwischen Industrie, Regierungen, Kunst, Wissenschaft und Aktivismus als auf irgendeinem anderen Feld existieren. So zählt zum wissenschaftlichen Beirat des Kongresses sowohl Geert Lovink, Herausgeber dieses Buches, niederländischer Medienaktivist und Mitveranstalter von politischen Treffen wie den »Next Five Minutes«, als auch Peter Weibel, jahrelanger Organisator der »ars electronica«, der an vorderster Stelle Gen- und Informationstechnologien als ästhetischen und ontologischen Gegenstand kulturell aufgewertet hat: »Aus dem Umgang mit Computern wurde nämlich gelernt, daß die ›logische Form‹ eines Organismus von seiner materiellen Basis getrennt werden kann und daß Leben eine Eigenschaft von ersterem und nicht von letzterem ist.« (Peter Weibel, Leben – das unvollendete Projekt, in: *Genetische Kunst – Künstliches Leben*, Wien 1993), genauso wie Hans Ulrich Obrist, Kurator und Vermittler »junger, hipper« Kunst, sowie eine Reihe von Informatikern und Geisteswissenschaftlern. »Internet und Politik« veranschaulicht, wie die vier Argumentationsfiguren einer Techno-Utopie stets gekoppelt auftreten und die Positionen 3+4 ständig auf die Positionen 1+2 als Innovations- und Trendmaterial zurückgreifen. Der Kongreß ist Symptom dafür, daß es inzwischen darum geht, das durch die Positionen 1+2 mystifizierte Feld des »Underground Internet« zu einem sicheren und geordneten Gehege zu machen, in dem staatliche Zensur- und industrielle Sicherheitsbegehren genauso wie der Wunsch des Konsumenten nach Übersichtlichkeit und Suchprogrammen zufriedengestellt werden.

4. Mythos Kommunikationsguerilla

Auch Hacker und Cypherpunks, die man eigentlich für die natürlichen Feinde des neuen Sicherheitsdiskurses halten könnte, nehmen an der Fetischisierung des Datenverkehrs teil. Vergangenes Jahr sagte zum Beispiel ein Teilnehmer der Diskussionsveranstaltung »Medienguerilla – so what?« an der Wiener Universität, daß die politische Bedeutung der Hacker daran deutlich werde, die Wallstreet crashen zu können. Noch in dieser negativen Vision von der Unterbrechung und Umleitung der Datenströme trifft man auf eine technikdeterministische Position, die davon träumt, daß das System zur Hardware geworden ist, in die man technisch intervenieren könne, und das Soziale zu seiner Software. Die Annahme, Herrschaft habe sich auf eine technische Struktur zurückgezogen und manifestiere sich nun im elektronischen Gehirn ist ein typisches »reverse phantasm«, daß das Herrschaftsphantasma von künstlicher Intelligenz umgekehrt widerspiegelt. Gesellschaftliche Veränderung wird als technischer Akt präsentiert, als High-Tech-Krimi, in dem vereinzelte, super-schlaue Aufständige das System austricksen: Bumm! Dabei ist es eher üblich, daß Hacker bei Software-Unternehmen anheuern und ihr Wissen in die Sicherheitsberatung einbringen. Die subversiven Phantasien der »Kommunikationsguerilla« speisen sich aus verschiedenen Quellen von den psychoakkustischen Experimenten Burroughs: »Geräuscheffekte von Krawallen können einen tatsächlichen Krawall auslösen, wenn eine Krawallsituation besteht«, bis zu den Praktiken und Thesen italienischer RadiopiratInnen: »Die Ausstrahlung der produktiven und politischen Informationen unterbrechen, die Zentren der Sammlung und Speicherung der Daten sprengen und zerstören, die Gehirne, in denen die Informationen gespeichert sind, sabotieren. Das ist die aktuelle Ebene der Guerilla, der Situation angemessen, in der der Staat als Instrument der politischen Koordination der kapitalistischen Bewegung sich im elektronischen Gehirn darstellt« (Collettivo A/traverso: *Alice ist der Teufel*, Berlin 1977).

Die historische »Kommunikationsguerilla« hat den wichtigen Schritt getan, nicht nur die Botschaft der Medien als ideologisch zurückzuweisen, sondern auch ihre Struktur: die Einseitigkeit der Massenkommunikation, die Dominanz sendender Masterminds, die Zerstückelung der Information in unterhaltende Spots, die weiche Vertreibung der Subjekte von der Straße in die Wohnzimmer, in ihre »SoHo«s, ihre »small offices/ homes«, die organisierte Ablenkung und Zerstreuung der Subjekte in einer »Gesellschaft des Spektakels«. Diese Position, die McLuhan mit der Parole »The medium is the message« populär gemacht hat, wird in den letzten Jahren nur noch rein technisch formuliert. Entweder stößt man auf die positive Position: »Das Internet ermöglicht einen gleichberechtigten Zugang zu Wissen und Information, ermöglicht many-to-many-communication und damit mehr Demokratie«, oder auf ihr negatives Double: »Die Architektur der Chips und der PCs unter MSDOS-Herrschaft ist eine Architektur der Macht« (Kittler).

Die Leute von Radio Alice haben dagegen noch gewußt, daß »die Hypothese, nach der die Struktur des Mittels eindeutig den Sinn der Kommunikation bestimmt, falsch ist, aber genauso verkehrt zu denken ist, daß sich die Inhalte der Botschaft ohne jegliche Umwälzung des Mittels ändern können. Es ist nötig, aus der idealistischen Terminologie von Form und Inhalt herauszukommen;

wenn das kommunizierende Subjekt verändert ist, verändern sich auch die materiellen und ideologischen Bedingungen der Kommunikation.«

5. Aufklärung kaputt

Das zentrale Stereotyp der Netzdebatte ist die Behauptung »Mehr Kommunikation – mehr Wissen – mehr Demokratie«. Unausgesprochen wird damit auf das Versprechen der Aufklärung verwiesen, daß Wissen die Subjekte befreie. Der Automatismus des aufklärerischen Programms, befreie dich selbst durch Wissen, hat aber nicht funktioniert. Das liegt bekanntlich daran, daß Wissen und Information selbst Herrschaftssysteme sind. Und so hat auch ihre massenhafte Verbreitung seit dem 18. Jahrhundert die Verbindung zur Macht nicht gekappt, sondern institutionalisiert und allgegenwärtig gemacht. Jedes Subjekt durchläuft in seiner konkreten Lebenszeit Verfahren wie Alphabetisierung und Schule, Stillsitzen und Sich-Disziplinieren, die ein »Wissen der Ordnung und der Anpassung« vermitteln. Danach »weiß« das Subjekt, daß es nicht den Chef beleidigen, nicht bis zwölf Uhr mittags schlafen, nicht lesbisch sein und auf alle Fälle aus seinem Leben »etwas machen« soll. Es hat die Lektion der Institutionen und ihre Regeln wie Wissenschaftlichkeit und Bürokratismus, ihre Versprechen wie Karriere und Glück und auch ihre Drohungen kapiert: »Eine Lehrerin, die einen Schüler abfragt, informiert sich nicht, ebensowenig informiert sie, wenn sie eine Grammatik- oder Rechen-Regel lehrt. Sie ›unterweist‹, sie gibt Anordnungen, sie kommandiert. Die Anordnungen eines Lehrers sind dem, was er uns lehrt, nicht äußerlich und werden ihm nicht hinzugefügt« (Gilles Deleuze/ Félix Guattari, *Mille Plateaux*, Berlin 1992).

6. Unterhaltungsfuturologie: Mehr Freizeitparks

»Ein High-Definition-Bildschirm mit den Umrissen eines Micky Maus-Kopfes. Ein statischer Schneesturm fegt über den Schirm. Auf dem Bildschirm erscheint das nächtliche Schloß von Dornröschen. Die Zinnen von Feuerwerk erleuchtet. Das Siegel des U.S.-Präsidenten erscheint in einem Ring strahlender, konzentrischer Kreise. Der Adler wurde durch einen Micky Maus-Kopf ersetzt« (Darius James, *Negrophobia*).

Wir bewegen uns auf eine spätkapitalistische Gesellschaft zu, in der immer mehr Bereiche wie Dienstleistung, Medizin, Landwirtschaft, Produktion und Freizeitindustrie computertechnisch unterstützt ablaufen. Am Beispiel der Freizeit können wir einige Entwicklungen technisch gestützter Kontrolle erfrischend konkret an unserem eigenen Leben nachvollziehen. Die Freizeit ist der Ort, wo das Subjekt individuell angerufen wird, sich selbst zu verwirklichen. Diese

Selbstverwirklichung wird zu einem hochindividuellen, äußerst anstrengenden Prozeß geschmackvoller und möglichst differenzierter Konsumtion, aufmerksamem Körpermanagement und kompetenter Kulturaktivität. Sie ist also nicht nur der Feierabend, an dem sich das Fabrik-Subjekt mit standardisierten Massenangeboten für den morgigen Wiedereinstieg in den Arbeitsalltag reproduziert, sondern ein zunehmend komplizierter und umstrittener Ort. Das hat mehrere Gründe: Erstens werden immer mehr Menschen durch technische Rationalisierung und neoliberale Austeritätspolitik in die Dauerfreizeit Arbeitslosigkeit entlassen. Zweitens will aber der Kapitalismus in der Freizeit sein Versprechen von Freiheit als Individualität und Konsum einlösen: Hier soll sich das Individuum selbst kaufen als ausgeklügeltes System von umweltverträglichem Shopping, kultureller Kompetenz und geglückter Selbstfunktion. Drittens liegt aber in der wachsenden Freizeit auch ein ambivalenter Freiraum, den bisher alle sozialen Bewegungen für eine autonome Nischenpolitik genutzt haben. Und so befindet sich der Kapitalismus sowohl in dem herrschaftstechnischen als auch ökonomischen Zugzwang, seine Freizeitindustrie immer wieder zu reaktualisieren und zu intensivieren.

Die Freizeitindustrie koppelt deshalb zum Beispiel an Sub- und Popkulturen an und führt immer differenziertere Stile in die metropolitane Konsumtionssphäre ein. Dabei geht es um die Konstruktion von Zeiträumen, in die die Sehnsucht der Subjekte nach »dem Leben jetzt sofort« abgelenkt werden kann.Technik spielt hier eine doppelte Rolle. Auf der Zeichen-Ebene garantiert sie den orangenen Sci-Fi-Glanz des Neuen, Hippen und Coolen. Sie verspricht Teilhabe am kulturellen Update und an der stetigen Zunahme des Services: Teleshopping, Telebanking, Multimedia at home. Gleichzeitig sind die Zeiträume der Freizeitindustrie selbst immer stärker technisch vermittelt: als mediales Angebot wie eben Teleshopping, als begehbares mediales Environment wie VR-Systeme oder als mit Videokameras und Klimaanlagen technisch abgesicherte und gleichzeitig Technik ästhetisierende Shopping Malls, Multiplex-Kinos, Musical Halls, Freizeit- und Themenparks. Der Zeit- und Kauftourismus der Malls wird mit den Mitteln modernster Technik kreiert und kontrolliert. Lieferzugänge und Versorgungssysteme sind unsichtbar – auf den Gängen diskretes Wachpersonal, das die Selektion in KonsumentInnen und Wärmesuchende leistet.

Im Freizeitpark wird die Widersprüchlichkeit des Versuchs, die Wünsche der Subjekte in Techno-Environments abzulenken, deutlich. Als ökonomische Modernisierung entstehen Freizeitparks dort, wo Kohle- und Stahl-, Auto- und Werftenindustrie in die Krise geraten sind. Ironischerweise bieten sie einer arbeitslos werdenden Bevölkerung forcierte Konsumangebote, integrieren aber gleichzeitig einen Teil der von Arbeitslosigkeit bedrohten Leute in schlecht bezahlten Dienstleistungsjobs der Multimedia-Industrie. 1992 wurde so zum Beispiel Euro-Disney in Marne-la-Vallée, einem ausgedienten Schwerindustriestandort bei Paris, gebaut. In Bremen entsteht auf dem ehemaligen Werftgelände der AG Weser ein »Space Park«, ein Weltraumvergünungszentrum mit Raumfahrtsimulation. Im benachbarten Bremerhaven ist ein »Ocean Park« mit Großaquarium und »maritimer Erlebniswelt« in Planung. In Bottrop hat Time Warner dieses Jahr »Warner Bros. Movie World« eröffnet, den größten Themenpark Europas. Und auf dem Gelände einer ehemaligen Thyssen-Stahlhütte – mitten im Arbeitslosengebiet Ruhrpott – liegt das »Centro Oberhausen«, mit 83 Hektar Fläche und 6000 Angestellten die größte Shopping Mall Europas. Freizeitpark und Shopping Mall integrieren eine ganze Reihe historischer Vorläufer der Unterhaltungsindustie, den Rummel, den Vergnügungspark, den Pauschal- und Massentourismus, die Arkade, das Kaufhaus, das Panorama, das Kino, das Fernsehen usw. Das erste Modell des Freizeitparks – »Konsumtion als Großerlebnis« – hat 1955 Walt Disney in Anaheim, Kalifornien errichtet. Disney hat der Unterhaltungsindustrie ihren großkapitalistischen Schliff und ihre konservative Utopie gegeben. »Disneyland« war der Versuch, »begehbare Welten« zu schaffen, die »das Leiden der Gegenwart und den Tod, die wirkliche Welt, vergessen machen« (Walt Disney). Disney hat sein Modell der Narkotisierung in den inszenierten Scheinwelten des »Magic Kingdoms« als Heilsprojekt für die weiße amerikanische Bevölkerung konzipiert, das die reaktionäre Utopie gleich mitliefert: Feen- und Zauberwelten, in denen immer das Gute siegt, allgemeines Familienglück, Harmonie und gesunde Hierarchie. Mit Produktionen wie »Pretty Woman« hat jedoch selbst Walt Disney inzwischen das traditionell konservative Feld der Unterhaltung verlassen und mischt seinen puritanischen Nachkriegsstil mit Sex-Appeal auf.

Das Phantasma vom Cyberspace als computervermittelte Konstruktion »virtueller Welten der Freizeit«, in denen sich alle vernetzen und amüsieren sollen, ist die technologische Zusammenfassung verschiedener historischer Stationen und Momente der Unterhaltung. Es ist die Futurologie dieser Entwicklung, mit der zukünftig nicht radikal neue Welten erschlossen werden, sondern Reaktualisierungen des Alten in der Software der Freizeitindustrie. Noch einmal geht es um die Befriedigung, in dem als anders und neu Annoncierten sich selbst wiederzuentdecken. Deshalb sieht der Club Med wie der eigene Garten plus Swimming Pool, Palmen und Animationscrew aus und das World Wide Web wie ein Otto-Katalog für den spätkapitalistischen Info-Citoyen. CAL (Computer aided leisure time) ist ein Zeitraum, der geöffnet wird, um die individuellen Wünsche nach ei-

nem »wirklichen Leben« abzulenken, die der Kapitalismus in dem Maße frei-
setzt, wie er vorangegangene ideologische Konstrukte (Religion, bürgerlichen
Familien- und Ordnungssinn) aufhebt. Seitdem Konservatismus und Neoliberal-
lismus in den 80er und 90er Jahren stärker werden, laufen zwei paradoxe ideologische Bewegungen gleichzeitig ab: die repressive Disziplinierung mit Law-
and-order-Formeln und die produktive Aufforderung, sich in Konsum- und Frei-
zeiterlebnissen individuell auszuagieren.

7. Technoscience

»Klick, klick ist das Vokabular der Nervensprache.« (Heinz von Foerster)
1994 ist in den Staaten *Out of control. The rise of neo-biological civilization*,
ein Buch von *Wired*-Chefredakteur Kevin Kelly erschienen (dt.: *Das Ende der
Kontrolle*, 1997).

Darin feiert er die Biologisierung der Gesellschaft, mit der sich eine Hochzeit
von »Gemachtem und Geborenem« vollziehe und nicht mehr unterscheidbar sei,
was Lebewesen und was Konstruktionen wie »Roboter, Konzerne, Volkswirt-
schaft und Computernetze« sind. Am Beispiel des globalen Aktienmarktes erklärt er, daß von Menschen geschaffene Systeme die Komplexität von Öko-Sy-
stemen erreicht hätten: neo-biologische Systeme, die über Selbst-Replikation,
sanfte Evolution, Lernfähigkeit und Selbst-Kontrolle reguliert seien. *Out of control* ist einer der zentralen populären ideologischen Texte des »Techno-Diskur-
ses«, der die Fusion von »kapitalistischer und biologischer Intelligenz« behauptet. Natur ist dabei ein intelligentes System, von dem wir genauso lernen können,
wie wir es neuerfinden und verbessern müssen. Ökonomie und Technik werden
im Gegenzug zu Naturtatsachen, bei denen nicht ihre politische Veränderung,
sondern ihre Optimierung von Interesse ist. Der patriarchale Dualismus Natur–Kultur wird aufgehoben, um ihn auf höherem Niveau zu installieren. Mit
der These, daß ein »logisches Prinzip des Lebens« existiere, das in der Fähigkeit
zur Selbstorganisation von komplexen Systemen liege und vom Biotop bis zum
Weltmarkt verallgemeinerbar sei, wird der alte Traum von einer rationalen Substanz des Seins reaktualisiert. Die US-amerikanische Computerzeitschrift *Wired*
verbreitet schon seit langem diese Ideologie eines biotechnologischen Kapitalismus und lädt ihn mit gegenkulturellen Ästhetiken auf. Heraus kommt so etwas
wie das Märchen vom »kreativen Cyberkapitalismus«, in dem alles »crazy« und
»außer Rand und Band« geraten ist, in dem nicht mehr spießige Bürokraten und
17.-Etage-Firmenchefs herrschen, sondern junge, kreative »Symbolanalytiker«
wie du und ich, die an genialen, technischen Lösungen arbeiten. *Wired* bedient
damit die Aufsteigerphantasien von Leuten, die ihren Platz in einem Konzern su-

chen, der nicht mehr langweilig und konformistisch ist, sondern »rockt«. Kevin Kelly und *Wired* glorifizieren auf populärem Niveau eine Gesellschaft, in der Wirtschaft, Technik, Wissenschaft und Gesellschaftstheorie immer enger aufeinander abgestimmt sind und eine kapitalistische »Technoscience« bilden. In dieser »Technoscience« sind Reststücke von fortschrittlichem Wissen wie »Es gibt keine universale Wahrheit« oder »Hierarchische Systeme sind dumm« integriert. Das ist das Erbe der West Coast Hippies, die ihr vergangenes Leben samt Woodstock, Ökobewußtsein und abweichendem Lebensstil in den technologischen Diskurs eingebracht haben. Das entspricht einer technisch-wissenschaftlichen Entwicklung der letzten Jahre, in der sich ein Denken in Systemen, in strategischen Differenzen, in Netzwerk-Theorien in vielen Bereichen etabliert hat. Zentrale Figur dieses Denkens ist die »Selbstorganisation von Systemen«, die durch nicht-hierarchische Kommunikation und Kontrolle gesteuert sind. Hier liegt der Schnittpunkt einer spätkapitalistischen »Technoscience«, in der Theoreme der Linguistik, der Informationstheorie, der Genetik und der Kybernetik quer durch die Bereiche Naturwissenschaft, Gesellschaftswissenschaft und Ökonomie ausgetauscht werden. Dieser Austausch funktioniert sowohl hart in der Forschung und ihrer Anwendung, als auch weich in einer ausufernden modischen Metaphernpolitik, in der permanent von Codes und selbstgesteuerten Systemen und Maschinen geredet wird: die Zelle als Lesemaschine des DNA-Codes, das Gehirn als Interpretationsmaschine von Nervenimpulsen, der Markt als selbstorganisiertes System der Kapitalströme, das Internet als kollektives Gehirn, klick, klick.

8. Order from noise

Das Theorem der Selbstorgansisation von Systemen ist in einer naturwissenschaftlichen Schule entstanden, die zuerst eher am Rande der etablierten Wissenschaftsszene lag. Am »Biological Computer Laboratory« brachte Heinz von Foerster eine interdisziplinäre Forschungsgruppe aus den Bereichen Physik, Systemtheorie, Philosophie, Kybernetik und Biologie zusammen. Alle beteiligten Theoretiker befaßten sich mit Problemen der Instabilität, Nichtlinearität, Komplexität und Selbstorganisation. 1960 veröffentlichte Heinz von Foerster eine Arbeit mit dem Titel »On self-organizing systems and their environment«, in der er das Prinzip »order from noise«, die Entstehung von Ordnung aus Unordnung, einführte, was gerne als »Geburtsstunde der Selbstorganisation« betrachtet wird. Das Theorem der Selbstorganisation ist anhand einer ganzen Reihe von naturwissenschaftlichen Fragestellungen der Kybernetik, der Informations- und Automatentheorie entstanden, anhand von Fragestellungen der irreversiblen

Thermodynamik, der molekularen Selbstorgansiation, der Quantenfeld- und Lasertheorie. Ungefähr seit Mitte der 70er Jahre breitet sich das in diesen Bereichen entstandene Modell der Selbstorganisation von Systemen aus. Nichtlincarität und Instabilität sind seitdem nicht länger Störgrößen, sondern Regelgrößen naturwissenschaftlichen Denkens geworden. Gleichzeitig findet dieses Theorem in Teilen der Gesellschaftswissenschaften Einlaß, vor allem in der Medientheorie, der Chaosforschung und natürlich in der Systemtheorie und im radikalen Konstruktivismus, in deren Umfeld dieser Diskurs auch entstanden ist. Damit taucht in der Gesellschaftstheorie ein Hyperformalismus auf, der den Blickwinkel auf die Struktur von Systemen konzentriert, auf ihre Regelwerke, auf die Steuerung, die Evolution und strategische Operationalität von Systemen. Mit der Zeit ist eine unendliche Kette von analogen Systembeschreibungen entstanden: Ökonomische Prozesse (vor allem Aktienmärkte, transnationale Konzerne und Weltmarkt), urbane Prozesse (also Straßenverkehr und Stadtsysteme), körperliche Prozesse (Immunsystem, Genom, Gehirn, die Entstehung und Dynamik von Krankheiten wie Krebs) genauso wie das Sozialverhalten von Insekten oder das Wetter werden als dynamisch selbstorganisierte Systeme beschrieben. Diese Beschreibung ist ideologisch, weil sie nicht nach der geschichtlichen Konstruktion von Systemen fragt, um sie emanzipatorisch zu verändern, sondern die geschichtliche Konstruktion beobachtet, um ihre Funktionslogik und Effizienz aufzuschreiben, als ein Reservoir von flexiblen Regeln, das sich wieder mit dem anderer Systeme abgleichen läßt. Die amerikanische Feministin Donna Haraway hat demgegenüber in ihren Texten zur Geschichte der Biologie die Frage gestellt, ob sich das neue naturwissenschaftliche Denken, das mit dem Auftauchen des Selbstorganisationstheorem entstanden ist, emanzipatorisch entwenden ließe. Dadurch, daß die Immunologie den Körper z.B. nicht mehr als »hierarchisch und arbeitsteilig organisiertes System symbolisiert und bearbeitet, sondern als kodierten Text und kommunikationstechnisches System mit einem fließenden und verteilten steuer- und regeltechnischen Netzwerk« (*Die Biopolitik postmoderner Körper*, Frankfurt 1995), bestehe die Chance, den traditionellen Diskurs abendländischer Philosophie zu unterlaufen, der von einem autonomen Subjekt und determinierten Gegensätzen wie das Eigene/ das Fremde und Natur/ Kultur ausgeht: »In den frühen 70er Jahren schlug der Immunologe und Nobelpreisträger Niels Jerne eine Theorie der Selbstregulation des Immunsystems vor, die als Netzwerk-Theorie bekannt wurde. (...) Die Grundkonzeption ist einfach: Da die internen Prozesse der Erkennung und Antwort ohne Unterlaß durch eine Serie interner Spiegelungen von Bindungsstellen auf Immunglobulinmolekülen miteinander verkettet wären, befände sich das Immunsystem ständig in einem Zustand dynamischer innerer Antwort. Es wäre niemals passiv und würde nie in Ruhe einen aktivierenden Stimulus aus einer feindlichen Außenwelt abwarten. In gewisser Hinsicht gäbe es gar keine äußeren Antigenstrukturen und keinen Eindringling, den das Immunsystem nicht bereits gesehen und intern gespiegelt hätte. Das Selbst und das Andere verlieren die Qualität eines rationalistischen Gegensatzes und werden zu einem subtilen Spiel von partiell gespiegelten Lesweisen und Antworten. (...) Gibt es eine Möglichkeit, den von Jerne u.a. vorgeschlagenen Diskurs in einen oppositionellen, alternativen, emanzipatorischen Ansatz umzuformen ...?« (Haraway, a.a.0.). Donna Haraway schreibt zwar selber, daß die »problematische Vielfalt postmoderner Selbstkonstruktion, in den klumpigen Diskursen der Immunologie auf mächtige Weise zugleich erscheint und unterdrückt wird«, spekuliert aber gleichzeitig darauf, daß in den fortgeschrittenen Naturwissenschaften ein positives Denken der Differenz, der Kontingenz und der Dekonstruktion von Subjektivität angelegt sei, das ein sozialistischer Feminismus nutzen könne. Obwohl Haraway analysiert, wie die wissenschaftlichen Diskurse in die kapitalistischen Praktiken integriert sind, setzt sie auf eine Deterritorialisierungsbewegung des Wissens. Dabei überschätzt sie die Bedeutung des Symbolischen und des Diskurses und die Möglichkeit, an implizite fortschrittliche Potentiale von Theorien heranzukommen und sie gegen ihre Funktionalität im herrschenden Sinne zu wenden, weil Wissen auf zuviele Art und Weisen mit Macht koexistiert, als daß es eine Selbstsubversion des Diskurses geben könne. Ohne Schulterschluß mit einer politischen Praxis wird die Theorie immer ihre Reterritorialisierung finden, sei es in der akademischen Karriere, sei es im popkulturellen Weichspüler von Wissen oder in der harten Anwendung in industriellen Praktiken. Haraways ironischer Mythos einer Cyborg ist ganz entgegen ihrer Absicht dazu benutzt worden, Computertechnologien pauschal und assoziativ zu affirmieren. In jedem zweiten Artikel über Kommunikationstechnologien taucht der Begriff Cyborg als schicke, aber inhaltsleere Anspielung auf Mensch-Maschinen-Kopplungen auf. Der antikapitalistische und feministische Gehalt von Haraways Figur ist dabei verschwunden.

9. Unternehmensnetzwerke

Der japanische Autohersteller »Toyota« hat der Kombination von CAM (computer aided manufacturing) und neuen Managementmethoden seinen Namen geliehen: »Toyotismus«. Das fordistische Akkumulationsmodell, das auf Massenproduktion und Massenkonsumtion setzte, hat in den 70er Jahren seine relative Grenze erreicht. Seitdem werden die Arbeitsabläufe, die Taylor und Ford chronologisch im Raum angeordnet und monoton, in viele Schritte zerlegt, an einem Massenprodukt ausgerichtet haben, an wenigen Arbeitsstationen wieder zusammengefaßt. An diesen Arbeitsstationen werden Roboter und vielseitig ausgebildete Teams eingesetzt und mit einem fahrerlosen Transportsystem verbunden. Die Lagerhaltung wird so weit wie möglich reduziert. Die Zulieferindustrie produziert flexibel im Takt der Auftragslage: just-in-time. Anfang der 70er Jahre gab es in der Automobilindustrie massive, zum Teil auch wilde und militante Streiks. Die postfordistische Reorganisierung der Unternehmen hat in diesen Arbeitskampf mit Massenentlassungen interveniert. Zurückgeblieben sind flexibilisierte Mindestbelegschaften, eine große Menge entgarantierter Niedriglohn-ArbeiterInnen, Arbeitslose und Freelancer. Die Informations- und Computertechnologien haben diese Reorganisierungen katalysiert. Die Lohnkosten, die zum Beispiel in der Automobilindustrie 10–15 % der Gesamtkosten ausmachen, sollten und sollen auch weiterhin minimiert und der Faktor Arbeitskraft soweit wie möglich durch die neuen Informationstechnologien ersetzt werden. So kündigte Mazda 1993 den Bau einer neuen Fabrik an, in der die Endmontage zu 30 % automatisiert ist. Das Unternehmen hofft, den Automatisierungsgrad bis 2000 auf 50 % zu steigern. Die verbleibenden Mindestbelegschaften in den großen Unternehmen sollen auf höherem Niveau integriert, motiviert und kontrolliert werden: Team- und Gruppenarbeit, Teilnahme an Qualitätszirkeln, Zusammenlegung von Forschung, Planung und Produktion (sog. simultane Entwicklung). Es geht um eine höherwertige Abschöpfung der Arbeitskraft durch Identifikation mit dem Unternehmen, durch intensivierte Übernahme von Verantwortung, durch Konkurrenzdruck in und zwischen den Teams und durch den permanenten Versuch, die Produktion zu optimieren. Neue Managementmethoden formulieren die Probleme dieser »schlanken Unternehmen« in den Begriffen von Geschwindigkeit, Flexibilität, Systemsteuerung, Kommunikation und Kontrolle. Eine entsprechende ökonomische Organisationstheorie beschreibt transnationale Unternehmen als globale Netzwerke, in denen eine von individuellen Kundenwünschen gesteuerte Produktion flexibel realisiert werden soll. Der wissenschaftliche Code der selbstorganisierten Systeme hat damit auf die Management- und die Organisationstheorie durchgeschlagen. Um diese neuen Konzeptionen zu realisieren, arbeiten zum Beispiel seit einiger Zeit die japanischen Firmen Hitachi und Toshiba gemeinsam mit ForscherInnen der »University of California« und des Stuttgarter »Fraunhofer Instituts für Produktionstechnik und Automatisierung« an einem sog. »intelligenten Fertigungssystem« für die Fabrik 2000. Damit soll die »mass-customization« unterstützt werden, die Herstellung von hunderten von Produktvarianten auf einer Produktionslinie. Ziel ist, immer mehr Fragen eines flexibilisierten und komplexer werdenden Arbeitsablaufs mathemathisch zu formalisieren und rechnergestützt ablaufen zu lassen. Organisatorisch geht es darum, Unternehmensnetzwerke zu schaffen, die auf temporären, projektabhängigen, standortübergreifenden Beziehungen zwischen ganz oder weitgehend selbständigen Einheiten basieren. Die Bildung von Unternehmensnetzwerken ist die Folge mehrerer Prozesse. Auf der einen Seite spielt »global outsourcing« eine Rolle, mit dem von der Kantine bis zur Steuerberechnung Dienstleistungen an Subunternehmer abgegeben werden. Auf der anderen Seite sind Unternehmen bei kapitalintensiven Technologien auf Kooperationen angewiesen. In der Halbleiter-, Telekommunikations-, Luftfahrt-, Computer- und Biotechnologieindustrie entstehen strategische Allianzen zwischen verschiedenen Unternehmen, die zugleich Wettbewerber sind. So entwickelt IBM zusammen mit Siemens und Toshiba Speicherchips. Darüber hinaus geht es bei der Konstruktion von Unternehmensnetzwerken um die Ausnutzung von Standortvorteilen bei gleichzeitiger Entgarantierung der ArbeiterInnen. Paradebeispiel ist die kalifornische Spielwarenfirma Lewis Galoob Toys, Inc. Galoob kauft die Produktionsideen bei freiberuflichen ErfinderInnen ein, beauftragt für die Entwicklung selbständige Ingenieursbüros, produziert bei einem Subunternehmen in Hongkong, das mit chinesischen Zulieferern kooperiert, und vertreibt die fertigen Spielzeuge über freiberufliche VertragsrepräsentantInnen, Verwaltungsfunktionen wie Fakturierung und Buchhaltung sind an externe Dienstleister ausgelagert. Managementtheorien preisen diese Veränderungen als flexibilisierte und freiheitliche Produktion auf der Höhe der technischen Entwicklung an: »Der entscheidende Dreh besteht darin, föderale und intelligente Organisationsstrukturen an die Stelle horizontaler und vertikaler Integration zu setzen. Die Kleeblattorganisation ist eine Komposition dreier verschiedener Arbeitskräfte: Im Kern der Organisation arbeiten einige wenige hochbezahlte Profis, deren Zahl zu klein ist, um eine Bürokratie entstehen zu lassen. Der größte Teil der Arbeit wird von selbständigen Subunternehmern erledigt, die ihre eigenen Herren sind, nicht für ihre Zeit, sondern für ihre Ergebnisse bezahlt werden und dank Telefon, Fax, Modem und PC zuhause arbeiten können. Drittens gibt es eine flexible Arbeitskraft, die zu Spitzenzeiten der Nachfrage eingestellt wird oder den Betrieb auch nachts und an Wochenenden aufrechterhält und aus Leuten besteht, die gutbezahlte Jobs und nicht Karrieren suchen« (Dirk Baecker, *Postheroisches Management*, Berlin 1994). Teilen der Computerszene gefallen solche Szenarien ausnehmend gut. Populäre Managementtheoretiker wie Baecker übernehmen aus dem Selbstorganisationsdiskurs die Idee enthierarchisierter Kontrolle, die über Beobachtung, Selbstreferentialität, dynamisches Gleichgewicht und Kommunikation funktionieren soll. *Wired* hat schon vor Jahren Management-Gurus wie Tom Peters zitiert, der vom »Liberation Management jenseits der Hierarchien« spricht, von »kreativem Chaos« und Konzernen mit ausgeflippten »Untereinheiten, die von respektlosen Häuptlingen geleitet werden«.

10. Biomacht

Dieser neue hippe »technoide Kapitalismus«, der im Diskurs der neuen Medien als »sensationelles System« promotet wird, soll in Zukunft auch zur genetischen Kontrolle der Gesellschaften imstande sein. Robert Shapiro, ein amerikanischer Forscher, der am Genom-Projekt beteiligt ist, gibt in seinem Buch *Der Bauplan des Menschen. Die Genforschung enträtselt den Code des Lebens* als Grund für die Notwendigkeit einer globalen DNA-Datenbank die »umweltbedingte Mutagen-Bedrohung« an, also die Gefahr, daß es nach jahrzehntelangem Einsatz von Pestiziden und Chemikalien zu DNA-Mutationen und damit zu einer »genetischen Katastrophe, die jahrhundertelang unbemerkt bliebe«, kommen könne. Die Kartographie des menschlichen Erbguts soll deshalb den »Bevölkerungskörper« überwachen und Schädigungen so früh wie möglich anzeigen. So einfach funktioniert Genetik als integriertes kapitalistisches Wissen. Das Ziel lautet, menschliche und natürliche Ressourcen zu erhalten und zu kontrollieren. Dieser Diskurs der Biomacht taucht in den reichen kapitalistischen Staaten auch in der Rhetorik individueller Gesundheit auf: Auch du kannst froh sein, daß es genetische Krebsforschung, gentechnisch hergestelltes Insulin, gentechnisch hergestellte Wachstumshormone, künstliche Befruchtung, pränatale Diagnostik usw. gibt. Während vor allem Frauen im Trikont entindividualisierter Gegenstand von Bevölkerungspolitik und Reproduktionskontrolle sind, werden Frauen und Männer in den Industriestaaten als KundInnen kapitalintensiver Gen- und Reproduktionstechnologien angesprochen. Mediensymposien und Ausstellungen wie die »ars electronica« und eine ganze Reihe von Publikationen wie das kultur- und medienwissenschaftliche Programm des »Springer«-Verlags ästhetisieren solche Versuche, Gesellschaften mit Informations- und Gentechnologien zu kontrollieren. Bei diesen Ästhetisierungen geht es darum, ein universelles »technoides« Ordnungsprinzip zu behaupten, das alle Differenzen durchziehe: die DNA, das Selbstorganisationsprinzip, der digitale Code o.ä. »Zellapparate und Elektronenrechner besitzen beide virusfreundliche Eigenschaften im Überfluß. Wie hält das menschliche Gehirn da mit? Als getreuer Kopierer ist es zweifellos weniger vollkommen als Zellen oder Computer. Dennoch ist es immer noch ziemlich gut, in etwa so exakt wie ein RNA-Virus, aber nicht so gut wie die DNA mit all ihren ausgetüftelten Korrekturmaßnahmen gegen Textverstümmelungen« (Richard Dawkins im »ars electronica« Katalog 1996). Die »ars« ist zum bekanntesten Ort dieser Affirmationen geworden. 1996 hat sie noch einmal in Szene gesetzt, wie der kulturelle Diskurs über die neuen Technologien die Logik der Technoscience nachbuchstabiert und eine Fusion von Technologie, Gesellschaftstheorie, Naturwissenschaft und Ökonomie ästhetisiert. Das Motto war »Memesis. Die Zukunft der Evolution«. Die Diskussion kreiste um den biologistischen Begriff »Mem« von Richard Dawkins, der behauptet, daß analog zu der »biologischen Informationseinheit Gen« eine »kulturelle Informationseinheit Mem« existiere, die sich durch Kommunikation repliziere und fortschreibe. So wurde ein weiteres Mal ein selbst-organisiertes System konstruiert, diesmal die Geschichte der Menschheit als evolutionäre Replikation und Mutation von »Memen«. Eine fortschrittliche Netzdiskussion muß diesen Diskurs der neuen Technologien angreifen. Sie muß versuchen, dagegen eine Kritik kapitalistischer Vergesellschaftung zu setzen, die die technische Unterstützung von Herrschaft analysiert.

Oliver Marchart

Was ist neu an den Neuen Medien?

Technopolitik zwischen Lenin und Yogi-Bär

Gehen wir von einer These aus: Das Internet hat nichts mit Technik zu tun – und zwar weil Technik selbst nichts mit Technik zu tun hat, sondern etwas mit popularen Geschichten (manchmal auch »Pop« genannt). Daraus würde folgen, daß es keine *Nur*-Medientheorie geben kann, da Medientheorie, dort wo sie neo-materialistisch (Kittler), neo-existentialistisch (Kamper) oder managerberateristisch (Bolz) Medien von der Technik her und nicht von Populardiskursen denkt, an der spezifischen popularen Konstruktion von Medien vorbeischießt. Was heißt Konstruktion, was heißt Pop, und was heißt, sie schießt vorbei? Dazu sind ein paar grundsätzliche Bemerkungen notwendig, bevor wir auf die Möglichkeiten einer Technopolitik im Sinne von Yogi-Bär eingehen können.

Die spezifische Form des medientheoretischen Vorbeischießens ist der Techno-determinismus (etwa im Sinne von Kittlers These: »Die Schreibmaschine hat den Feminismus verursacht«). Determinismus nennt man eine Konjunktur, in der der Zustand eines Signifikationssystems notwendig kausal vom Zustand eines anderen Signifikationssystems abhängt. Beide stehen also in solch einem Verhältnis, daß wir, wenn wir den Zustand des determinierenden Systems kennen, den Zustand des determinierten Systems vorhersagen können. Gleichzeitig definiert die Determinante den Horizont all dessen, was möglich ist (im Sinne von: »Die Grenzen meiner Medien sind die Grenzen meiner Welt«). Eine klassische Variation des Determinismus findet sich etwa im sogenannten Epiphänomenalismus des Marxismus-Leninismus: Der kulturelle Überbau ist die Oberfläche, die Widerspiegelung, das Epiphänomen, das Sahnehäubchen der ökonomischen Basis. Im Technodeterminismus übernehmen genau diese Funktion der Basis heute die Technologie und die Medien. Diese sind für alles verantwortlich: für den Feminismus, die Kriminalität, die Entfremdung, die Geschichte, Natur, Kultur und Gesellschaft schlechthin. Das zeigt schon, daß technodeterministische Medientheoretiker gar nicht so weit entfernt sind von jener Apokalyptik, die in »Gewalt im Fernsehen« die *Ursache* krimineller Devianz schlechthin und in Kinderpornographie im Netz die Ursache sexueller Devianz schlechthin ausmachen will.

Nach der apokalyptischen Konstruktionen dieses Sittenhüter-Diskurses sind wir im Netz, resp. den Medien gefangen und ihnen ausgeliefert.

Aus all dem kann man schließen, was sich in folgendes Lernsprüchlein fassen läßt: So wie jede Kapitalismuskritik heute mit einer Kritik des ökonomistischen Determinismus beginnen muß, muß jede Netzkritik mit einer Kritik des Techno-determinismus beginnen. Der Grund für diese Kritik liegt keineswegs nur im Akademischen; er liegt vor allem im Praktischen. Denn von einer deterministischen Position aus ist jede politische Intervention hinfällig. Wenn die Medien uns in allen Aspekten determinieren, haben wir keine Chance, unsere Verhältnisse zu ihnen – aber auch sie selbst – zu reartikulieren. Der Technodeterminismus verhindert daher jede Technopolitik (wie immer diese dann aussehen mag).

Incredible Stories

Die Behauptung, Medien seien in gewisser Weise Pop, ist an dieser Stelle somit eine Abkürzung für die simple Erkenntnis, daß uns nicht die Hardware, ein Schaltplan oder Spionagewissen über den allerneuesten Prozessor oder Chipbaustein sagen wird, was das Netz/die Medien/die Technik »ist«, sondern die popularen Geschichten und Mythen, die darüber erzählt werden. Sie definieren unser Verständnis der technisch-medialen Effekte, und nur diese sind für uns wahrnehmbar. Analysiert man also den »Interdiskurs« und nicht notwendigerweise Ingenieurs-Narrative oder techno-esoterische Expertendiskurse selbst, wird man möglicherweise aus einem Kinder-Abzählreim genausoviel über elektronische Netzwerke erfahren können wie aus einem Novell-Handbuch. Einen Interdiskurs müssen wir uns als eine Art Assoziationslager vorstellen, welches »das Neue« mit Verstehensmodellen beliefert. In den Regalen des Assoziationslagers finden sich Vorstellungen des Netzes als: Naturpark, Beach Party, Funktionsraum, Database-Raster, TAZ, polis und agora, Playzone, Sexzone etc., von denen einige später näher betrachtet werden sollen. Aber darüber hinaus haben die dort erzählten Geschichten *über* die Medien eine eindeutig apokalyptische Dominante. Die Medien sind Produkt einer apokalyptischen Artikulation des Neuen, Revolutionären, Umwälzenden, Karnevalistischen, Bedrohenden, aber auch Rettenden. Wird Telearbeit unser Sozialverhalten ändern – wenn nicht sogar beenden? Wird Cybersex unser Sexualverhalten ändern – wenn nicht sogar beenden? Und werden Computerspiele unsere Kindheit verändern – wenn nicht sogar beenden? Das angeblich *Neue* an den Medien ist der Angelpunkt dieses apokalyptischen Diskurses. Die zentrale Frage muß daher lauten: Was ist NEU an den Neuen Medien?

Aber was ist überhaupt neu? Die Frage der Moderne. Eine mögliche Antwort wäre: Wir können nur solange gerechtfertigterweise vom »Neuen« sprechen, solange es *radikales* Neues ist, d.h. solange wir es nicht verstehen, solange es nicht anders in unser Bedeutungssystem eingetreten ist denn als Irritation. Sobald wir es mit Bedeutung versehen können, ist es nicht mehr neu, sondern bekannt – das heißt alt. Wenn das Netz ein neu-entdeckter, weißer Kontinent ist, wie es u.a. die electronic-frontier-Metaphorik nahelegt, dann ist dieser Kontinent nur solange neu, wie wir nichts von ihm wissen. Das wirkliche Neue ist daher kein Objekt, sondern ein Ereignis. Amerika – die Entdeckung Amerikas – war ein solches Ereignis. Was nebenbei erklärt, warum die Französische Revolution nach der Ästhetik des dynamisch Erhabenen rezipiert wurde (Erdbeben, Vulkanausbruch, Sturmflut): weil sowas die *Welt noch nicht gesehen hat* (Hegel), weil etwas »neu« war. Wenn nach Kant das Neue, in seinem Fall das Erhabene, sich darstellt genau durch die Unmöglichkeit seiner Darstellbarkeit, dann wird es umgekehrt darstellbar, sobald es nicht mehr neu ist. Wir stehen vor derselben Signifikationslogik wie in der Verstehensökonomie: Was radikal neu ist, können wir nicht verstehen. Wir müssen uns daher aus dem Assoziationslager der diachronen Geschichte und der synchronen Geschichten versorgen.

Und doch ist die weiße Fläche auf der Landkarte nie ganz weiß. Gehen wir mal davon aus, daß das Netz allgemein als Neuer Kontinent verstanden wird. Auf den ersten Blick bringt uns das nicht weiter, denn wieder würde sich die – verschobene – Frage stellen: Was ist NEU an einem Neuen Kontinent? Hier, im Raum des Interdiskurses, kommt man aber einer Antwort näher, denn eine Fülle an popularen Stories über die Entdeckung und Besiedelung von neuen Kontinenten gibt uns Hinweise. Denen zufolge ist so radikal neu kaum etwas, denn Neue Kontinente sind immer schon besiedelt. Und zwar mit den Entdeckern selbst.

Gehen wir zur ersten Annäherung an dieses Paradoxon von der folgenden stereotypen Story aus: Eine Gruppe Schiffbrüchiger erreicht eine einsame Insel. Sie sind allein und richten sich halbwegs ein, darauf hoffend, daß ein Schiff vorbeikommt. Zwanzig Jahre später finden sie in einer idyllischen Bucht auf der anderen Seite der Insel einen Club Méditerranée. Man bemerke: Keine Kannibalen, sondern die »eigene« Kultur. Radikalisieren wir die Story in Richtung »Unheimliche Geschichten«, und wir haben genau die Dialektik des Eigenen und Fremden: Ich mache eine lange Reise (vielleicht sogar zu einem fremden Planeten), komme zu einem Haus, trete ein und finde wen? *Mich.* Diese Figur beschreibt Todorov in seinem Buch über die Eroberung Amerikas, Rimbaud umstülpend, mit den Worten: »Ich ist ein anderer. Aber die anderen sind auch ich.« Eine schwer tiefenpsychologische Angelegenheit, auf die wir hier mangels Platz leider nur mit Nietzsche sagen können: »Ich habe meinen Bildschirm vergessen.«

Projektionsfläche Netz

Warum ist das Netz also ein Schirm? Was mit dieser Club-Med-Figur des Identen im Anderen angedeutet wurde, ist natürlich die Logik des *immer schon*, des *always already*, des *déjà-là*: Die Neue Welt, der »weiße« Kontinent, ist ein Schirm, d.h. eine Projektionsfläche für unsere eigenen Phantasmen. Wir sehen auf ihm nur ein verstörtes Selbst. Oder in Anwendung der berühmten lacanschen Kommunikationsformel: Was wir am neuen Kontinent entdecken, ist unsere eigene Botschaft in umgekehrter Form. Am deutlichsten hat das wohl Edward Said schon 1978 in seinem Buch *Orientalism* am sogenannten Orient beschrieben. Das Exotische, das Orientale ist Ergebnis einer Konstruktionsleistung (er spricht vom »Orientalisieren«) spezifisch europäischer Diskurse. Was Said von der foucaultschen Diskursanalyse her penibel nachzeichnet, läßt sich über Fragen des Postkolonialismus hinaus allgemein signifikationstheoretisch fassen.

Dabei muß man vom Problem ausgehen, wie und ob ein radikal Neues/Anderes *überhaupt* aus der Sicht eines ja leider immer schon Alten/Eigenen verstanden resp. bezeichnet werden kann. Offensichtlich hat man es hier mit einer Signifikationsschleife zu tun. In dieser gibt es kein radikal Neues. Ein radikal Neues, wie gesagt, kann es innerhalb unseres Bezeichnungssystems nicht geben. Das radikal Neue ist, wenn irgendetwas, dann ein Name für den Abbruch von Signifikation. Das Neue *kommt nicht an*, es bricht ab. Deshalb wird das Neue innersystemisch so gerne durch den apokalyptischen Diskurs konstruiert. Dieses innersystemische Bloß-Neue ist demgemäß kein radikales Neues (Ereignis, Chaos, Abbruch), sondern ein als neu konstruiertes Altes oder ein Altes, das die Rolle des Neuen übernimmt: Es gehört zu *meinem* Signifikationssystem, es ist meine eigene umgedrehte Botschaft – und dennoch deutet es auf das Außen der Signifikation.

Mit ihrer Annahme des *Caught in the Media Trap* liegen die Vertreter des apokalyptischen Diskurses also nicht gar so falsch, denn natürlich trifft zu, daß ich nicht über den Tellerrand meines Bedeutungsuniversums – ins radikal Andere/Neue – blicken kann. Doch das ist nichts Medienspezifisches, sondern eine allgemeine Regel der Produktion von Bedeutung. Gerade weil der Tigersprung aus meinem System ins konstitutive Außen (wie ihn Revolutionäre proben) – also was in der Psychoanalyse »passage à l'acte« heißt – nicht gelingen kann, bleibt man immer diesseits einer solchen Passage oder Überschreitung auf ein partikulares »acting out« verwiesen (weshalb jede tatsächlich stattfindende Revolution sich am Schluß immer nur als Revolte herausstellt). Und da ein Bezeichnungssystem in gewisser Weise eine Schleife ist, stimmt tatsächlich die Indien-Hypothese, womit wir wieder beim Club Med sind: Wenn ich lange genug in die falsche

Richtung fahre, komme ich an der richtigen Stelle wieder raus. Daher gilt: Je weiter ich mich von daheim entferne, desto ähnlicher wird alles. Und schließlich: Die Kultur, die mir am entferntesten ist, ist meine eigene. Der andere ist ich.

Für jede Technopolitik stellt sich automatisch die Frage nach dem Umgang mit dieser Signifikationsschleife: Läßt sie sich durchschlagen (klassisch revolutionär)? Wie kann man dem Immer-schon-Alten im Neuen entkommen (subversiv, eskapistisch)? Verschiedene populare Stories werden darüber erzählt, die verschiedene Formen des imaginären Umgangs mit Signifikationsschleifen jeweils austesten. Und ein geheimes politisches Wissen versteckt sich in diesen Geschichten.

Technorevolution im Enten-Kapitalismus

Beginnen wir mit einer Geschichte, die über den Abbruch des Abbruchs oder die »Re-Revolution« erzählt wird. Sie beginnt mit der Romantisierung des Karnevals. Was Bachtin am Karneval noch als revolutionäres Potential feiern konnte, nämlich die Reversibilität von Binarismen wie Mann/Frau, arm/reich, Herrscher/Beherrschte, und was sich bis hin zu Erklärungen zur love parade als allgemeine Illusion durchgesetzt hat, nämlich daß der Karneval eine »intrinsisch« revolutionäre oder zumindest »befreiende« Kapazität hätte, gilt dem apokalyptischen Diskurs auch für die Technik. Diese Illusion, die Technik hätte »an sich« schon eine umstürzende, revolutionierende Qualität, ist allerdings technodeterministisch, denn nichts ist »an sich« umstürzlerisch. Ein Beispiel für den karnevalistisch-apokalyptischen Diskurs um den Computer ist die Story »Tick, Trick und Track und der Computer« aus dem »Feuerwehr-Computer-Polizisten-Superbuch«. Die Computer-Geschichte ist dabei bezeichnenderweise umrahmt von anderen über Mickey Mouse als Polizist, Goofy als Superheld und Donald als Feuerwehrmann. Alle sind – womit die Disney-Produktionen natürlich nicht alleinstehen – beschäftig mit der Bekämpfung von Chaos, Verbrechen und Feuer durch offizielle polizeiliche und para-polizeiliche Identifikationsfiguren.

Die Computerstory ist jedoch in gewisser Weise privilegiert gegenüber den anderen, insofern die Computer nämlich Totalchaos erzeugen (im Unterschied zu Leuten wie den Panzerknackern, die nur Partialchaos erzeugen). Folgendes trägt sich zu: Seit kurzem erledigen Computer alle Arbeiten für Dagobert Ducks Firmenimperium. So trifft der Computer auch die Entscheidung, keine Geburtstagsgeschenke mehr an Tick, Trick und Track zu vergeben – wegen »strengen Sparmaßnahmen«. Aus Rache legen diese nachts die Maschinen lahm: »Die Computer rasen, rattern, funkeln und krachen ganz fürchterlich.« Wie im Kapitalismus üblich, werden die wahren Eigentumsverhältnisse erst klar, nachdem eine Katastrophe eingetreten ist und die Frage auftaucht, wer haftbar zu machen ist. Es stellt sich nämlich heraus, daß die Rechner nicht nur Dagoberts Imperium regeln, sondern die gesamte Versorgung Entenhausens: Zeitungen werden chaotisch gesetzt, Brötchen werden zu Briketts, alle Ampeln schalten auf rot (sic!) und der Verkehr steht still, »aus den Wasserleitungen quillt Rauch, und aus den Gasrohren sprudelt Wasser«, die Panzerknacker werden freigelassen und die Polizisten eingesperrt, die Ferien der Schulkinder werden gestrichen, und schließlich geschieht, was in den meisten Dagobert-Geschichten geschieht: Onkel »Scrooge« droht der Verlust seiner Milliarden. Aber diesmal durch die technische Revolution: »Die Computer haben ihm mitgeteilt, daß er viel zuviel Geld verdient und es sofort unter die Einwohner von Entenhausen aufteilen soll.«

Die Umkehr der Verhältnisse reicht bis ins Hause Duck. Donald, immer schon Allegorie des Proletariats, der laut Text als Computerfachmann angestellt ist, im Bild aber nur einen Staubwedel in der Hand hält, wird von den Computern zum Generaldirektor befördert, Dagobert wird seinerseits zum Computerabstauber degradiert. Angesichts des drohenden Verlusts seines Vermögens an die Bevölkerung beschließt er, seinen Urneffen zum Geburtstag ein paar alte Lebkuchen zu schenken. Die symbolische Schuld ist damit abgetragen. Die Revolution kann durch ein Machtwort gestoppt werden, die verkehrte Welt ist reparabel: »Morgen werden die Computer repariert und damit basta!«. Tick, Trick und Track stehlen sich davon, bevor jemand draufkommen kann, daß sie das Chaos verursacht haben. Was hier beschrieben wurde, ist einerseits die »Revolution der Technik«. Die Technik stellt, wenn sie außer Kontrolle gerät, so das technodeterministische Narrativ aus dem Hause Disney, überkommene traditionale Verhältnisse auf den Kopf. Das Neue wirkt als Irritation im Alten. Das Alte kann und muß jedoch andererseits durch den Einsatz von Autorität (»Reparatur und damit basta!«) wieder auf die Beine gehievt werden.

Die ideologische Behauptung, Revolutionen seien reversibel, setzt voraus, daß Revolutionen – im apokalyptischen Sinn – überhaupt stattfinden können. Da hier die Technik-Revolution eindeutig als gefährlich, beängstigend und lähmend kodiert ist, darf die Story damit nicht enden. Daß diese ideologische Geschichte überhaupt erzählt werden kann, hat zur Voraussetzung, daß die Umkehrung selber umkehrbar bleibt. Die Reversion (~Revolution) ist selbst reversibel. Beide, sowohl die klassisch revolutionär karnevalistische Erzählungen wie auch die reaktionär konter-karnevalistische Disney-Erzählung, bleiben im Phantasma der Umkehrbarkeit aller Verhältnisse gefangen, d.h. im Phantasma der Apokalypse.

Doch Technik muß nicht in jeder apokalyptischen Erzählung nur zu Revolution und Konterrevolution führen. In der folgenden Geschichte muß die Revolution verschoben werden, weil die Technik *dazwischenkommt*. Bekanntlich kann

Technik versagen: in manchen Fällen redet man dann von »abstürzen«. Computer können abstürzen wie Flugzeuge.

Lenin lebt! - fast

Während Entenhausen als Stadt der unbegrenzten Möglichkeiten im Comic und in den USA real existiert, bleibt das arkadische Entenhausen, die Neue Welt – als neues, unbegrenztes, undefiniertes, revolutionäres, utopisches Außen – immer unnerreichbar. Und doch handelt es sich in vielen Narrativen dabei nicht um eine simple Unerreichbarkeit, sondern um die Tragik oder die Komik, die dadurch entsteht, daß die Utopie eigentlich erreichbar wäre, *wenn da nicht immer etwas dazwischen käme.* Es geht also meistens darum, daß sie immer gerade nicht – ums »Verrecken« nicht – erreicht wird. »Utopia not now!« heißt es, weil der Moment ihrer Verwirklichung versäumt ward, wie Adorno gesagt hätte. In seinem Roman *Lenin Lives* beschreibt Gregory O'Brian eine 30-tägige Annäherung Lenins an die Neue Welt. Sowjetischen Wissenschaftlern war der Durchbruch gelungen: sie konnten Lenins Mumie reanimieren. In den Staaten werden feiernde Beatles-Fans von der Polizei darüber aufgeklärt, daß nicht Lennon, sondern Lenin auferstanden ist. Man tröstet sie mit der Erklärung, daß Lenin für die Sowjetunion aber immerhin eine Kombination sei von Abraham Lincoln, Muhammad Ali und Robert Redford. Inzwischen besucht Lenin Indien, verurteilt der Papst den aufkommenden Lenin-Kult, und in Washington finden pro-leninistische Demonstrationen statt. Lenin will eine Rede vor den Vereinten Nationen halten, die irgendetwas mit dem Weltfrieden zu tun haben wird. Vor seinem Abflug nach Amerika veröffentlicht er ein Kommuniqué, in dem er andeutet, er wäre nicht vom Pfad der Revolution abgekommen und wüßte jetzt, wie der Sieg zu erringen sei. Es endet: »I have returned. The ›specter of communism‹ is at least revealed.« Am nächsten Tag stürzt seine Aeroflot-Maschine vor der Landung in den New Yorker Hafen.

Wiederum ist für die Analyse der entscheidende Punkt, daß O'Brians Roman vor allem in seiner Handlungsauflösung gerade nicht originell ist, sondern einem pattern folgt: Der einzige, der die *Passage* in die Revolution kennt, stirbt, bevor er sie der Menschheit zeigen und sein Werk vollenden kann. Der Autor spielt offensichtlich mit der Marxschen Idee der Wiederholung als Farce. Aber entscheidend ist, daß nicht nur der Utopos des Kommunismus, sondern auch die real existierende Neue Welt nicht erreicht werden kann: Zuerst ein Gehirnschlag und dann ein Flugzeugabsturz kommen dem Messias dazwischen. Die wahre Apokalypse, der Eintritt des Ganz-Anderen, findet *doppelt nicht statt*: als Tragödie nicht und als Farce nicht. Nur der apokalyptische Diskurs, dem auch O'Brians

Roman angehört, konstruiert die real existierende Apokalypse: den konstanten Systemabsturz und den konstanten Flugzeugabsturz. Wenn die Apokalypse des Neuen nicht eintritt, wenn das Außen nicht ins Innen einbricht, dann weil im Alten oder im Innen die kleine Apokalypse aufgeführt wird; die Apokalypse als Realität, nicht als Reales.

Während O'Brians Signifikationsschleife noch »ein bißchen« abstürzt, um den Totalabsturz Revolution zu verhindern, hinkt sie im folgenden story-pattern, *ohne* abzustürzen. Das Außen wird gar nicht mehr – noch nicht einmal negativ – bezeichnet. Dahinter steht die Denkhypothese: Was, wenn die Neue Welt schon erreicht wäre?

Dieses Erzählmuster kennt keinen noch so erbärmlichen Abbruch der Erzählung (wie in *Lenin lives!*), sondern nur Wiederholung und neuen Anlauf. Deshalb ist seine Idealform die Serie. Vor allem an einer Geschichte, deren Abbruch *vor* ihrem Beginn lag, wie jener der »verwirklichten Utopie«, wird das deutlich. Solche Erzählungen *gründen* auf ihrem eigenen gewaltsamen Abbruch, der ihr Zustandekommen zuallererst ermöglicht, dabei aber ihr ganzes Potential einstampft. Daher sind sie immmer von einem schlechten Gewissen und »Gespenstern« verfolgt. Es sind Geschichten des verwirklichten Außen. Nur, wie sieht ein Außen, das *Teil* unseres Bedeutungssystems ist, aus? Nach der bisher beschriebenen Logik ist klar: Steigen wir in das Außen, ist es kein radikales Außen mehr; gelingen kann nur die Passage zu einem relativen Außen, also zu einem anderen Innen: Die »innere« Utopie ist immer die real falsch verwirklichte Utopie. Auch das Netz ist – anders als die Romantiker unter seinen Bewohnern denken – eine real falsch verwirklichte Utopie.

Yogi-Bär und das Scheitern des Rousseauismus

Wie ist es wohl, in einer real falsch verwirklichten Utopie zu leben? Befragen wir die Amerikaner, die es wissen müssen. Der Hanna-Barbera-Cartoon *Yogi-Bär* kann als solch eine apokalyptische Meditation über das Verhältnis Amerikas zu seinen »Natives« gelesen werden. Wie gesagt: Was wir in den sog. Natives sehen, sind immer wir selbst; allerdings in einer »gestörten« Variante. Ein Rest des radikal *Anderen* sorgt dafür, daß unser Verhältnis zu den *anderen* nicht friktionsfrei normalisiert werden kann. Einerseits entdecken wir uns immer selbst als Ur-Einwohner, andererseits müssen wir die realen Einwohner vernichten, wenn sie unser auf sie projiziertes (entweder animalisch-gefährliches oder rousseauistisch-ideales) Selbstbild stören. Über diese verdrängt kollektive Schuld, über die Apokalypse, die der Gründung einer neuen Ordnung *voraus*geht, werden ununterbrochen Geschichten erzählt.

Interessanterweise konstruieren diese oft einen a-technischen Raum, denn am besten stellt man einen bereits verlorenen Naturzustand scheinbar wieder her, indem man das Paradies enttechnisiert. In der rousseauistischen Vorstellung des Netzes als einem zu behütenden Naturraum, verwandt mit der kalifornischen Ideologie des Netzes als großer Beach Party, ist das Netz gerade nicht technisch gedacht.

Als Hanna-Barbera-Produkt ist das *Yogi-Bär*-Personal nichts anderes als das in einen Naturpark verlegte Herrenduo der *Flintstones*. Allerdings kennt *Yogi-Bär* kaum die Entwicklung von (50er-Jahre-Familien-)Geschichten, sondern nur von Situationen. Die Situationen entstehen aus der Verfolgung eines einzigen stereotypen Objekts: des Picknick-Korbs, oder wie Yogi sagt: des »pickening«-basket. Da es sonst keine relevante Handlung gäbe, muß Yogi diesem zirkulierenden hitchcockschen Objekt nicht nur hinterherrennen, sondern wann immer er es kriegt, muß er »auf frischer Tat ertappt« werden. Daran schließt sich in den meisten Fällen eine sozialpädagogische Predigt von Ranger Smith, dem Chefwärter, an. Obwohl der sich meist auf die Kraft der rationalen Überzeugung stützt, droht er doch hie und da, Yogi-Bär vom Naturpark in den Zoo zu überstellen (also vom Reservat ins Lager). Letztlich muß der Ranger aber immer wieder daran scheitern, den Bären durch eine aufgeklärt-wohlwollende Kulturalisierung davon abzuhalten, »pickening«-baskets zu klauen, sonst ginge die Folge nicht weiter.

Einerseits steht das Setting des Jellystone-Parks in der Tradition des amerikanischen romantischen Rousseauismus Emersons oder Thoreaus. Yogi-Bär ist nichts anderes als ein Guter Wilder. Aufgrund des amerikanischen Genozids ist der amerikanische Rousseauismus aber nicht unschuldig: Yogi ist sozusagen das verkörperte oder gezeichnete schlechte Gewissen des amerikanischen Rousseauismus. Der WASP-Kolonisator Ranger Smith wird mit seinem schlechten Gewissen gegenüber den von ihm im Reservat Gefangenen dadurch fertig, indem er (zusammen mit Hanna und Barbera) seine Guten Wilden konstruiert als kindhaft naiv, gutmütig, dämlich und drogenabhängig (resp. picknickkorb-abhängig). Darüberhinaus ist *jede* Natürlichkeits-Ideologie schon aufgrund des Ausschlusses der Technik von einem »schlechten Gewissen« verfolgt. Schließlich ist die Natur immer nur ein Natur-*Reservat*, also schon Kultur, während die Technik klarerweise aus dem Naturpark verbannt bleibt (Yogi-Bär ist in Wirklichkeit längst ein Kulturmensch: Hut und Krawatte sind Zeichen seiner bereits stattgefundenen Kulturalisierung). Es wird also ein der üblichen Innen-Außen-Besetzung inverses Modell behauptet: Das Reich der Kultur, des Symbolischen, das Signifikationssystem, die Technik befänden sich Außen, während wir selbst als

Bewohner des Natur-Reservats uns innen befänden und privilegierten Zugang zum vorsprachlichen Naturzustand hätten. So ist es natürlich ganz und gar nicht. Dennoch lebt die rousseauistische Internet-Ideologie, die das Netz als Naturpark gegen die ökonomisch-kulturellen Invasoren verteidigen will, in genau dieser Illusion: Der Naturzustand allgemeiner Freundlichkeit und Solidarität unter den Netz-Natives sei bedroht von den Kolonisatoren aus Wirtschaft und Geheimdienst.

Obwohl sie damit nicht völlig falsch liegen, vergessen die Netz-Rousseauisten und -Beach Boys, daß auch sie schon Kolonisatoren sind, daß auch ihr angeblicher eigennutzloser Naturzustand nur *ein* Definitions-Modell des Netzes ist, das mit anderen – etwa kommerziellen oder politisch anders gelagerten – in einem Definitionskampf liegt. Und das Naturmodell ist kein irgendwie privilegiertes Modell. Natur ist nur eine bestimmte Form von Kultur und dieser keineswegs logisch oder zeitlich vorgeordnet.

Zwischen Leninismus und Yogiismus

Worin besteht nun das geheime politische Wissen von solchen popularen Erzählungen? Indem sie bestimmte Settings unterschiedlich arrangieren, spielen sie hypothetische Aktionsmöglichkeiten durch. Die drei Story-patterns präsentieren politische Modelle genauso wie Rollen: nämlich die politischen Charaktermasken der Subversiven (Tick, Trick und Track), des Revolutionärs (Lenin) und des unverbesserlichen Altlinken (Yogi-Bär). Denen stehen als Opponenten jeweils gegenüber der autoritäre Kapitalist (Dagobert), das Schicksal (Flugzeugabsturz) und der repressiv-tolerante Sozialdemokrat (Ranger Smith).

Keine der drei Stories bietet allerdings ein sehr erfolgversprechendes Szenario der revolutionären Apokalypse. Die Vorstellung des Totalchaos, d.h. der Revolution, ist unter postmodernen Bedingungen einer eher dispergenten Antagonisierung ohnehin mehr lähmend denn ermächtigend. Aber auch die Vorstellung, Totalchaos sei durch individualistische Hacker-Interventionen loszutreten, leidet an einer massiven Überbewertung des partikularistischen Interventionismus, also sogenannter *hit-and-run*-Strategien. Tick, Trick und Track sind in der erwähnten Story genau solche typischen Medienguerilleros. Sie sind entrechtet (sie verlieren ihre Geburtstagsgeschenke), sie sind subversiv (schleichen sich nachts ein und sabotieren die Rechner), und sie laufen am Schluß der Geschichte davon. Man könnte sagen, sie haben die Versorgung Entenhausens am neuralgischen Punkt getroffen: Alles steht still in einem technisch induzierten sorelschen Generalstreik. Und doch regeneriert sich das System qua simpler Autorität, d.h. durch Dagoberts bloßen Befehl. Den Subversiven gegenüber steht der klassische Revolutionär inmitten seiner abstürzenden Eschatologie: Lenin als Figur, die scheitern, die verunglücken *muß*, da sich sonst die Unverwirklichbarkeit ihrer Utopie herausstellen würde. Lenin wird nie dort ankommen, wo die Zukunft liegt – in der Neuen Welt. Er scheitert darin doppelt: Er scheitert tragisch an der Unverwirklichbarkeit des Ganz-Anderen und farcenhaft an der Unerreichbarkeit selbst einer real so falsch verwirklichten Utopie wie Amerika.

Diese zwei Szenarien fallen also für eine linke Politik aus: plumpe Subversion führt nur in ein Andrehen der Autoritäts-Schraube und ist zudem wirkungslos, da es den großen Welt-Zentralrechner nicht gibt, dessen Sabotage alles mit einem Schlag umdrehen würde. Und bei Revolutionen wiederum läuft immer schon die Konterrevolution mit. Aber was ist mit dem dritten Szenario und einer Immanenzpolitik, die den Picknick-Korb nicht außerhalb des eigenen Signifikationssystems sucht, ihn dennoch aber nie erreicht? Tatsächlich wurde diese Art Yogi-Bär-Politik vorgeschlagen von so illustren Personen wie Derrida, Slavoj Zizek oder Chantal Mouffe. Was Derrida unter einer *démocratie à venir*, also einer *kommenden* Demokratie, die nie wirklich erreicht wird, und was Zizek unter Demokratie als einem unmöglichen Gut versteht, das kondensiert Chantal Mouffe in ein und dasselbe Paradoxon: »Pluralistische Demokratie beinhaltet ein Paradoxon, da genau der Moment ihrer Realisierung ihre Desintegration sehen würde. Sie sollte verstanden werden als ein Gut, das nur existiert, solange es nicht erreicht werden kann. Solch eine Demokratie wird daher immer eine Demokratie ›im Kommen‹ sein, da Konflikt und Antagonismus zur selben Zeit Bedingung ihrer Möglichkeit und Bedingung der Unmöglichkeit ihrer völligen Realisierung sind.« Unter Demokratie verstehen sie alle drei nicht die real falsch verwirklichte Demokratie, sondern ein paradoxes Objekt, das nur solange es *gerade nicht* verwirklicht ist, irgendeinen regulativen Wert hat. Würde Demokratie verwirklicht, wäre sie keine mehr. Indem Derrida, Mouffe und Zizek Demokratie also als unerreichbaren Picknickkorb linker Politik definieren, stehen sie abseits jeglicher reformistischer oder real-politischer Demokratievorstellung, wie es ihnen manchmal von linker Seite unterstellt wird. Und dennoch stellen sie – im Unterschied zu einfachen Utopisten – einen Zustand der Immanenz von Bezeichnungssystemen, d.h. deren Signifikationsschleifen in Rechnung: Demokratie liegt nicht in irgendeinem »Jenseits«, irgendeiner Utopie, sondern sie ist genau hier – und doch unmöglich.

Gegen die heute endlich erkannte Notwendigkeit einer Politik unter Immanenzbedingungen läßt sich wenig einwenden. Außer eines: Was bei Derrida, Mouffe und Zizek vergessen wird, ist die negative Seite der Signifikationsschleife: Sie vergessen, daß der Jellystone-Park ein Reservat ist. Richtig, die Linke heute ist eindeutig in der Rolle von Yogi-Bär. Aber sie weiß, daß das keine angenehme Rolle ist. Sie ist einerseits ständig in der Gefahr, daß die Reservats-Direktion wechselt, alles ins Szenario Entenhausen rutscht und der Finanzkapitalismus das Reservat kolonisiert. Ein wiederauferstandener Lenin ist leider nicht in Sicht, und er würde, bevor er Jellystone-Park erreicht, sowieso mit seiner Aeroflot-Maschine abstürzen. Die möglichen politischen Verbündeten sind genauso schwach wie die Linke selbst, wenn nicht noch schwächer.

Das unmögliche Objekt wiederum, von dem Mouffe und Zizek sagen, daß es die Demokratie (als »regulative Idee« im kantschen Sinne) ist, zu jagen, das verbieten uns die sozialdemokratischen Ranger (bisher noch repressiv-tolerant, zunehmend aber nur-repressiv). Denn für die Ranger Smiths *ist* die Demokratie in der Realverfassung des Reservats schon längst erreicht: als *démocratie arrivée*. Im Austausch für unseren Verzicht bewahren sie uns vor dem totalitären Zoo. Welche Rolle spielt die Technik in dieser Situation, und welche Aufgaben bleiben für eine Technikpolitik? Ausgangspunkt ist das Anerkennen der Tatsache, daß es im Determinismus, wie gesagt, keine Politik gibt, da Politik die Artikulation von Elementen bedeutet, die nicht schon in einem notwendigen Verhältnis zueinander stehen – würden sie das, müßte man sie nämlich nicht artikulieren. Die Theorien von Kittler, Bolz u.a. kennen daher keine Politik. Erst eine nicht-technodeterministische Position ist überhaupt zur Beschreibung politischer Artikulationen fähig. Zweitens muß klar sein: Unser Park ist kein Naturpark. Die meisten Lebensbereiche sind durchtechnisiert, es wäre also unsinnig, Technik als politisches Kampfmittel und Terrain zu snobben. Schließlich aber ist Technik nicht selbst schon die Lösung aller Probleme. Technik ist ein Kampffeld unter anderen (wie Kultur, Soziales und Ökonomisches), das von verschiedenen Gruppen mit verschiedenen Forderungen artikuliert wird. Aufgrund der Logik dieser konkurrierenden Definitionskämpfe ist nicht von vornherein ausgemacht, ob man Ranger Smith, Dagobert oder dem Schicksal gegenübersteht. Und es ist nicht ausgemacht, welche Rolle man selbst einnimmt. Das politische Narrativ muß von beiden Seiten immer erst und andauernd neu artikuliert werden. Die Medien sind dabei als Transmissionsriemen von Forderungen zwar teilweise stärker umkämpft als andere Felder, wer allerdings glaubt, Kämpfe auf dem Terrain der Technik würden schon ausreichen, um Forderungen anderswo durchzusetzen, vertritt eindeutig eine technodeterministische Position. Es ginge also darum, den handlungshemmenden apokalyptischen Diskurs (in Politik und Technik) zu bekämpfen – und dennoch Jellystone-Park offenzuhalten in Richtung eines *picknick-basket à venir*. Ohne zu vergessen, daß man immer noch in einem Reservat lebt.

Matthew Fuller

SPEW

Exzeß und Mäßigung im Netz

Ich verrate euch was. Das Manifest der Berliner Dadaisten hat das Internet
bereits 1918 vorhergesagt. Hört euch das an:»Die höchste Kunst wird diejenige
sein, die in ihren Bewußtseinsinhalten die tausendfachen Probleme der Zeit präsentiert, der man anmerkt, daß sie sich von den Explosionen der letzten Woche
werfen ließ, die ihre Glieder immer wieder unter dem Stoß des letzten Tages zu-
sammenstaucht. Die besten und unerhörtesten Künstler werden diejenigen sein,
die stündlich die Fetzen ihres Leibes aus dem Wirrsal der Lebenskatarakte zu-
sammenreißen, verbissen in den Intellekt der Zeit, blutend an Händen und Herzen.«[1] In einem Punkt jedoch irrten sie. Statt sich im trostlosen Bild des plasma-
schlürfenden, die Finger mit Blasen übersäten Künstler-Helden aufzulösen,
schickt sich das Netz an, den rasenden Katarakt des Lebens, Glieder, Kunst und
Bewußtsein, tatsächlich in sich einzusaugen, um sie dann als rhizomatischen Er-
guß zersplitterter Intelligenz und Informationen wieder auszuspeien.

Das hier ist keine langatmige soziologische Abhandlung über die Netz-Kul-
tur, sondern ein rasendes Transkript unterschiedlicher Abschnitte auf der Datenautobahn.

Erster Abschnitt

Eine Sekunde im Leben des Internets. Tausende von Menschen rund um
den Globus frönen irren Anfällen hirnrasender, libidinöser Tastendrescherei. Is-
lamische Astrologen, Ämterbomber und Möchtegern-Terroristen erläutern der
Welt ihre schrillen Pläne. Staubsaugervertreter-Ärsche tauschen ihre Erfahrungen mit den neuesten Modellen aus. Der private Sicherheitsdienst»Gruppe Vier«
checkt dank seines eigenen GreenNet-Zugangs gerade britische Umweltaktivi-
stInnen ab. Statistik-Flagellanten geben's sich. Und, glaubt man den Angaben
des *Time*-Magazins, angeblich bereits Wochen vor dem Einmarsch in Haiti wurden zwischen müßigen Blutegel-Enthusiasten und Bridge-Spielern mehrere CIA
Psycho-Spezialagenten in unserer Virtuellen Community dabei beobachtet, wie
sie »ominöse E-Mail-Botschaften an jene Mitglieder der haitianischen Oligarchie
verschickten, die mit PCs ausgestattet waren«.[2]

Ich möchte die staatliche Elite-PR-Einheit natürlich nicht daran hindern, ihre urheberrechtlich geschützten Fähigkeiten im Internet zur Vollendung zu bringen. Aber ich denke, wir sollten die Vorstellung einer Virtuellen Community lieber begraben.

Ich will mich hier nicht mit den Begriff der »Community« auseinandersetzen, auch wenn dies die geläufigste Metapher für die Netz-Gesellen ist, sondern mit den Wechselwirkungen zwischen Informationsfluß und einem, theoretisch gesehen, offenen System, welches freilich durch bestimmte Arten des Sprechens, kulturelle Attitüden und wirtschaftliche Interessen monopolisiert wird, die die besagte Offenheit letztlich verhindern. Mir scheint sogar, daß das totalisierende Bild der »Community« und die trügerische Wärme ihres heimeligen Herds einen weit größeren Flächenbrand verdeckt und die eigentliche Aufgabe verfehlt, den Leute geeignetes Werkzeug an die Hand zu geben, um sich gegen die fortschreitende Vermarktung der Netze zu wehren.

Das Internet ist ein Scheideweg in der Informationstechnologie. Es ist eine hochkomplexe Angelegenheit und kann nicht auf die Summe der Bedingungen seiner Möglichkeit reduziert werden. Netz-Praktiken und Netzwerkpolitik sprühen vor »jene[m] Gewirr von Verlockungen, Fehltritten, Fallen, von Ausbeutung und Wut, von dem durch die Zeiten hindurch die offensichtliche Unvernunft der Geschichte bestimmt wird«, wie Bataille schrieb.[3] Weiterrasen.

Geld als Geld als Information als Geld als Kultur als Geld als Geld

Zur Zeit der großen (Be- oder:) Einfriedung Britanniens, als Gemeinschaftsäcker von einer sich neu formierenden Elite enteignet wurden und die »Ernte für den Verkauf« das Landwirtschaftsbusiness in Gang setzte, lautete eine Kampfparole, die die Aufstände, Sabotageakte und Protestaktionen der Enteigneten begleiteten: »Der Dieb, der der Gemeinschaft die Gänse stiehlt, soll gehängt werden, aber der, der den Gänsen die Gemeinschaft stiehlt, kommt ungestraft davon!« Die Einfriedung machte zwar die »ursprüngliche Akkumulation«[4] erst möglich und schuf eine neue Schicht, der jegliche wirtschaftliche Unabhängigkeit genommen wurde, aber der Prozeß ist damals keineswegs abgeschlossen worden. Spätestens seit den siebziger Jahren dürfte klar sein, daß Weltbank und IWF mit derselben Technik noch heute weltweit Umstrukturierungen durchsetzen, die diesen Vorgang auf ewig wiederholen.

Das Internet ist gegenwärtig an dem Punkt, an dem die Mobilfunk-Industrie vor ein paar Jahren war. Als letztere im Einzelhandel endlich Fuß faßte, dachte kaum jemand an kriminelle Machenschaften in diesem Bereich. Nun, da die Industrie beginnt, z.B. die Hardware und Signalübertragung sicherer zu machen,

Tarife unterschiedlich zu gestalten usw., dient dies gleichermaßen dazu, neue Kunden anzulocken und im Wettstreit der Anbieter Territorium zu sichern. Die interessanten Dinge geschehen wie immer an den Stopflöchern.

Bruce Sterling schrieb einmal über Prag und die ehemaligen Ostblock-Staaten, daß der Traum aller Fachkräfte es sei, »westliche Arbeit zu westlichem Gehalt und eine sichere Rente«[5] zu kriegen. Mag sein, aber es stimmt auch, daß in Süd-london mittlerweile Frauen für einen Hungerlohn an der mobilen Strippe hängen und unendlich viel Gegrunze, Gestöhne und anzügliches Geschnatter aufbieten müssen, um Anrufer aus den USA zu befriedigen. Auch das Internet wird letzt-lich dazu beitragen, Lohnarbeit in Bereiche und Länder zu verlagern, die über billigere und willigere Arbeitskräfte verfügen. Es wird jedenfalls nicht für höhere Löhne sorgen. Sogar Facharbeiten wie »Software-Marktforschung und Soft-ware-Entwicklung werden bereits von indischen, russischen und polnischen Spe-zialisten billig erledigt«.[6] Geht man von der wirschaftlichen Gesamtentwicklung aus, so wird es immer unwahrscheinlicher, daß das Internet – schon gar nicht zwangsläufig – eine freundlichere, sanftere Art des Geldverdienens für jene am Brunnengrund der finanziellen Schwerkraft bietet.

Das grundsätzliche Problem mit all den tatsächlichen oder eingebildeten Idea-lisierungen des Marktes, und monetären Systemen allgemein, ist, daß sie in der Lage sind, das gesamte Arbeits- und Handlungspotential in Form von Profitstre-ben an sich zu binden. Jede »unproduktive Verausgabung«[7] wird einkassiert und durch die Forderung, »nützlich« zu sein, diszipliniert. Dennoch bleibt das Geld abhängig von Formen der Energieverschleuderung, die über das Nützliche hin-ausgehen und deren stillschweigender Parasit sie sind. Von der Kinderprodukti-on bis zum großen Rest der sogenannten Arbeiten von Frauen, die häufig nicht mal eines Namens würdig scheinen, von kostenlosen, meist kriminalisierten, Rave-Events bis hin zu, ebenfalls in der Regel kriminalisierten, Graffiti-Malerei-en – hier sind die Gesetze des Geldes meist höchst nebensächlich, aber das Geld ist umgekehrt ziemlich abhängig von diesen unsichtbaren Helfern.

Sowohl im Alltag als auch im bewußten Verzicht auf die Konsens-Massenhal-luzination »Geld« zeigt sich, daß es völlig schwachsinnig ist, irgendetwas auf sei-ne »reine« Nützlichkeit reduzieren zu wollen. Dennoch deutet die hysterische Reaktion der Finanzmärkte auf die Freigabe von Netscape an, daß die Nützlich-keits-Maschinerie, die aus großstädtischen Arbeitervierteln Labyrinthe von Kir-chen und Spirituosenläden machte, nun umgerüstet und neu justiert wird, um die (Be- oder:) Einfriedung der Netze voranzutreiben.

Die Welt der virtuellen Immobilien ist jedoch unendlich dehnbar. Die Menüs ziehen sich meilenweit. Was durch hysterisch auf die reine Nützlichkeit zurechtgestutzte Operationalisierungen nicht möglich ist, ist auch nicht mehr wichtig. Ideen werden Luxus. Cybersex wird wahr: als rationierte, bis ins Letzte kontrollierte Dienstleistung, sofort lieferbare Sinnlichkeit aus dem Fitness-Studio. Unproduktive Verausgabung wird ausgemerzt, marginalisiert oder zum Kundenfang eingesetzt.

Das effektivste Mittel der schrittweisen Einfriedung und Nutzbarmachung des Internets aber ist die ungeheure Fadheit, die alle Dinge plötzlich umhüllt, sobald sie dort auftauchen. Eigentumsstreben verwandelt den Cyberspace in sein eigenes trauriges Abziehbild: in einen »Un-Ort« der effektiv-produktiven Funktionen.[8]

Man muß sich bloß den flotten Spruch anhören, den der Chef des Technologieforschungsinstituts von British Telecom neulich machte: »Das oberste Gebot ist, technologisch, betriebstechnisch und als Manager die Nase ganz vorn zu haben. In meiner Abteilung habe ich überall elektronische Arbeitsplätze eingeführt, und nun kommuniziere ich mit meinen Leuten in einer Art mathematisierter Sprache. Meine E-Mail-Botschaften lauten dann etwa so: ›A – OK, Nur zu. P‹ oder ›B+C – Nee, ist glaub ich keine gute Idee, müssen drüber reden. P‹ oder ›D – Wow, stimme voll zu. P‹.«[9] Dies mag zunächst wie das selige Geblubber eines Heiligen oder Irren klingen – Leute, die in Binhexametern sprechen! – aber im Grunde ist dies die Sprache der sprachgeschädigten Geschwindigkeitsfreaks der Unternehmenswelt: das Winkeralphabet der Transitlounge; Ideogramme, die so eigen sind, daß sie höchstens noch auf das Nicht-Verstehen verweisen. Jargon als Munition, die direkt auf die Kretinisierung des Hirns abzielt. Bloß daß die Typen nicht mal mehr winken, sie saufen einfach ab. Man muß den Scheiß nur mal mit den typographischen, syntaktischen und phonetischen Reichtümern des Stils vergleichen, den die BBS- und Mailbox-Szene geschaffen hat ... Hier dagegen die Sprach-Losigkeit der gesichtslosen Neuen Städte, so leer wie die willkürlich geschaffenen »Treffpunkte« in größeren Bahnhöfen. Das geht nur im Zwangsgehäuse der Virtuellen Community und in Nicholas Negropontes Hundehütte für verschärfte Yuppies als »Unterhaltung« durch. Kapitalistischer Stachanov.

Doch auch das Kapital verspricht sich von Delirium und Exzeß eine positive Wirkung auf die Ordnung der Dinge.[10] Man muß sich nur diesen Werbetext für einen neuen Online-Einkaufsdienst ansehen, der uns seine Märchenschloßpforten öffnet: »Kommen Sie mit auf eine Entdeckungsreise, bei der der Glanz vergangener Epochen und technologische Magie von morgen miteinander verschmelzen, um für Sie ein Einkaufsparadies ohnegleichen zu schaffen. Unsere raffinierte Reise entführt Sie in neue Einkaufswelten, die neue Bedürfnisse weckt ... (Entdecken Sie alles für Ihre Freizeitgarderobe in Casual Collections. Bei Spirit können Sie sich von der neuesten Club- und Ausgehmode verführen lassen.

Im Kinderuniversum werden die kühnsten Kinderträume wahr.) Lassen Sie sich zu absolut ungewöhnlichen Orten wie Home Office, Garten und Terrasse, in unsere exklusive Damenschuhabteilung, wie Sie zuvor keine gesehen haben, und in unsere phantastische Möbelwelt entführen. Und das ist erst der Anfang. (...) Loggen Sie sich jetzt ein und machen Sie eine Erfahrung der ganz anderen Art in unserem neuartigen Einkaufs-Environment. Überlassen Sie sich dem Zufall, unseren Neuheiten und dem Außergewöhnlichen. Machen Sie eine Reise, die sich für Sie als GoldKonto-Mitglied besonders lohnen wird. Lassen Sie sich überraschen. Lassen Sie sich inspirieren.« (Übersetzt aus einer Broschüre des britischen Warenhauses »Selfridges«, Herbst 1995)

Statistische Angaben zur Migrationsbewegung von Zombies im Internet

Völlig überraschend und gnadenlos inspiriert fordert das alte Muster des uninspirierten Begehrens schon wieder von uns, *wir selbst* zu sein, kreuzbrav unsere Daten einzugeben, und will uns dafür auch reich belohnen. Schnell jedoch stellt es den Shopper, dem's jetzt schon schwindlig ist, vor ein grundsätzliches Problem: »Wie kann der Mensch sich finden – oder wiederfinden –, wenn doch die Aktivität, zu der ihn sein Streben in gewisser Weise zwingt, ihn gerade von sich entfernt?«[11]

Doch für Abschlußarbeiten der »Kultur-als-Text«-Fans ist das Internet noch immer Weideplatz Nummer Eins. Da das WorldWideWeb tatsächlich der letzte Schrei in Sachen Auswege aus dem Kampf ums Dasein ist, zieht es natürlich Horden von Menschen an, die nur darauf gewartet haben, daß eure Nachricht auf ihrem Anrufbeantworter endlich zu einer echt befriedigenden und qualitativ hochwertigen Erfahrung wird. Freies Rederecht für alle Dumpfbacken führt eben bloß zu einem von Anbeginn verwesenden Füllhorn der Nischenkämpfe und inzüchtiger Wahnvorstellungen. Die Ökonomie der Akkumulation verfällt in fieberhaften Volontarismus. Mehrwert degradiert zu reinem Cliquen-Erhalt. Tretet ein in die Welt der schnuckligen Listen, Hotlines und Online-Konferenzen, die, so könnte man meinen, vor allem ethnographischen Phanatasien über Leben und Sterben der Netz-Eingeborenen entsprungen ist. Eine abgeschiedene Welt, über die alles, was es zu wissen gibt, bereits bekannt ist und deren kollektive Erzählungen unablässig von allen Teilnehmern rund um die Welt mit der Präzision eines Primitivreflexes repetiert werden.

Ich habe mich einmal in eine Liste eingeschrieben, die sich mit einem Thema beschäftigte, das mir sehr am Herzen lag, und war echt platt, wie schnell ich von diesem aalglatten Schultergeklopfe des linken, hauptsächlich US-amerikanischen

Akademiker-Publikums mundtot gemacht wurde. Ich verwende das Wort Publikum ganz absichtlich, denn in diesen Listen rotten sich Leute zusammen, die, das wird schnell klar, nicht zum Zwecke des Fragens oder gar der Erweiterung ihres Wissenshorizonts dort versammelt sind, sondern ausschließlich zur Bestätigung einer bereits bekannten, von allen vorausgesetzten und geteilten Mythologie. Es war ziemlich absehbar, daß diese Versammlung der Beta-Blockierten geradezu wütend nach Kolonisierung des Gegenstands der Betrachtung schrie, allein der Widerspenstigkeit wegen, mit der es dem Diskurs dieser Klugscheißer begegnete.

Wohin soll's denn heute gehen?

Als nächstes können wir uns schon jetzt auf den Tag freuen, wenn bestimmte Internet-Locations tatsächlich den Rang einer ehrwürdigen Institution erreicht haben. Einfach weil keiner was dagegen unternommen hat, oder aus sturem Durchhaltevermögen.

Darüber hinaus dürfen wir damit rechnen, auf historische Stätten im Netz zu stoßen, in denen das kostbare kollektive Erbe der Virtuellen Community gehegt und gepflegt wird. Freut euch schon mal auf das vollständig und minutiös nachgebaute ARPANET, auf endlose Wiederholungen der ersten Wochen von MINITEL ROSE, auf die einmalige Chance im Leben, endlich zu wissen, wie es sich anfühlte, Teil des Robert-Morris-Wurms zu sein! Momente, die Geschichte machten, fürwahr, eingesogen und wieder ausgespien wie eine Flipperkugel, mit einem Rülpser von einer Vergangenheit in die nächste. Der Markt mit seinen übermächtigen Bildern von Effizienz und Produktivität ist wahrlich nicht die einzige Quelle der Netz-Verblödung.

Kein Zwischentitel

In diesem Text sind überall Stellen aus Batailles Theorie der allgemeinen Ökonomie eingestreut, die die Wechselwirkungen des Energiekreislaufs und der Verausgabung der Reichtümer untersucht. Aber selbst wenn ich eben auf zwei Tendenzen hingewiesen habe, die die Fruchtbarkeit und Vitalität der Netze bedrohen, sind wir noch lange nicht an dem Punkt, an dem »Kritik unsre letzte Waffe«[12] ist. Denn, so Bataille, »die Beherrschung durch das Ding ist niemals vollständig und im Grunde nur eine Farce: sie täuscht uns nur zur Hälfte, während im Schutz der Dunkelheit eine neue Wahrheit sich zum Sturm zusammenbraut«.[13] Wir müssen also, mit anderen Worten, weiterhin funky, voller Blödsinn, phantasievoll und verschwenderisch vorgehen.

In der elektronischen Welt ist nichts endgültig, im Gegenteil, ihr Erfindungsreichtum verhilft dem Dräuen einer neuen Wahrheit zur Entstehung. Die pure

Überfülle der Netze ist der anti-hegemoniale Mechanismus, der sich dauernd selbst reproduziert. Im Rahmen der alles verschlingenden Globalisierungstendenzen, bei denen Daten Ware und Währung zugleich sind, scheinen die Netze, die Information konsumieren, abnutzen und verschleudern, verführerisch und bedrohlich zugleich, da sie das unablässige Versacken der Energie bei der Tätigkeit der Sonne jeden Tag fortsetzen.

Die Überfülle der Netze führt entweder zu Massenkonsum oder zu Verschwendung, und das zieht dem System natürlich »produktive« Energie ab. Wortsprengsätze explodieren, jagen uns Schauer über den Rücken, rein in den Bildschirm, durch die Kabel hindurch in ein Pandämonium der Ungewißheit. Lokal erzeugte Information wird um ihr Vielfaches verstärkt und global zu Energie im Übermaß.

»Das Universum insgesamt verfügt über eine unermeßliche Überfülle an Energie (...), und doch kann das System, zu dem wir Menschen gehören, nicht endlos wachsen.«[14] Das Netz dehnt dieses Wachstum zu bislang ungeahnten Weiten aus, aber hat einschneidende Veränderungen der Beschaffenheit dieses Systems zur Folge. Da fallen sie, die alten Grenzen!

Im Netz wird das Sein – auch das kollektive als kulturelles Geschehen – im doppelten Sinn des Wortes vollendet: als etwas, das durch permanente Veränderung und unterschiedliche Einflußfaktoren schrittweise geschaffen, gestaltet und umgestaltet wird. In Zeiten der Ausweispflicht, Gen-Datenbanken und immer massiver werdenden Forderungen, endlich *wir selbst* zu sein und uns ordentlich zu benehmen, werden multiple Identitäten zur absoluten Notwendigkeit – und sei's nur, um sich vor den Steuern zu drücken. Auch ich meine, daß die Netze wichtige Spielplätze sind, um mit fraktalen Identitäten kleine Fluchten aus der sadistischen Schlinge von Kontrolle und Macht zu erproben. Kleine Schnipser raus aus der Ordnung der Dinge.

Der chaotische Potlach libidinöser Tipporgien läßt uns also nicht wie junge Lachse aus unserer Haut raus und in ein erhabeneres, lichtweißes Resopalreich der globalen Vereinigung reinhüpfen, sondern macht viel undurchsichtigere, interessantere Dinge mit uns und erschreckt, langweilt oder verführt durch seine komplizierten Innereien. Es handelt sich um nichts anderes als den Unsichtbaren Aufstand einer Million Hirne in Form einer Schar lächerlicher, hochgradig infizierter Abtrünniger, deren Modems Monster speien.

Aus dem Englischen übersetzt von Bettina Seifried

Anmerkungen:

1 In: Hans Richter, *Dada – Kunst und Antikunst*, Köln 1978, S. 109.
2 Vgl. Mark Thompson, Plotting a War Game, *Time International*, Vol. 146, No. 9, 21.8.1995.
3 Georges Bataille, Der verfemte Teil, in *Die Aufhebung der Ökonomie*, München ²1985, S.106.
4 Vgl. etwa Midnight Notes Collective, Introduction to the New Enclosures, *Midnight Notes 10*, Herbst 1990.
5 Bruce Sterling, Triumph of the Plastic People, *Wired* 3.01, Januar 1995.
6 Michael Lind, To Have and Have Not, *Harper's Magazine*, Juni 1995.
7 Vgl.Georges Bataille, Der Begriff der Verausgabung, a.a.O., S.11.
8 Vgl. Marc Augé, *Non-Places, Introduction to an Anthropology of Supermodernity*, London 1995.
9 Peter Cochrane, All Wired Up and Raring to Go, *New Scientist* No. 1989, 5.8.1995.
10 Vgl. Georges Bataille, Der verfemte Teil, a.a.O., S. 164ff.
11 Georges Bataille, a.a.O., S. 166.
12 Vgl. Critcal Art Ensemble, *Nomadic Power and Cultural Resistance in the Electronic Disturbance*, New York 1994 (dt. auszugsweise: Die elektronische Störung, in *Die Beute* 3/1994).
13 Georges Bataille, a.a.O., S. 169.
14 Georges Bataille, a.a.O., S. 289ff.

Konrad Becker

Infobody Subpropaganda

Senso-Linguistic Infiltration Programs (SLIP), Telepresent Contagious Postures (TCP), Propaganda Propulsion Project (PPP), Mac Believe, Cybercratic Conspiracy Command Control Intelligence (C4I), Intelligent Pandemonium (IP), Infobody Biofeedback Modulation (IBM), Vast Active Living Intelligence System (VALIS), Meme Slaves (MS), Leviathan Supersystems

Die Kommunikationstechnologien des Informationszeitalters läuten das Propaganda-Zeitalter im Angriff auf den Informationskörper, als die geteilten Voraussetzungen und Mythen rivalisierender und konkurrierender Teile des sozialen Systems, ein.

Die Entwicklungen im Bereich unserer Kommunikationswerkzeuge und die dramatische Beschleunigung des Flusses persuasiver Kommunikation durch die Manipulation von Symbolen und grundlegenden menschlichen Emotionen sind nicht nur ein Unterhaltungs- und Informations-System, sondern dienen vielmehr dazu, Individuen mit Werten, Vorstellungen und Verhaltensnormen zu infizieren. Integration in den sozialen Körper durch Psychological Media.

Information fließt heute zu schnell, als daß die meisten Leute in der Lage wären, diese aufzunehmen oder zusätzliche Informationen zu erwerben, um Entscheidungen zu treffen und deren Ausgang beeinflussen zu können. Diese Situation bereitet den Boden für elektronische Kriegführung, taktische Täuschung und Psychologische Operationen.[1]

Die Unterscheidung zwischen Information und Propaganda wird zunehmend unmöglich. Information – ein Mythos reich an Wahrzeichen gemeinschaftlicher Halluzination.[2]

Senso-Linguistic Infiltration Programs (SLIP)

Daß Bildung und eine allgemeine Informiertheit es erleichtern, sich Propagandaattacken zu entziehen, ist ein gängiges Vorurteil. Vielmehr scheint es aber, daß Analphabeten weniger leicht durch neuen Medien manipulierbar sind als Intellektuelle. Diese stellen vielleicht sogar das beste Ziel für Perzeptions-Management dar – nicht nur wegen ihrer leicht vorhersehbaren Weltbilder, sondern vor allem auch wegen ihres subjektiven Gefühls der Immunität gegenüber Propaganda.

Lesen bedeutet Dekodieren, bedeutet von einem Virus befallen zu werden.

Die klassische Terminologie kennt zwei Fronten in der Schlacht um den Menschlichen Geist: eine erste Front der Massenindoktrination mittels Zensur und Propaganda und eine zweite Front individueller Mindcontrol.

Interesse, eine in-formierte Meinung zu schaffen und die öffentliche Meinung als Ganzes durch eine hypnotisches Netz von »Fakten« – ohne jeden Bezug zur Wirklichkeit – zu formen, besteht in hohem Maße. Das ist die Routine der Illusionisten, des Perzeptions-/Wahrnehmungs-Managements und seiner Kognitionsingenieure.

Um ein Verhalten auszulösen, das ihre Interessen und gewünschten Ergebnisse unterstützt, zielen die Psychologischen Konsolidierungsaktivitäten (Psychological Consolidation Activities) der Komitees für Öffentliche Information auf Bevölkerungssegmente.

In verdeckter oder subversiver Propaganda und Black Operations wird die Glaubwürdigkeit einer Nachricht durch den Anschein, direkt aus der Zielbevölkerung zu stammen, erzeugt. Deep Propaganda und Subpropaganda zielen auf Gewohnheiten und Gebräuche, die Definition von *gut* und *böse*, die Normen und Maßstäbe des Lebens.

Normativ-empathische Kriegführung bedeutet die Wertvorstellungsschemata des Angiffszieles zu evaluieren und danach Situationen zu erschaffen, in denen das Opfer durch sein Werteschema ein Handlungsmuster, das es unter völlige Kontrolle oder zumindest in eine einschränkende Position bringt, auswählt. Diese Falle ist per Konstruktion ein Gegenstand, der seine Funktion zunächst vor dem Opfer verbirgt.[3]

Die nicht-letale Waffenindustrie konzentriert sich, mittels PSYCOP (Psychological Operation Unit), militärisch-psychologischen Experimenten, auf Verhaltensmodifizierung in Kriegen und Konflikten niedriger Intensität in spezifischen Populationssegmenten.

Die Transzendierung der menschlichen Verhältnisse in stilisierten Beziehungen schafft im Austausch für eine Weltanschauung den Wunsch, sich dankbar der Arbeit, dem Krieg und der Zwangsunterhaltung zu opfern. So werden die Verwirrten in die graziöse Existenz der Sklaverei verführt, in die Eloquenz der Automaten, in die natürliche Anmut von Marionetten, die das Zentrum ihrer Schwerkraft in sich selbst haben.[4]

Telepresent Contagious Postures (TCP)

Die Infiltration ansteckender Vorstellungen bzw. Überzeugungen in den Informationskörper durch telepresente infektiöse Haltungen sind Angebot eines Gestus, einer Position, die sich einnehmen läßt. Eine Position oder Stellung, die Vorteil gegenüber dem Feind bietet – bekannt aus asiatischen Kampfsportarten und rituellen Körperhaltungen – oder Gefühle der Angst unterdrückt – die aus unbekannten Gründen durchaus angemessen sein könnten.

Das Mittel der Angst einzusetzen, um Verhaltensänderungen zu bewirken, ist besonders dann zielführend, wenn Empfehlungen vermittelt werden, die dem Ziel des Angriffs effektiv und vor allem durchführbar erscheinen. Abschreckung ist ebenso Ergebnis virtueller Haltung und Präsenz wie tatsächlicher Stärke. MUTES (MUltiple Threat Emitter Simulators), multiple Bedrohungs-Ausstrahlungs-Simulatoren, mit hoher CFAR (Constant False Alarm Rates), konstanter Falscher-Alarm-Rate, sind das Herzstück des TAFIM (Technical Architecture Framework for Information), der technischen Rahmenarchitektur für Information im Theater Battle Management TMB.

Infokalyptische Manipulation ist soziales Engineering der psychokybernetischen Koordinaten durch die subliminale Kraft der Definition in Intermediation und Interpretation. Control Artists telefabrizieren die konventionalisierten Halluzinationen synrealer Systeme und mesmerisieren den Dataflux.

Die existierenden formativen Stereotypen/Dämonen werden durch Symbole des Verlangens, der Identifizierung und Erwartung und in formalisierter Teilnahme an Weihe und Tabu erweckt. Bonding und Gruppenzusammenhalt werden durch rituelles Verbrechen, Menschenopfer und Blut in theatralischen Figuren und Bewegungen gestärkt.

Propaganda Propulsion Project (PPP)

Die News sind die Wellen und Kräuselungen, die von den Grundströmungen aus den Tiefen der unbewußten Abmachungen erzeugt werden und Mythen und konditionierte Reflexe verstärken. Aber wie fast alle Mythen enthalten sie Elemente von Wahrheit.

Soziale Mythen sind notwendig, um das Erleben der Umgebung zu harmonisieren und den Streß des Unbekannten zu reduzieren. Das Nachrichtenmedium eigener Wahl zu konsumieren verschafft Befriedigung, in dem es Spannungen abbaut und das Gefühl kosmischer Einsamkeit in kognitiv-ritueller Partizipation lindert.

Ein Leviathan-Szenario, in dem der Mensch dazu gebracht wird, sein Recht auf Selbstbestimmung für persönliche Sicherheit aufzugeben, und die menschliche Eigenschaft, sich in einen sozialen Organismus durch die selbst- und realitätsentfremdende Wirkung von Sprache einzugliedern, ausgebeutet wird. (Leviathan war der Name des US-Handelsschiffes, das die ersten Transatlantischen Telefonkabel verlegte.)[5] Die Sumerer glaubten an die Ozeane des Wissens, der Akkadische Schöpfungsmythos handelt von der Ur-Seeschlange Mummu-Tiamat, der dunklen Herrscherin des Chaos der Meere.[6] Die Dramen mythologischer Seifenopern und ihre seltsamen Attraktoren generieren selbsterhaltende Muster, während die verstärkte Konzentrierung des Aufmerksamkeitsbereichs auf das Spektakulum alles untergehen läßt, das nicht in die Legende paßt (in einer faktisch exklusiven Welt).[7]

Ziel ist es, die Aufmerksamkeit auf einen bestimmten Bereich zu lenken. Psychologische Leitmotive oder POETs (Primed Oscillator Expendable Transponders) evozieren einen Aspekt, um einen anderen auszulassen. Strukturen reinen Klangs, reiner Buchstaben und Signale erwecken Gefühle und Reflexe in einem verborgenen, in Gedankenketten denkenden Autopilot Navigationssystem.

Technologie wurde zu allen Zeiten zur Apotheose der Macht und zur Vorbereitung von Kriegen angewendet. Von den alten Tempeln zu zeitgenössischen Zentren der Einflußnahme hat sie sich alle Attribute einer magische Kunst, die von einer männlichen Elite von Hexern praktiziert wird, erhalten.

Mac Believe

Kriegsführung braucht Mythen – besonders für die innere Integration und motivierende Propaganda. Der Zusammenhalt einer militärischen Einheit und die »Moral« der Soldaten ist immer noch einer der wichtigsten Aktivposten jeder militärischen Konfrontation oder Workforce.[8]

Alle technologischen Strukturen und Mensch/Maschine-Interaktionen lösen damit verbundene, spontan auftretende Propagandaeffekte aus. Sozio-technische Interaktion ist mehr als die Summe ihrer Teile. Nicht-lineare dynamische Systeme mit Attraktoren haben emergente Eigenschaften. Synergetische Eigenschaften, die durch das Studium ihrer Einzelteile nicht bestimmt werden können.[9]

Hinter den Maschinen steckt eine Technologie des Know-how, eine Art, die Welt zu betrachten und mit ihr umzugehen – integrierte Definitionen für Informationsmodelle. Cyberkraten betonen die Effizienz von Technologie und verschleiern ihre sozialen Effekte.

Massenkonsum erfordert identische Lebensstile, und eine technische Workforce erzeugt Konformität. Anpassung an die Norm ist das Ziel. Psychologische Kriegführung attackiert den Verstand, um den Willen zu erreichen, und ist immer an »mich, persönlich« gerichtet. Wünsche und Verlangen sind die Kontrolmechanismen der Ökonomie der Imagination. Mac Believe, die größte Industrie des Planeten.

Cybercratic Conspiracy Command Control Intelligence (C4I)

Nicht mehr länger starrt das Individuum das Medium an – das Medium starrt zurück. Die Wände beginnen durch distribuierte Computerintelligenz, Topsight Telekommunikation, Remote Viewing und digitale Kontrolle zu leben.[10]

Der überhandnehmende Einsatz von elektronischen Informationsystemen erzeugt zunehmend digitale Fußstapfen und »Schleimspuren« sozialer Abläufe. Diese Informationen können in den verschiedensten Bereichen und Aktivitäten und über sehr lange Zeiträume verarbeitet und zu einer allumfassenden und durchdringenden Überwachung eingesetzt werden.

Das Spiel heißt: alles, immer und überall überwachen. Unabsichtliche Modulation und Emission sind weniger bekannte Formen der nachrichtendienstlichen Behandlung elektronischer Signale. Eine Ausgabe des Dictionary des US-Verteidigungsministeriums erklärt Signal Intelligence (SIGINT) als eine Kategorie, die alle bekannten Formen der nachrichtendienstlichen Kommunikationsüberwachung (COMINT) elektronischer und telemetrischer Art, den Empfang und die Verarbeitung elektromagnetischer Strahlung beinhaltet.

Die Effektivität dieser SIGINT-Methoden ist an einem Punkt angelangt, an dem praktisch jede Form elektromagnetischer Kommunikation extrem verwundbar ist. Viele Geheimdienste verdanken ihre Existenz dem heimlichen, kontinuierlichen Abfangen elektromagnetischer Strahlungen, man könnte fast sagen: Sie ernten ...

Konfrontiert mit omnipräsenten, alles-sehenden Data-mining-Banken ist Passivität und Gehorsam, Vermeidung dessen, was ein Computer interessant finden könnte, der sicherste Weg.

Intelligent Pandemonium (IP)

Dezentralisierte, automatisierte Informationsysteme mit EEI (External Environment Interface), in denen Personen, Datenbanken und Computer zu leicht zugänglichen Ressourcen in einem Netzwerk werden, erlauben taktische Initiativen und versorgen zentrale Symbolanalytiker mit strategischen Informationen.

Autonome Software-Anwendungen werden »Agenten« oder »Dämonen« genannt. Der Begriff »Dämon« erscheint passend, denn die digitalen Dämonen werden nicht direkt durch ein Programm kontrolliert, sondern durch Veränderungen in ihrer Umgebung zu Handlungen aufgerufen. Dämonen können elektronische Gesellschaften mit autopoietischem, lebensähnlichem Verhalten bilden, ähnlich einer Insektenkolonie oder anderen sozialen Systemen.

Digitale Dämonen sind, so wie in ihrer traditionellen Form, unabhängig und gleichzeitig programmiert, auf spezifische Schlüsselwörter und Stimuli in bestimmten Situationen und Umgebungen zu reagieren. Wie ihre stellaren Gegenstücke können sie dienen oder beherrschen. Die klassische Dämonologie führt endlose Listen von Unterteilungen, in denen Dämonen die Komplexität von »Supercelestial Information« vermitteln.

Infobody Biofeedback Modulation (IBM)

Kollektive Phasen-Verriegelung, Entrainment durch sozialen Druck; die taktische Formation des sozialen Organismus durch die Kontrolle der Ökonomie der Vorstellungswelt, die innere Kontrolle durch lokalen Gruppendruck im kleinen. Ein selbstkalibrierendes, distribuiertes Glaubensmanagementsystem erlaubt die notwendige Agitation und Integration auf Basis horizontaler Konspirationen, autonomer, aber begrenzter und wechselseitig abhängiger Intelligenz.[11]

Individuelle soziale Teileinheiten sind meist nicht ausgerüstet, um komplexe Aufgaben zu erfüllen, funktionieren in ihrem Zusammenhang mit einem sozialen Körper, ähnlich einer makro-organismischen Insektenpopulation. Individuen, die unfähig sind, einem kohärenten Gedanken zu folgen, sind dennoch in der Lage, instinktiv, eingebettet in ein supraintelligentes Biosystem, hochkomplexe Einschätzungen bezüglich sozialen Status und Kleiderordnungen, Gesichtsausdruck oder Feinheiten im Sprachausdruck abzuleiten. Obwohl es Teil des Spiels ist, so zu tun, als ob es nicht so wäre, ist dies eine weitverbreitete Funktionalität. Das Ganze ist mehr als die Summe seiner Teile.

Die Hypothese von bewußten Makroben oder sozialen Makroorganismen, in der die individuellen Akteure Zellen und Sub-Organismen der Organe sind, gewinnt Attraktivität, sobald der naive Glaube an feste Gegenstände abgelegt wird. Soziale Organismen erscheinen damit nicht weniger feststofflich als Materie selbst.

Vast Active Living Intelligence System (VALIS)

Information wird oftmals sowohl als Raum als auch als Wesensheit verstanden. Ein lebendes, holographisches Informationssystem, ein riesiges, aktives, lebendiges, intelligentes System, das sich mit menschlichen Wirtssystemen überlagert.[12]

Diese Idee eines lebenden Informationsraums ist ähnlich dem Verständnis von Musik als komplexer, räumlich dynamischer Struktur. Klangraum wird durch Impulsmuster geschaffen, Rhythmen, in denen sich Interaktionen räumlich ausdehnen und miteinander in Beziehung treten. Die Interpretation, daß dieser harmonikal strukturierte Code den Influx einer Entität, ähnlich der Beschwörung eines Dämons auslöst, liegt nahe. (Die numerischen Strukturen vieler Kosmologien wurden in Bezug zu kanonischen Proportionen verstanden.)[13]

Die menschliche Konzeptstruktur, die auf das Überleben auf Zeit in einem dreidimensionalen Raum ausgerichtet ist, zeigt die Tendenz, alle Vorstellungen, die über die spezifische Implementation von »Flatland«-Konzepten hinausgehen, als unzweckgemäß zu verwerfen. Die Wissenschaft der Komplexität stellt eine Verbindung zwischen Technologie und Hyperdimensionalität her. Aber es erfordert »mountains of madness« für eine Spezies, die schon ausstirbt, wenn sich die Weltkugel nur um einige Grade erwärmt oder abkühlt, um weitere Untersuchungen in Hyperdimensionalität voranzutreiben. Die menschliche 3-D-Welt ist eingebettet in n Dimensionen – aber was ist da draußen und nährt sich von unseren dimensionalen Subdomänen?[14]

Um die verengte anthropozentrische Perspektive einer menschlichen Überlebensmaschine zu vermeiden, wird die Evolution als Geschichte der Bakterien angesehen. Menschen funktionieren in diesem Szenario als Agenten der erfolgreichen Kolonialisierung des Weltraums durch Bakterien.

Meme Sklauen (MS)

Das Konzept von Memes ist das von selbst-reproduzierenden kulturellen Einheiten, ähnlich Gene, die sich in einem biologischen Organismus reproduzieren. In den Worten des materialistischen Reduktionismus:»Kulturen sind Überlebensmaschinen, blind programmiert, um die selbstsüchtigen, als Memes bekannten Einheiten zu erhalten.«

Memes sind Gedankenketten, die in kulturellen Environments konkurrieren und sich fortpflanzen. Diese parasitieren das Gehirn, auf demselben Wege, auf dem ein Virus sich in den genetischen Mechanismus einer Wirtszelle einschleust, und sie werden nicht nur metaphorisch, sondern technisch als lebende Strukturen beschrieben. Wir sprechen hier von lebenden Entitäten, die sich von Menschen ernähren, deren Gehirne fressen, wenn sie nicht gerade Schlachten memetischen Kannibalismus schlagen oder wie Flip-Flop-zelluläre Automaten übereinander herfallen.

Memes essen menschliches Gehirn, aber wer erntet Memes? Wo finden sich Memes in der Nahrungskette? Wer oder was züchtet Memes? Werden sie gemolken, um Käse zu produzieren? Möglicherweise ist es nicht die Milch, das Fleisch oder die Wolle, sondern eine Körperflüssigkeit der memetischen Kultur, die von Bedeutung ist? Könnte es ein sexuelles Sekret sein, das als Aphrodisiakum wie Moschus oder Amber gewonnen wird? Muß man einen Walfisch schlachten, um an das teure Parfum zu gelangen? Ist dies nicht ein klassisches Thema von Paranoikern, Psychotikern und UFO-Entführten, die über chirurgische Manipulationen von Fortpflanzungorganen berichten?

Leviathan Supersysteme

Die Wissenschaft der Komplexität geht dem Verständnis von sozialen Organismen voraus. Die Hypothese der formativen Kausalität bietet einen Hintergrund für das Konzept von Konspiration als Teil sozialer Organismen.

Es macht keinen Unterschied, ob Konspirateure als Agenten blinder Kräfte angesehen werden, solange die Konspirationen der blinden Götter in die Wirklichkeit zurückwirken. Die Skalen der Formation und die Nahrungsketten der Konspirationen sind in Bewegung. Nicht lokale Effekte verschleiern die Beobachtung: Subpropaganda, der Tanz der Infozombies, ist nicht »Steamengineering« der Dampfmaschinenzeit.

Konspirative Handlungsfäden, narrative Hypertext Erzählungsbögen und Deus-ex-machina-Subtexte sind Reality-Märchen für Erwachsene. Suggestiv, suchterzeugend, die Spieler wählen von vornherein das richtige Outfit. Fakten und Moden, austauschbar vereint in einem Strom von Trends und Gerüchten. Multipel synchronisierte Dresscodes, flackernde Farbkodierungen und Mustererkennungs-Signale in einem Hochleistungsrechnerprozeß vom Subunderground bis zu den Top 10. Alle Maschinen laufen, alle Agenten sind beschäftigt, um ihre Welten am Leben zu erhalten.

Multikulturell hegemonische Partikularismen von Verschwörungen in einem stabilen, dynamisch komplexen, kybernetischen System mit mehrfachen Feedback-Schleifen. Eine Hyperkonspirationsstruktur, in der die diversen lokalen Verschwörungen sich zu einem weltweit metakonspirativen holistischem Propagandasystem verweben. Symbiotische Co-Konspirationen und räuberisch parasitäre sozio-bionische Lebensformen in synreferentieller Verhaltensmodifikation. Ist Propaganda ein sexuelles Sekret des Leviathan?

Anmerkungen:

1 Ms. Guidance: Cyberwar, Information Warfare and Psychological Operations, http://www.t0.or.at/msguide/cyberwar.htm – Eine Sammlung von Referenzen und Artikeln am Internet, Glossar militärischer Terminologie.

2 Peter Lamborn Wilson, http://www.t0.or.at/hakimbey/plw.htm
   The Information War
   »... Neither ›information‹ nor indeed any one ›fact‹ constitutes a thing-in-itself. The very word ›information‹ implies an ideology, or rather a paradigm, rooted in unconscious fear of the ›silence‹ of matter and of the universe. ›Information‹ is a substitute for certainty, a left-over fetish of dogmatics, a super-stitio , a spook. ›Poetic facts‹ are not assimilable to the doctrine of ›information‹. ›Knowledge is freedom‹ is true only if freedom is understood as a psycho-kinetic skill. ›Information‹ is a chaos; knowledge is the spontaneous ordering of that chaos; freedom is the surfing of the wave of that spontaneity ...«

3 Falle/Trap, http://www.t0.or.at/e~scape/e~mus0.htm#torus
   Brockhaus Encyclopädie beschreibt unter dem Stichwort *Falle* nicht nur deren Funktion, sondern erwähnt auch eine weitere Bedeutung des Wortes *Trap* im Zusammenhang mit Signalprozessierung: »2) Trap (engl.): Im Bildzwischenfrequenzverstärker eines Fernsehempfängers eingebauter Schwingkreis zur Unterdrückung eines störenden Signals bestimmter Frequenz (z.B. des Bild- oder Tonträgers eines Nachbarkanals).«
   Webster: »A trap is a device for taking game or other animals; esp. one that holds by springing shut suddenly; something by which one is caught or stopped unaware, any of various devices for preventing passage of something often while allowing other matter to proceed; to catch or take in or as if in a trap, ensnare, to place in a restricted position, confine.«
   Siehe auch: Konrad Becker, *expanded e~scapism*. Synreal Systems and CodeWar, http://www.t0.or.at/0ntext/becker0n.htm

4 Doro Franck, http://www.t0.or.at/franck/d_franck.htm
   The second bite eating from the tree of knowledge – considering style, selfconsciousness and grace in man and machine
   »... In his literary-philosophical essay ›On the theatre of Marionettes‹, Heinrich von Kleist talks about the devastating effects of (self-)consciousness on the natural grace of a human being. What distinguishes humankind from animals and automats as well as from gods, is a dubious feature: i.e. affectation and artifice in our way of acting. The physical metaphors for this loss or lack of grace is that our movements can issue from other places than the gravitational centre of our body, in which, according to Kleist, the ›vis motrix‹ or soul is located. In contrast to this, the movements of a marionette can never start from anywhere else. This accounts, Kleist explains, for their unfailing gracefulness. In terms of a single polarity, the animal, the machine and the god are all on the positive side of the scale of grace, and we humans on the other, the gods having infinite consciousness and the machine and the animal none. Erring is our privilege ...«

5 Die *Brockhaus Enzyclopädie* hat unter Leviathan folgenden Eintrag: »Leviathan, im A.T. von Jahwe überwundenes Seeungeheuer in Drachengestalt mit Mehreren Köpfen (Ps. 74,14; 104,26; Jes. 27,1; Hiob 3,8 u.a.). Personifikation der gottfeindlichen Mächte; wahrscheinlich verwandt mit dem in Ugarit bezeugten Lôtan. Titel des staatsphilosophischen Werkes von Thomas Hobbes (1651)« – »Leviathan, the Hebrew name of a gigantic animal, appearently the seawater equivalent of Behemoth. Apart from its scriptural usage the word is applied to any gigantic marine animal. Hobbes adopted the name as the title of his principal work, applying it to ›the multitude so united in our persons ... called a commonwealth ...‹« (*Enciclopedia Britannica*, 1960) – »leviathan , n. [ME, fr.LL, fr. Heb liwyathan] 1 a: often cap: a sea monster represented as an adversary defeated by Yahweh in various scriptural accounts. b¹: a large sea animal. ²: a large oceangoing ship. 2 cap: the political state; esp. a totalitarian state having a vast bureaucracy. 3: something large or formidable — leviathan adj.« (*Webster's New Collegiate Dictionary*, 1973).

Vgl. Thomas Hobbes, *Leviathan* (1651), gopher://gopher.vt.edu:10010/02/98/1 – Informati-on Leviathan, http://www.lglobal.com/TAO/Anarchives/0006.html – »Nets, internets and ethernets are growing in rapid spurts like the brain of an infant leviathan« (DeKerckhove *The Skin of Culture*, p. 54).

6 *Mummu Tiamat/Chaos of the Sea/The Enuma Elish*, http://www.sju.edu/~dcarpent/1141/ Reader/Enuma.html
Vgl. den Akkadischen Schöpfungsmythos, basierend auf der Übersetzung von E. A. Speiser, *Ancient Near Eastern Texts Relating to the Old Testament* (Princeton, 1969). Die alte meso-potamische Schöpfungslegende besteht aus sieben Tafeln, die über den Kampf zwischen kos-mischer Ordnung und dem Chaos berichten. Der Name, Enuma Elish, ist von den ersten Worten abgeleitet und wurde am vierten Tag des alten babylonischen Neujahrsfest vorgetra-gen. Der Text stammt vermutlich aus der Altbabylonischen Periode, dem früheren Teil des zweiten Jahrtausends vor Christi.
»When on high the heaven had not been named,
Firm ground below had not been called by name,
Naught but primordial Apsu, their begetter,
And Mummu-Tiamat, she who bore them all,
Their waters commingling as a single body ...«

7 El Iblis Shah, http://kernighan.imc.akh-wien.ac.at/t0/t0/scl/0021.html
Ocean of the Unpredictable
»... The whole seeming system, or entity, of modern science is only quasi-system, or quasi-entity, wrought by the same rules. Whereas intuition has these surprising encounters in mani-fest forms such as in art, where I realize: oh, I'm not alone in the ocean of the damned. The whole area of quantum physics shows that there are many phenomena that cannot be pre-dicted. The whole seeming system, or entity, of modern science is only a small island in the world, in the ocean of the data ...«

8 Manuel De Landa, http://www.t0.or.at/delanda
The Geology Of Morals
»... My main point can then be stated as follows: sedimentary rocks, species and social clas-ses (and other institutionalized hierarchies) are all historical constructions, the product of de-finite structure-generating processes which take as their starting point a heterogeneous collection of raw materials (pebbles, genes, roles), homogenize them through a sorting ope-ration and then give the resulting uniform groupings a more permanent state through some form of consolidation. Hence, while some elements remain different (e.g. only human insti-tutions, and perhaps, biological species, involve a hierarchy of command) others stay the same: the articulation of homogenous components into higher-scale entities. (And all this, without metaphor) ...«

9 *The Emergence Of Synthetic Reason*
»...When the ideas of Darwin on the role of natural selection and those of Mendel on the dy-namics of genetic inheritance were brought together six decades ago, the domination of the Aristotelian paradigm came to an end. It became clear, for instance, that there was no such thing as a preexistent collection of traits defining ›zebrahood‹ ... In short, for population thinkers, only the variation is real, and the ideal type (e.g. the average zebra) is a mere sh-adow. Thus we have a complete inversion of the classical paradigm ...«

10 Jack Sarffati, http://www.hia.com/hia/pcr/z.html
Notes from Tucson II Conference on Consciousness
»... Many of the papers at this conference in neuro and cognitive science presented amaz-ingly effective techniques for manipulating and controlling states of consciousness. The po-

tentials for these techniques of mind-control to be used in the field on unsuspecting naive populations in ›nonlethal warfare‹ are awesome to behold and contemplate. They can be and will be easily misused by authoritarian immoral power structures. These techniques not only involve manipulation by drugs and ordinary electromagnetic, sound and kinaesthetic signals as in subliminal television broadcasting and virtual reality transmission via the World Wide Web of the Internet, but also purport to involve quantum action at a distance in the reports on psychokinesis, telepathy and remote viewing. Nonlethal psychic warfare using the distant manipulation of the consciousness of the ›enemy‹ will be an important factor in the 21st century.«

11 Hakim Bey, http://www.t0.or.at/hakimbey/hakimbey.htm
   The Ontological Status of Conspiracy Theory
   »...One useful way in which we can, so to speak, see into the chaos that is history, is to look through the lens provided by the conspiracies. We may or may not believe that conspiracies are mere simulations of power, mere symptoms of the spectacle – but we cannot dismiss them as empty of all significance. Rather than speak of conspiracy theory we might instead try to construct a poetics of conspiracy. A conspiracy would be treated like an aesthetic construct, or a language-construct, and could be analyzed like a text ...«

12 Philip K. Dick, *VALIS (Vast Active Living Intelligence System)*, London

13 Z'ev, http://www.t0.or.at/zev/fold.htm
   The Three-Fold Ear
   »... For Pythagoras numbers were ›the principles and elements of all things and composed the proportions of the whole world‹. In respect to this, the beats composing rhythm patterns gain their power through the value of their proportions, seen in the quantity of beats separated by rests in the phrasing comprising a particular rhythm. Proportion literally translates as ›for one's portion‹ and portion includes the meaning of destiny. When sounding a proportion/rhythm then, one is invoking a course of events, the intention of which varies with the particulars of the ›timing in action‹ ...«

14 Ms. Guidance: *Xtra Dimensions, Hypermedia and Hyperspace*, http://www.t0.or.at/msguide/hyper.htm – Eine Sammlung von Referenzen und Artikeln am Internet. Siehe auch: Edwin A. Abbott, *Flatland* (1884), gopher://wiretap.spies.com:70/00/Library/Classic/flatland.txt

Timothy Druckrey

C++

I

Die radikalen Veränderungen in der Medienkommunikation haben schillernde Namen: Konnektionismus, Parallelismus, Nanotechnologie, assoziative Systeme, fuzzy logic, Chaos(-theorie), monopolisierte oder frei zugängliche Computernutzung, Immersion, Interaktivität, Hypermedien, Biocomputing, Netzwerkarbeit, intelligente Technologie – eine intelligente Umgebung also mit mehreren Schnittstellen, die die Beziehungen zwischen Sprache, Gedächtnis, Körper, Ästhetik, Politik und Kommunikation neu definieren. Die Verheißungen und Verwirrungen der Cybersphäre implizieren allerdings wichtige gesellschaftliche Probleme mit digitalen Medien, die durch vage Hoffnungen, daß sich das Problem des Zugangs und der gesellschaftlichen Relevanz eines Tages von selbst löst, verdeckt werden. Dieser naive Blick auf Technologie und Kreativität übernimmt von den Naturwissenschaften den Glauben, daß kein Problem unlösbar, sondern höchstens kontingent und noch entwicklungsbedürftig ist. Entsprechend werden die Probleme (als reine Beschränkungen verstanden) der Distribution von Zugang und Daten nur als Hürden, die es zu überwinden, und nicht als Form, die es zu hinterfragen gilt, betrachtet. Die digitalen Medien erfordern ein neues Kommunikationssystem, das die Integration von Repräsentationen auch im Techno-, Neuro- und Genbereich zuläßt. Reaktionen auf Reize aus der erlebten Welt werden nun als Nervenreflexe des Gehirns-als-Betriebssystem wiedergegeben. Innerhalb des neuen Systems kommt Wiedergabe vor Repräsentation, Verhalten vor Handlungsfähigkeit und kulturelle Zusammenhänge sind unwichtiger als stehende Leitungen.

Die neuesten Entwicklungen in der Kybernetik, im Kommunikationsbereich, in Sachen Urbanität und Identität durch das Netz stellen unsere bisherigen medialen Praktiken völlig in Frage. Sie machen deren funktionale Verortung im Rahmen einer technologischen Rekonzeption von Konnektionismus und im Rahmen der monopolisierten nationalen Rundfunkanstalten dringend notwendig. Systemtheorien aus der Kommunikationsforschung, der Biologie, verschiedenen Identitäts- und Kollektivitätsansätzen oder der Politikwissenschaften reichen nicht aus, um die Relevanz und den Stellenwert der elektronischen Kultur wirklich erklären zu können. Versuche, die Einzelteile innerhalb eines »geschlossenen Systems« dialektisch aufzuheben, müssen scheitern, wenn es um *diskursive Netzwerke* geht. Bio-Netzwerke, Identitätsnetzwerke, kulturelle Netzwerke, politische Netzwerke, Kommunikationsnetzwerke, Image-Netzwerke: es überrascht keineswegs, daß ausgerechnet eine Metapher aus dem Konnektionismus verwendet wird, um das System der Knoten in einem Kreislauf telematischer Epistemologie zu beschreiben: Netzwerk.

Neue Kommunikationstheorien müssen also interaktive Phänomene, Ver-/ Streuung und technologische Repräsentationsformen integrieren können. Zwischen unsicheren Waffenstillständen und Identitätskriegen an allen Fronten ist in den letzten Jahren eine ganz neue Form von Öffentlichkeit entstanden. Die eifrig promoteten Netzkommunikationstechnologien werden als Heilmittel gepriesen für die bis ins Mark zerrütteten Kommunikationspraktiken der Moderne, aber auch als Rückkehr der Polis zu den Grundlagen politischen Engagements und diskursethischer Zusammenarbeit gefeiert. Da sich die Netzpolis gleichermaßen mit Fragen von Ideologie und Identität beschäftigt, ist sie daher nicht nur für Cyber-SoziologInnen interessant. Sie ist ein Ort, an dem Identitäten zu den neuen Bedingungen der Splitterzugehörigkeit und unter kontingenten Machtverhältnissen erprobt werden können. Das Netz entzieht sich den Determinierungen der Telefonära auf zwei feststehende Punkte im Raum und stürzt die Vormachtstellung von Rundfunk und Fernsehen. An deren Stelle tritt nun ein dynamisches System, innerhalb dessen das Verlassen eines Ortes nicht Heimatlosigkeit bedeutet und Repräsentation kein Zeichen von Verlust des Realen ist. Und wie sich an den zahlenmäßig rasant zunehmenden Forschungsvorhaben zeigt, geben sich die Immersions-Medien bereits ein Stelldichein mit den Neuro- und Kognitionswissenschaften.

II

»Ist es nicht eine Tatsache (...), daß die materielle Welt durch elektrische Kräfte zu einem einzigen großen Nerv geworden ist, der in der Zeit eines Atemzugs 1000 Meilen durchzittert? Wahrlich, die runde Erdkugel ist ein ungeheurer Kopf, ein mit Intelligenz gefüllter Geist! Oder - wir werden lieber sagen - sie ist selbst ein Gedanke, nichts anderes als ein Gedanke und nicht mehr Materie, wie wir vermuteten!« (Nathaniel Hawthorne)

Zweifellos wurde Hawthorne durch die Entwicklung des Telegraphen zu dieser Bemerkung angeregt, die sich auf den ökologischen Wandel im 19. Jahrhundert bezieht. Die Entwicklung des Telegraphen, vorangetrieben durch den Straßenbau, sprengte die Grenzen von Raum und Zeit. Mit bis dahin unvorstellbarer Geschwindigkeit wurden Plätze und Orte durch einen Vorgänger des binären Codes vernetzt und verbunden und läuteten das Ende von »Substanz« als Signifikant für materielle Gegebenheiten ein. Wenig verwunderlich also, daß Marshall McLuhan, der selbst an einer Kommunikationstheorie bastelte, in der technologische Entwicklungen als Maßstab für gesellschaftliche Veränderungen gelten, in Hawthorne einen Vorläufer sah. McLuhans politische Erkenntnis allerdings beschränkte sich auf die Feststellung, daß die Techno-Logik der Nachkriegswirtschaft des Westens gesiegt habe, und die Botschaft von der Identität von Medium und Message war nicht revolutionärer als das semiotische Postulat von der unauflöslichen Verbindung von Signifikat und Signifikant. Auf Codierungen basierende Sprachen sind schließlich fester Bestandteil des Forschungsumfelds im 19. Jahrhunderts, dessen alles »beherrschender« Diskurs die »Naturbeherrschung« war. Diskurse der Repräsentation, des Überwachens, der Mechanik, der Medizin, der Physik und der Kommunikation – sie alle bilden den Rahmen, der unser Verständnis von der Moderne prägt. Das große Projekt der Moderne war eingewoben in Diskurse von Machtpolitik und Naturbeherrschung und hat die Vorstellung von stetig voranschreitender Entwicklung, die die Moderne so schamlos ausbeutete, zugleich zementiert und demontiert. Natur als sich stetig entwickelnde und verfügbare hatte als Metapher ausgedient in einer Epoche, die die biologische Vorstellung von Evolution bereits hinter sich gelassen hatte. Schon in den zwanziger Jahren, als die technologische Industrialisierung ihren ersten Höhepunkt erreichte, begann die Moderne sich von ihrem plötzlich als fehlerhaft erwiesenen Prinzip des schrittweisen Fortschritts, das einst ihre Grundlage war, zu lösen. Technologische Entwicklungen gestalten das Verhältnis von Natur und Kultur neu. Unser immenser Wissenszuwachs mag uns zwar angesichts der neuesten Entwicklungen in der Kommunikationstechnologie, der Visualisierung und der Repräsentation ein Gefühl der Beherrschung und Macht geben, aber reale Machtverhältnisse werden dadurch eher verdeckt. Alle Utopien der Kognitionsforschung gründen nämlich auf Herrschaftspraktiken, die tief in die Strukturen der Techno-Wissenschaften reichen.

Aber die Geschichtsschreibung der Medientechnologie hat sich, bis auf ein paar wenige Ausnahmen, hauptsächlich auf die Metapher des Beobachtbaren beschränkt (obgleich die moralischen Vorstellungen von »Objektivität« bereits früh durch Heisenberg, Goedel oder Latour demontiert wurden). Oder sie hat sich auf den Versuch kapriziert, die Kulturkritik der Massenmedien auf das Zeitalter des Fernsehens zu übertragen. McLuhans schillernde Überlegungen zur medialen Globalisierung als neuer Form des Imperialismus spiegelten nur die multinationalen Entwicklungen wider, die in den sechziger Jahren im Zusammenschluß der Medien gipfelten. Markige Sprüche, Gratwanderungen zwischen Moral und Propaganda, eigneten sich bestenfalls als Werbe-Logos (daher Logos!) und ließen galaktische Fragmentierungsnebel entstehen. Der Zusammenschluß von Fernseh- und Informationstechnologie führte zu weitreichenden gesellschaftlichen Veränderungen. Die Rundfunk- und Fernsehmedien fegten über das »globale Dorf« und verbreiteten eine, wie Enzensberger zu recht formulierte, »reaktionäre Heilsdoktrin«, die auf Goebbels Versuch, Deutschland in den dreißiger Jahren mit Hilfe der neuen Radiotechnologie zu einer »Stammesgemeinschaft« zurückzuverwandeln, zurückgeht. Doch damals wie heute konnte die McLuhanisierung der Medien den drohenden Kollaps der Moderne nicht verhindern. Vielmehr dient die utopische Streuungsmacht der Medien auch heute wieder vor allem dazu, die neuen Technologien flächendeckend an die wirtschaftlichen und politischen Zwecke, aus denen heraus sie entstanden sind, zurückzubinden. Erinnert sei hier ausdrücklich an Herbert Marcuse, der bereits 1964 in seinem Buch *Der eindimensionale Mensch* die Folgen der Oberflächlichkeit des Mediums aufgedeckt hat und zeigt, daß die Taktiken der »repressiven Toleranz«, die jede Form der Gegenkultur bedrohen, aus Kämpfen um Kontrolle der neuen Kommunikationstechnologie heraus entstanden sind. Es verwundert daher kaum, daß der von Enzensberger in seinem Artikel »Baukasten zu einer Theorie der Medien« diagnostizierte Wandel von der »Kulturindustrie« zur »Bewußtseins-Industrie« sowohl für die neuen Technologien als auch für neue Strategien des Umgangs mit ihr steht. Vor dem Hintergrund des allgegenwärtigen »Rückzugs« wird die Reziprozität von Produktion und Rezeption plötzlich neu verstanden als Nutzung der neuen Technologie zur unmittelbaren Mobilmachung.

Die Folgen der immensen Expansion von Information, Macht und lokaler politischer Aktion und die Wandlung von militärischen Entwicklungen zu Cybertechnologie führen zu chaotischen Verhältnissen. Vorstellung heißt jetzt Virtualisierung, und der Einsatz von Technologie (ob Bio, Neuro, Info oder Gen) wird uns schon wieder als Revolution verkauft, bei der McLuhan einmal mehr als »Bauchredner und Prophet« des wiedergeborenen globalen Dorfs, das diesmal in der tele-präsenten Totalität des World Wide Web blüht und gedeiht, herhalten soll. Und falls das rasende Systemdenken des Netzes von rechtem Tele-Fanatismus oder Tele-Kommerz nicht gänzlich getrübt wird, gibt es in der Tat fruchtbaren Boden zu besiedeln. Wenn man allerdings die Reglementierungsversuche betrachtet, die sich am deutlichsten im US-amerikanischen Telekommunikationsgesetz von 1996 spiegeln, scheint die Umwandlung des Netzes in eine Aktiengesellschaft nicht mehr fern. Rezeption und Verhalten, Moral und Politik machen bereits gemeinsame Sache, indem sie die in Netzwerkarbeit entwickelten Ideen und Vorstellungen im Namen fundamentalistischer Allgemeinplätze, die als Archetypen einer zweifelhaften virtuellen Ethik daherkommen und auf eine Sprechakttheorie gründen, zerstören wollen. Es ist daher kaum verwunderlich, daß Benthams und Foucaults Metaphern von Panoptikum und Unterdrückung in Gestalt von »Agents« in die Cybersphäre zurückkehren.

Doch hinter den so grundlegenden Veränderungen in der Kommunikation lauern die rezeptionstheoretischen Zwillingskonzepte der Erfahrung und der Zeitlichkeit. Die bereits stattfindenden Versuche einer Neubewertung der technologischen Entwicklungen des 19. Jahrhunderts werden zeigen, daß sich die Auswirkungen von Technologie auf menschliches Verhalten keineswegs nur darauf beschränken, daß wir nun von mehr Maschinen umgeben sind. Vielmehr wird deutlich, daß sich Alltagsorganisation und -praxis durch neue visuelle (durch die Entwicklung der Photographie), zeitliche (durch die Erfindung der Uhr) und informationstechnische (durch den Zusammenbruch der geographischen Grenzen) Entwicklungen immer völlig verändert haben. (Informationsaus-)Tausch, Wiedergabe, Mobilität standen nicht nur in direktem Dienst des kapitalistischen Produktionsprozesses, sondern veränderten Selbstbilder, hinterfragten die Legitimität modernistischer Konzepte und läuteten die Krise der Repräsentation in all ihren Facetten ein.

Die gesellschaftliche Maschine erzeugt Repräsentationen und erzeugt sich durch Repräsentationen zugleich selbst. Dezentriert, hektisch und verwirrt durch die Magie des Sichtbaren, befällt das menschliche Auge Zweifel. Es stößt an seine Grenzen. Das mechanische Auge, die Linse, besticht und fasziniert, aber sie ist zugleich Garant für die Identität des Sichtbaren mit dem normalen, bekannten Blick.

Jean Louis Comollis bemerkt die »Raserei des Sichtbaren« in der zweiten Hälfte des letzten Jahrhunderts. Nach 1918 schrieb Dziga Vertov: »Ich bin das Kamera-Auge. Ich bin die Maschine, die dir die Welt zeigt, wie ich alleine sie sehe. Von heute ab werde ich die Menschen für immer von der Unbeweglichkeit befreien. Ich bin die ewige Bewegung.« Maschine und Körper verbinden sich hier im Akt der Wahrnehmung, die von nun an »gerahmt« wird. Hier wird besonders deutlich, daß die Veränderungen des Visuellen und der Wahrnehmung in der Moderne entlang der Linien der fortschreitenden Naturbeherrschung verlaufen und daß Repräsentation von technologischen Entwicklungen abhängig war.

Obwohl vieles vergleichbar scheint, ist die Mechanisierung der Repräsentation, die so charakteristisch für die Moderne war, heute überwunden. Das technologische Modell wurde vom kybernetischen Modell verdrängt. Falls es überhaupt einen gemeinsamen Nenner der postmodernen Diskurse gibt, so den, daß mit dem Aufstieg eines Modells der (natur-)wissenschaftlichen Visualisierung der Verlust eines jeden totalisierenden Modells, der »wirklichen« Welt wie deren Repräsentationen, einhergeht. Spätestens wenn man den phänomenologischen Rahmen der Repräsentationstheorien überschreitet, zeigt sich, daß das Repräsentierte auch kein materielles Korrelat mehr besitzt. Im Laufe der »Virtualisierung« der Repräsentation stürzten deren immer schon wackligen epistemologischen Grundlagen endgültig ein. Der gradlinige Gegensatz von unterstellter »Wirklichkeit« und ebenso unterstelltem »Unwirklichen« hat die pseudo-moralische Krise der Repräsentation ebenso verlängert, wie der materialistische Ansatz sie verharmlost hat. »Wir halten Mehr fälschlicherweise für Weniger«, schreibt Deleuze über Bergson, »wir tun so, als gäbe es Nicht-Existenz vor Existenz, Unordnung vor Ordnung, als ob das Dasein eine Leere ausfüllen würde, als ob Ordnung ein vorgängiges Chaos strukturieren würde, als ob das Reale eine ihm vorausgehende Möglichkeit verwirklichen würde.« Kurz, ein durch den Wandel von Aufnahme zu Wiedergabe verändertes Repräsentationsmodell muß die Reziprozität von »Symbolischem« und »Imaginärem« (Lacan) ins Zentrum rücken. Der technologische Diskurs der Simulation macht das umso dringlicher. Mit Lacan bemerkt auch Slavoj Zizek: »Virtualität dringt bereits in die symbolische Ordnung vor, zumindest insoweit als virtuelle Phänomene uns ermöglichen, nachträglich herauszufinden, daß noch unsere grundlegendsten Selbsterfahrungen weitgehend virtuell waren.« In diesem Kalkulationssystem ist die »Virtualisierung« von Repräsentation eng an das post-kybernetischen Hauptvorhaben der Etablierung einer Kognitions-Industrie verknüpft.

Produktions- und Rezeptionsdiskurse, Prinzipien und Gestaltung von Verschaltungen, Wahrnehmungstheorien, narrative Spuren, Anwendungspraktiken, Verteilungsstrategien ... Eine einzige Litanei von Folgeproblemen, die durch die Entwicklung der digitalen Medien erneut aufs Tapet gebracht werden müssen. Die Liste verändert sich natürlich laufend und mit zunehmender Rasanz. Rufe nach Revision und die Gefahr der Vermarktung lassen die Techno-Kultur auf Grund gehen. Alte Verheißungen, ähnlich der positivistischen Euphorie der Moderne, kehren zurück und treten auf wie Ebbe und Flut. Spekulativer Konsum füllt die Lücke zwischen dem Ende des Industriezeitalters und dem Beginn des virtuellen Unternehmertums. Ein Feld von Information, das reine Spekulation umtreibt.

Bei den Kulturkritikern der dreißiger Jahre standen Fragen der Reproduzierbarkeit und der Massenpsychologie auf der Tagesordnung. Als in den fünfziger Jahren die Fernseh-Ära anbrach, verschob sich die Fragestellung hin zu Problemen der Übertragungstechnologie und des (falschen) Bewußtseins. Zusammen mit dem Tele-Visuellen und der Kybernetik bildeten der Wechsel zur Informationsökonomie und die Herausbildung einer »Bewußtseins-Industrie« die zentralen Kritikpunkte im Diskurs einer veränderten Reproduzierbarkeit. Kulturtheorie steckte fest in der Dialektik des Informationskreislaufs, und die nachfolgende Generation interessierte sich mehr für Neuro-Kognition als für Wahrnehmungsproblematik und Ideologie. Und heute geben sich die elektronischen und genetischen Medien ein Stelldichein mit den Kognitionswissenschaften.

Während also Probleme von Raum und Zeit die Diskurse der Moderne weitgehend bestimmten, stehen die damit zusammenhängenden Fragen der Verschaltungen und der Erzählungenstränge im postmodernen Diskurs für eine weitaus komplexere Situation. Festgefahrene Formen von Öffentlichkeit, die Soziologie der Postindustrialisierung und das Auseinanderfallen von Identitäten werden ersetzt von einer Form der Einbettung, oder eher: des Eintauchens des Selbst in die Medienlandschaften der Telekultur mit ihren neuen kommunikativen Praktiken, die alle physikalischen Grenzen überschreitet. Die neuen Medientechnologien erzeugen plötzlich Geographien der Kognition, Rezeption und Kommunikation, Territorien, in denen sich Materialität verflüchtigt und die räumliche Lage relativ ist und in denen sich Präsenz durch Partizipation und nicht mehr durch Gleichzeitigkeit am selben Ort ausdrückt.

Aus dem Englischen übersetzt von Bettina Seifried

Phoebe Sengers

Fabrikation der Subjekte

Verdinglichung, Schizophrenie und Künstliche Intelligenz

Der Cyborg ist schizophren. Wie könnte es auch anders sein? Cyborgs sind die Erfindung einer Wissenschaft, die sich der Fabrikation von Subjekten verschrieben hat, die wie echte Menschen sein sollten und deren Fehler von Anbeginn war, ihre Cyborgs als autonome, freie Handlungsträger, außerhalb aller ihnen vorgängigen Bedeutungszusammenhänge und Kontexte, zu verstehen. Obwohl sie immer von den Vorstellungen aller Beteiligten vorgeprägt sind, sollen dennoch sie allein der Ursprung ihres Tuns sein. Damit geraten Cyborgs unweigerlich in die klassische Double-bind-Situation. Und weil der Cyborg den allgemeinen Gesetzen der modernen Massenproduktion unterliegt, leidet auch er an der Krankheit der Moderne: an Schizophrenie. In diesem Aufsatz soll nun der Geschichte des Cyborgs nachgegangen werden. Wie er in die Welt kam, wie man ihn sich vorstellte, wünschte und zusammenreimte, wie diese Vorstellungen zu Bewußtseinsspaltungen führten und wie er vielleicht eines Tages geheilt werden kann.

Die Geburt des Cyborgs: klassische KI

Der Cyborg wurde in den fünfziger Jahren als Alter ego des Computers geboren. Er wurde in eine Welt geworfen, die ihn bereits vor seiner Ankunft vollständig besetzt und festgelegt hatte und deren Vorstellungen über Subjektivität und Mechanik ihn nicht nur vor-strukturierten, sondern die Bedingungen seiner Existenz waren. Er war das Kind einer Vereinigung von technischer Möglichkeit und Träumen, Wünschen, Besetzungen, Festlegungen und Vorurteilen seiner Schöpfer. Und darum war er, wiewohl als reine Möglichkeit gedacht, von Anfang an behindert durch die Erwartungen und Vorstellungen, die ihn schufen.

Die Erwartungen waren und sind schlicht unerfüllbar. Das künstliche Subjekt ist das Produkt einer Wissenschaft vom Subjekt, die so weit vorangeschritten ist, daß nun seine Reproduktion gewagt werden soll. Die Zwillingsgeburt von Künstlicher Intelligenz (KI) und Kognitionswissenschaft zeigt beide Seiten der epistemologischen Medaille: einerseits die Tendenz, menschliches Leben auf eine

Handvoll Algorithmen und heuristische Verfahren zu reduzieren, und andererseits die Hoffnung, diese Algorithmen schließlich wieder zu einem ganzen, handlungsfähigen Subjekt zusammenzubasteln. Das so geschaffene Subjekt trägt allerdings schwer an seiner Bürde, durch seine »Stimmigkeit« allein die ganze Beweislast für die objektiven Grundlagen eines hochkomplexen Wissenschaftssektors, der sich rund um das Rationalitätsprinzip gebildet hat, auf seinen Schultern zu satteln.

Man darf sich nicht beirren lassen: Auch für die KI-Forschung ist Rationalität das zentrale Organisationsprinzip. Das künstliche Handlungssubjekt stammt aus einer Welt, in der Intelligenz vor Existenz kommt, wobei Intelligenz mit dem Problemlösungsverhalten des Wissenschaftlers gleichgesetzt wird. Die klassische KI-Forschung will intelligentes Verhalten in mehr oder minder ausreichend umrissene Puzzle-Sets zerlegen, um jedes Puzzle einzeln, rational und nachweislich korrekt zu lösen. Eines Tages sollen dann alle Puzzleteile zu einem handlungsfähigen Akteur vereinigt werden, der sich (innerhalb eines gewissen Rahmens jedenfalls) wie ein Mensch benehmen soll.

Dieser Rahmen wird durch das Konzept der Rationalität streng vorgegeben. Trotz anfänglicher Träumereien von einem Handlungssubjekt, das auch emotional so vielschichtig sein würde wie der Mensch, schrumpfte das aus den maschinenbaulichen Disziplinen stammende Instrumentarium den Begriff der Handlungsfähigkeit schnell zurück auf reine Rationalität. Allen Newell zum Beispiel, einer der Väter der KI, schrieb in einem einflußreichen Aufsatz, daß die Entscheidungsprozeduren eines künstlichen Subjekts notwendigerweise dem »Prinzip der Rationalität« zu folgen haben. Jedes Handlungssubjekt, das seines Namens würdig sein wollte, mußte Ziele haben, die es verfolgte, und jede Handlung, die es vollzog, mußte dem Erreichen eines dieser Ziele dienen. Innerhalb solch eng gesteckter Grenzen wurde jede Handlung, die der reinen Vernunft trotzte, explizit als völlig unverständlich und damit als wissenschaftlich wertlos ausgeschieden.

Angesichts dieser enormen Ansprüche begann das künstliche Subjekt paradoxerweise bald erste Anzeichen von Schizophrenie zu entwickeln. Die Aufgabenstellung war zwar klar umrissen: Es mußten rationale Entscheidungsprozeduren entwickelt werden, um die einzelne Puzzleteile zu lösen. Schlichtweg unmöglich war es aber, diese Prozeduren so zu verbinden, daß der Akteur in neuen Situationen angemessen, d.h. ganzheitlich reagierte. Gefangen in der Zwangsjacke der reinen Vernunft, zeigte der Cyborg schnell erste Zerfallserscheinungen. Er redete Unsinn, den er selbst nicht verstand, wenn er es hörte; er sprach von Dingen, die überhaupt nichts mit seinen Handlungen zu tun hatten, und er brach völlig zusammen, wenn er in Situationen geriet, die in seinem begrenzten Programm nicht vorgesehen waren. Da das Zentrum seiner Handlungen einzig in ihm selbst und ohne Bezug zu seiner Umwelt begründet liegen sollte, lebte der künstliche Akteur in einer erfundenen, eigenen Welt, die nur hauchdünne Verbindungen zu unserer physikalisch und sozial geteilten Welt aufwies. Ob nun autistisch oder schizophren, er war jedenfalls vollkommen gestört.

Die Verheißungen der alternatiuen KI

Er kam in eine Therapie. Die Unzulänglichkeiten des klassischen künstlichen Akteurs wurden immer deutlicher: Er konnte zwar Schachspielen wie ein Weltmeister, auf Kommando ganze Blöcke seiner Traum-Welt umbauen und Festplatten allein konfigurieren, aber er konnte weder sehen, noch sich im Raum orientieren, geschweige denn sein Verhalten an veränderte Situationen anpassen. Das künstliche Handlungssubjekt war eben in einer idealen, platonischen Welt ausgetüftelt worden und versagte, sobald es seine eng festgelegten Grenzen überschritt. Immer wenn der Cyborg mit der ungewissen, nie vollständig erfaßbaren Welt in Berührung kam, war er völlig am Ende.

Ein paar KI-Forscher begriffen, daß sich der Cyborg in einem rationalen – wiewohl körperlosen – Double-Bind befand, und suchten alternative Lösungen jenseits der klassischen KI. Alternative KI – auch bekannt als »Künstliches Leben«(Artificial Life), verhaltensbasierte KI bzw. situierte Handlungsforschung – wollte das künstliche Subjekt durch die Neuordnung seiner Existenzgrundlagen kurieren. Die Vorstellung eines kartesianischen Subjekts wurde fallengelassen, und das Prinzip der situierten Handlung ersetzte den atomistischen Individualismus. Ab jetzt sollte das Handlungssubjekt ausschließlich unter Bezugnahme auf seine Umwelt verstanden und definiert werden. Handlungssubjekt war, wer mit seiner Umwelt interagierte, und »Intelligenz« bemaß sich alleine daran, wie akkurat das Subjekt die jeweiligen Interaktionsmuster beherrschte. »Intelligenz« war folglich nicht mehr in einem Akteur verortet, sondern bestand aus der Summe der Ereignisse, die Akteur und Welt gemeinsam bewältigten. Das Handlungssubjekt »löste« keine »Probleme« mehr, sondern »verhielt sich«. Die Konzeption war nicht mehr auf »Intelligenz« per se, sondern auf »das Leben« im ganzen gerichtet.

Dieser Umdenkprozeß hauchte nicht nur der Disziplin, sondern auch dem künstlichen Subjekt neues Leben ein. Wo es einst Puzzler, Problemlöser und Theorembeweiser gab, soweit das Auge reichte, stürmten nun Horden von wandelnden Robotern, selbstgesteuerten Dosen auf Rädern und anderer reizender Blödsinn das Feld. Die alternative KI gab dem Cyborg einen Körper und nahm ihm ein paar Verhaltensbeschränktheiten. Da nun rein rationales Handeln nicht mehr erwartet wurde und das Problem der mentalen Repräsentation keine Rolle mehr spielte, eröffneten sich dem künstlichen Subjekt zunächst ganz neue Blickwinkel. Gegen Schizophrenie allerdings half es nicht. Um den Zwängen der reinen Vernunft zu entkommen, folgten die Anwender der alternativen KI, vermutlich eher unwissentlich, dem damals letzten Schrei des postmodernen Denkens und definierten Schizophrenie einfach als normalen Bestandteil des menschlichen Lebens. Statt als Nebenwirkung nur erduldet, wurden Spaltungen gezielt einkalkuliert und der Maschine eingebaut. Je eigener, unabhängiger (und damit vom Kontext abgespaltener) das Verhalten des künstlichen Subjekts war, je weniger Spuren des alten kartesianischen Egos übrigblieben, desto besser. Der Gespaltenste gewinnt!

Gleichzeitig aber war es wieder jene Schizophrenie, die VetreterInnen der alternativen KI an ihre Grenzen kommen ließ. Obwohl sie schizophrenes Verhalten ausdrücklich nicht als Schicksalsschlag betrachteten, waren sie doch einigermaßen frustriert darüber, wie sehr es sie bei der Konstruktion eines umfassend handlungsfähigen Subjekts behinderte. Für alternative KI ist das Handlungssubjekt die Summe seiner Verhaltensmuster. Die Zusammenführung und Integration unterschiedlicher Handlungsmuster hat sich freilich als ähnlicher Stolperstein entpuppt wie die Integration der Problemlösungsverfahren in der klassischen KI. Alternative KI-Forscher standen vor der ungelösten Frage, wie sie mehrere (d.h. mehr als ein Dutzend) verhaltensgenerierende Module so kombinieren können, daß daraus kreative, kooperierende Handlungsträger wurden. Obgleich beide völlig unterschiedlichen Denkschulen entstammen, konnten weder die klassische noch die alternative KI ihren Akteur vor Schizophrenie schützen. Woran liegt es also, daß zwei grundverschiedene Ansätze der Konstruktion von Subjektivität am selben Problem scheitern?

Fabrizierte Schizophrenie

Die recht gravierenden Unterschiede beider Ansätze scheinen für das je konstruierte Subjekt zunächst sehr unterschiedliche Möglichkeiten bereitzuhalten. Trotzdem treffen sich beide Subjekt-Typen in der Art ihres Zusammenbruchs. Haben die beiden, auf den ersten Blick so völlig entgegengesetzten und durch radikal unterschiedliche Stoßrichtungen motivierten Praktiken der Subjektkonstruktion in Wahrheit mehr gemeinsam, als man glaubt?

Die Schizophrenie des künstlichen Subjekts scheint mir der Schlüssel zur Diagnose des Problems zu sein. Weit entfernt davon, ihr eigener Ursprung zu sein, sind den künstlichen Akteuren die Defekte und Mängel ihres physikali-

schen wie kulturellen und wissenschaftlichen Umfelds, aus dem heraus sie entstanden sind, eingebaut. Der Zusammenbruch des künstlichen Subjekts spiegelt
die Schwachpunkte seines Konstruktionskontexts wider. Nicht nur das künstliche Subjekt, sondern die ganze wissenschaftliche Methode, die sie hervorbringt
und in der sich klassische und alternative KI im wesentlichen nicht unterscheiden, ist schizophren.

Die klassische KI begreift den Akteur als Problemlöser und zweckrational
Handelnden, ihre Subjekte werden durch Zerlegung in einzelne Funktionen entwickelt. Es wird davon ausgegangen, daß das künstliche Subjekt aus einer bestimmten Menge von Modulen besteht, die den Problemlösungsverfahren im Gehirn mehr oder weniger entsprechen. Die Forscher arbeiten daran, jedes einzelne
Problemlösungsverfahren zu knacken, und erstellen separate Module für das Sehen, fürs Sprechen und Verstehen von natürlicher Sprache, für logische
Schlußverfahren, Verhaltensplanung, fürs Lernen usw. Und dann hoffen sie, daß
am Ende alle Teile mühelos wieder zusammengeklebt werden können und, voilà,
der ganze, alle Probleme lösende Akteur steht vor ihnen. In der Regel sind diese
Hoffnungen vergeblich, und das Problem der Integration unterschiedlicher Module, da nicht selbstevident, wird in der klassischen KI notorisch unterbewertet.
Schizophrenie erscheint somit als Unmöglichkeit, die unterschiedlichen Fähigkeiten nahtlos in ein großes Ganzes zu integrieren. Die unterschiedlichen Module
basieren häufig auf widersprüchlichen Annahmen und unvereinbaren Denksyste-
men, und so erzeugt der kleine Sinn meist großen Unsinn.

Die alternativen KI-Forscher fassen das künstliche Handlungssubjekt verhal-
tenstheoretisch, und ihre Methode ist es, *Verhalten* in seine Einzelteile zu zerlegen. Statt den Akteur in Module für die je gewünschten *abstrakten* Fähigkeiten
aufzuteilen, wird er anhand der Verhaltensmuster, in die er einbezogen wird, mo-
duliert. Ein Handlungssubjekt wird hier typischerweise durch Module strukturiert, die ein beobachtbares Handlungsmuster repräsentieren: Jagen, Erforschen,
Schlafen, Kämpfen. AlternativistInnen hoffen, das schizophrene Verhalten, das
die klassische KI hervorgebracht hat, dadurch zu umgehen, daß das Subjekt von
Anfang an bestimmte Verhaltensmuster kennt und damit umgehen kann. Aber
auch hier beginnt das Problem in dem Moment, in dem man versucht, die unterschiedlichen Interaktionsmuster zu einem einheitlichen Handlungssubjekt zu-
sammenzufügen. Entweder weiß der Akteur zwar, was zu tun ist, aber nicht,
wann er es tun soll, oder er hat keine Ahnung, wie er seine anders-aber-gleichen
Verhaltensweisen aufeinander abstimmen oder aneinanderfügen soll. Dann
schläft er, statt zu kämpfen, oder versucht, beides auf einmal zu tun. Auch hier
ist das künstliche Handlungssubjekt nicht ein nahtlos ineinandergefügtes

Ganzes, sondern ein kunterbuntes Durcheinander schlecht organisierter Teile.

Beiden KI-Ansätzen gemeinsam ist die Annahme, daß ein künstliches Handlungssubjekt die maschinelle Reproduktion eines »natürlichen« Phänomens darstellt und aus einem halbwegs beliebigen Sammelsurium rationaler Entscheidungsprozesse besteht. Beide Ansätze basieren auf der analytischen Methode, bei der der Prozeß als ganzer objektiv, d.h. für sich selbst genommen und ohne Bezug auf die menschlichen Hände, die ihn schufen, betrachtet wird, und die lange vor der Möglichkeit, künstliche Subjektivitäten zu schaffen, von Marx so beschrieben wurde: »Das Prinzip des Maschinenbetriebs, den Produktionsprozeß in seine konstituierenden Phasen zu analysieren und die so gegebenen Probleme durch Anwendung der Mechanik, Chemie usw., kurz der Naturwissenschaften zu lösen, wird überall bestimmend« (MEW 23: 485). In der KI-Forschung wird menschliches Verhalten ohne Bezug auf kulturelle Kontexte betrachtet und dann mittels der analytischen Methode versucht, den Entstehungsprozeß des jeweiligen Verhaltensmusters künstlich zu reproduzieren. Methodisch sind beide Ansätze also dem alten, engen, einfachen Weg der objektiven Analyse verpflichtet, der im wesentlichen aus folgenden Schritten besteht:

1. Identifiziere zunächst ein Phänomen in der Welt, das es zu reproduzieren gilt.

2. Definiere dieses Phänomen mittels einer begrenzten Menge von Eigenschaften, die dieses Phänomen besitzen soll.

3. Versuche, jede dieser Eigenschaften durch einen formalen Rahmen rationaler Entscheidungsprozesse künstlich zu reproduzieren.

4. Füge schließlich alle rationalen Entscheidungsprozeduren zusammen, eventuell mittels einer weiteren rationalen Entscheidungsprozedur auf höherer Ebene, und unterstelle, daß es sich bei dem Resultat um das ursprüngliche Phänomen handelt.

Die Markenzeichen der objektiven Analyse – Verdinglichung und die Ausklammerung von Kontexten – sind bei beiden Ansätzen deutlich erkennbar. Durch ihr methodisches Vorgehen verraten sich beide Ansätze als nicht gerade neue Wissenschaft, sondern nur als letzte Stufe des modernen Industrialisierungsprozesses.

»Letztendlich ist die mechanische Intelligenz der Computer die Quintessenz des Kapitalismus. Der Versuch, menschliches Denken durch mechanisches Denken zu ersetzen und dadurch die Logik der rationalen, gewinnsteigernden Lösung festzuschreiben und zu kodifizieren, spiegelt das Wesen des Kapitalismus wider: die Rationalisierung und Mechanisierung produktiver Prozesse zum Zwecke der Profitmaximierung ... Die moderne Welt ist nun an dem Punkt angelangt, an dem die Industrialisierung direkt auf den menschlichen Intellekt abzielt« (Kennedy 1989: 6).

Das ist nicht weiter überraschend, ist doch KI als technische Disziplin dem großen Kapital schon immer ein anschmiegsamer Kuschelpartner gewesen. Technik und Kapital sind eng verflochten, denn technische Entwicklungen werden immer durch Geldgeber finanziert, die einfache Problemstellungen, klare Antworten und schnellen Profit erwarten, ohne sich mit kulturellen oder sozialen Belangen abgeben zu müssen. Es wäre in der Tat verwunderlich, wenn es den Forschern unter diesen Bedingungen gelungen wäre, einen anderen Blickwinkel zu entwickeln. Verdinglichungsprozesse gehören hier unweigerlich zum methodischen Vorgehen.

Doch die harte Schule des Taylorismus hat bereits gezeigt, daß Verdinglichung und Industrialisierung unweigerlich zu Schizophrenie führen. Und die Methoden der KI sind dem Vorgehen der Tayloristen verblüffend ähnlich. Tayloristen analysierten das Verhalten der Arbeiter im Hinblick auf die Optimierung der physikalischen Relation zwischen Mensch und Maschine. Der Arbeiter wurde auf eine begrenzte Zahl von Funktionen reduziert, die dann im Anschluß ohne jede Rücksicht auf die psychologische Verfassung der Menschen »optimiert« wurden. Danach wies man die Arbeiter an, sich den vorgegebenen Optimierungen gemäß zu verhalten. Das Ergebnis war katastrophal. Die Arbeiter brachen unter den Anstrengungen der sich ständig wiederholenden Bewegungen körperlich zusammen. Psychisch konnten sie dem Streß des hirnerweichenden Immergleichen nicht standhalten. Der Taylorismus wurde das Opfer seiner eigenen Kurzsichtigkeit.

Taylorismus und KI-Forschung wollen nicht nur den Produktionsprozeß, sondern das gesamte produzierende Subjekt rationalisieren. »Die moderne ›psychologische‹ Analyse der Arbeitsprozesse (im Taylorismus) treibt den Rationalisierungsprozeß weit hinein in die ›Seele‹ der Arbeiter. Sie werden von ihren psychischen Eigenschaften getrennt, die ihnen nun entgegengestellt werden, um die Integration in spezialisierte Arbeitsgänge und die Reduktion auf statistisch realisierbare, rationale Konzepte zu ermöglichen« (Kennedy 1989: 88). So wird das Subjekt zum Tummelplatz unzusammenhängender, teil-rationalisierter Prozesse, da »nicht alle mentalen Fähigkeiten durch Mechanisierung unterdrückt werden können. Es ist immer nur eine Fähigkeit (oder ein Bündel von Fähigkeiten), die dabei von der ganzen Person abgetrennt und ihr als Ding entgegengestellt wird« (Kennedy 1989: 99). An genau diesem Punkt, im Angesicht der Maschine, wird das Subjekt schizophren.

Dasselbe passiert auch in der KI-Forschung: Bestimmte Fähigkeiten werden als repräsentativ für das gewünschte Verhalten ausgewählt, separat rationalisiert, optimiert und dann in einer Art und Weise, die jedem ganzheitlichen Ansatz spottet, wieder zusammengeführt. Genau diese Reduktion von Subjektivität auf bereits verdinglichte kognitive Fähigkeiten oder Verhaltensweisen und die naive Annahme, das Resultat dieses Vorgangs sei dann Subjektivität, treiben das künstliche Handlungssubjekt in den Wahnsinn. Die analytische Methode selbst macht das Subjekt schizophren.

Bewußtseinsspaltung und Wissenschaft

Was macht unser Cyborg nun? Nachdem wir zu den Wurzeln seiner Krankheit vorgedrungen sind, scheint die Lösung einfach: Werft die analytische Methode über Bord, und unser Patient ist geheilt. Doch so wie Schizophrene häufig deshalb nicht geheilt werden können, weil ihre Familien einen Kranken brauchen, um ihr psychotisches System aufrechtzuerhalten, so kann der Cyborg nicht geheilt werden, weil seine Schöpfer die analytische Methode nicht sein lassen können. Sie ist kein zufälliges Instrumentarium in der KI-Forschung, dessen man sich leicht entledigen und durch eine neue Methode ersetzen kann. Sie ist das Herzstück der KI in ihrer derzeitigen Form.

Klassische wie alternative KI verstehen sich vor allem als Wissenschaft. Das heißt, sie müssen bei der Wissensproduktion vergegenständlichende Verfahren geltend machen. Damit aber etwas »objektiv« sein kann, dürfen kontingente, kulturelle und historische Zusammenhänge keine Rolle spielen, und dies entspricht dem Wesen der Warenstruktur im Kapitalismus, das »[darauf] beruht, daß ein Verhältnis, eine Beziehung zwischen Personen den Charakter einer Dinghaftigkeit und auf diese Weise eine ›gespenstige Gegenständlichkeit‹ erhält, die in ihrer strengen, scheinbar völlig geschlossenen und rationellen Eigengesetzlichkeit jede Spur ihres Grundwesens, der Beziehung zwischen Menschen verdeckt« (Lukács 1968b: 257). Jede Wissenschaft braucht Verdinglichungen, um ihre historisch zufällig entstandenen Resultate als universelle (ahistorische) Wahrheiten zu verkaufen.

Genauer gesagt, für jede Art von Objektivität sind Verdinglichungsprozesse die integralen Bestandteile eines wissenschaftlichen Vorgehens. Solange es um Objektivität geht, muß das wissenproduzierende Subjekt sorgfältig ausgeklammert bleiben. Darum müssen die Kontexte, in denen der Gegenstand betrachtet wird, so eingeengt werden, daß die ForscherInnen selbst und alle anderen, schwer meßbaren oder sonstwie nicht rationalisierbaren Faktoren nicht mehr in den Blick geraten. »Die ›reinen‹ Tatsachen der Naturwissenschaften entstehen nämlich dadurch, daß eine Erscheinung des Lebens wirklich oder gedanklich in eine Umgebung versetzt wird, in der ihre Gesetzmäßigkeiten ohne störendes Dazwischentreten anderer Erscheinungen ergründet werden können« (Lukács 1968a: 176). Objektivität erfordert Vereinfachung, Festlegung und Ausschluß. In der KI-Forschung erfordert es die analytische Methode.

Die analytische Vorgehensweise verfährt in zwei wesentlichen Schritten. Zuerst reduziert sie ein beobachtetes Phänomen zum formalisierten Schatten seiner selbst. Dann setzt sie dieses formalisierte, rationalisierte Objekt gleich mit dem beobachteten Phänomen in der Wirklichkeit. Der Vorgang der Formalisierung erfordert die Festlegung eines jeden Gegenstands auf eine endliche Anzahl vollständig beschreibbarer Eigenschaften. Er setzt Verdinglichungsmechanismen voraus. Für den ungarischen Kognitionsforscher Mero sind Formalisierungsvorgänge die Bedingung für Objektivität: »Die Glaubensgrundlage der Wissenschaft ist die Objektivität, und Formalisierungsvorgänge sind ihr unumgänglicher, sekundärer Auswuchs. So gesehen ist die formalisierte Sprache der Wissenschaft ein Epiphänomen der Objektivität« (Mero 1990: 187). Auch der zweite Schritt des analytischen Vorgehens, die Gleichsetzung des wissenschaftlichen Blicks auf einen Gegenstand mit diesem Gegenstand selbst, ist unerläßlich für Objektivität. Was bliebe sonst übrig vom umfassenden Wahrheitsanspruch, wenn sich Teile eines Phänomens einfach verdrücken könnten?

Daher leitet sich die analytische Methode unmittelbar aus der Tatsache ab, daß KI sich als Wissenschaft mit den damit einhergehenden Objektivitätsansprüchen versteht. Und wenn wissenschaftliches Vorgehen, wie ich gezeigt habe, unweigerlich zu Schizophrenie führt, dann genau deshalb, weil es seinen engen Blick auf das Subjekt für das Subjekt selber hält. Da die reine Wissenschaft nur rationales, formalisiertes Wissen erlaubt, ist ihr das Subjekt immer um Längen voraus und erscheint wie in einem zerbrochenen Spiegel immer unfaßlich heterogen.

Die Schizophrenie-im-Angesicht-des-Betrachters kann für das Subjekt befreiend sein, da es ihm Räume schafft, die wissenschaftlich weder erfaßt noch beschrieben werden können. Gleichzeitig kann aber der Glaube an wissenschaftliche Erkenntnis das Subjekt dazu verleiten, zu meinen, es gäbe nichts außerhalb dieses engen wissenschaftlichen Rahmens. Sobald das Subjekt selbst an seine Bewußtseinsspaltungen glaubt, ist es unfähig, sich noch als handelndes zu begreifen. Es versteht sich selber nur noch im Rahmen hochspezialisierter Wissenschaften: der Psychologie, der Biologie, der Soziologie, der Ökonomie usw., die freilich alle in gewissen Grenzen bestimmte Ursache-Wirkungsverhältnisse erklären können, die letztlich aber nur unter dem Mikroskop Gültigkeit behalten und die, zusammengenommen, nichts als Verwirrung und Widersprüchlichkeiten erzeugen. Die schizophrenen Zustände, unter denen das Subjekt leidet, ergeben sich aus der Tatsache, daß es von allen Wissenschaften als Gegenstand betrachtet wird. Die damit einhergehende Lähmung des Subjekts hat aber auch ihre Vorteile: je weniger sich das Subjekt auflehnt und wehrt, desto weniger wird es die Grenzen seiner Festlegungen überschreiten. So gesehen ist das schizophrene Subjekt tatsächlich das Produkt der kontextfreien Wissenschaft.

Nach der Schizophrenie - Für eine neue KI

Nochmals die Frage: Was macht unser Cyborg? Wie eben gezeigt, befreite die alternative KI-Forschung das Subjekt nicht vom Rationalitätsprinzip, und seine Schizophrenie entpuppte sich als Symptom des klammheimlichen Festhaltens an den Maßstäben der Objektivität. Alternative KI hat zwar wichtige und löbliche Schritte in Richtung Anerkennung von schizophrenen Subjekten in der KI-Forschung und weg von der Idee eines rein rationalen Subjekts gemacht. Ihre Integrationsansätze und die Verbindung von Akteur und Umwelt haben revolutionäres Potential. Sie geht jedoch nicht weit genug, um die Probleme der Rationalität zu überwinden. »Schizophrenie ist zugleich die Mauer, der Durchbruch durch diese Mauer und das Scheitern des Durchbruchs« (Deleuze/Guattari 1977: 178). Alternative KI-Forschung hat die Schizophrenie als Mauer erkannt, sie aber nicht durchbrochen.

»Nicht weit genug gehen« heißt hier, daß die alternative KI den überkommenen epistemologischen Grundlagen von Gültigkeit und reiner Objektivität verhaftet bleibt. Weit entfernt davon, auf herkömmliche Vorstellungen von Objektivität, Technik und kontextfreien Handlungssubjekten zu verzichten, machen alternative KI- und besonders »Artificial Life«-ForscherInnen diese sogar noch stärker, falls das überhaupt möglich ist. Das zentrale Anliegen von »Artificial Life« besteht darin, Subjektivität als technischen Prozeß und künstlich erzeugte Subjektivität als eine Form der objektiven Wissensproduktion zu beschreiben. Alternative Formen von KI gelten als wissenschaftlich fundierter als die klassische KI.

AlternativistInnen sehen zwar, daß zum Beispiel die sogenannte »symbolische Programmierung« der traditionellen KI-Forschung stark durch kulturelle Kontexte geprägt ist. Aber im Unterschied zu den KollegInnen der klassischen KI glauben sie, wenn sie auf symbolisches Programmieren ganz verzichten, würden die kulturellen Prägungen und historischen Vorannahmen ihre Arbeit nicht mehr beeinflussen, und damit sei das Problem gelöst. Ein »Artificial Life«-Forscher verkündet ganz naiv, er werde von nun an kulturell bedingte symbolische Implikationen nicht mehr beachten: »Der Begriff ›Handlungsträger‹ (*agent*) gilt als Star der psychologischen Ontologie. Er ist unweigerlich mit Vorstellungen von

Intentionalität und Zweckmäßigkeit des Handelns verknüpft, die wir hier aber vermeiden wollen. Wir werden den Begriff fortan ohne den damit assoziierten Ballast verwenden« (Smithers 1992: 33).

Weil sie dem Handlungssubjekt einen synthetischen Körper gaben und sich der mentalistischen Terminologie vordergründig enthielten, glauben alternative KI-ForscherInnen, die Ebene der Bedeutungskonstitution umschiffen und somit reine Wissenschaft betreiben zu können. Waren die Signifikanten in der klassischen KI noch freischwebend und arbiträr, so sind die von den AlternativistInnen verwendeten Symbole in der physikalischen Welt »verankert«. Den Vertretern der klassischen KI wird häufig vorgeworfen, sie würden (sich selbst) betrügen, da sie die »harten« Schranken der »richtigen Welt« nicht mitdächten – eine »richtige Welt« übrigens, die, auch wenn das von den AlternativistInnen selten gesehen wird, immer schon vorstrukturiert bei uns ankommt.

Merkwürdig ist es schon, daß gerade die alternative KI-Forschung so eisern am Begriff der Objektivität festhält. Denn deren eigentliche Erkenntnis, daß Handlungssubjekte nur im Kontext ihrer Lebenswelt und ihrer Interaktionen, sprich nur innerhalb eines Umfelds, das eben kulturell stark vorgeprägt ist, betrachtet werden können, hätte die krasse Trennung zwischen Handlungsträger und seinem Entstehungsumfeld, welche die objektive Analyse voraussetzt, im Grunde aufheben müssen. Der einzige Weg, an Objektivität festzuhalten, war, genau dort tiefe Lücken in den Definitionen von Kontext zu lassen, wo man normalerweise die kulturelle und historische Bedingtheit eines Handlungssubjekts klar erkennen konnte. So klaffen reichliche, definitorische Lücken dort, wo es sowohl physisch als auch wissenschaftlich um die Produzenten, die Konstrukteure und die Adressaten des Cyborgs geht, die ja erst darüber entscheiden, ob und wann das künstlich geschaffene Handlungssubjekt überhaupt handlungsfähig, schizophren oder wissenschaftlich haltbar ist. Anders gesagt: Alternative KI hält sich nicht an ihre eigenen Grundlagen. In dem Moment, in dem sie ihre Mittäterschaft bei der Entstehung eines künstlichen Handlungssubjekts hätte erkennen können, klebte sie, wie ehedem die klassische KI, fest an ihren engen Vorstellungen von »Objektivität«.

Die Ursachen der Schwierigkeiten, einen radikaleren Begriff des Handlungssubjekts und seiner Konstruktion zu entwickeln, liegen auf der Hand. Es erfordert nicht nur eine Neudefinition der Handlungssubjekte, sondern auch eine Veränderung der Regeln, die das ganze Wissenschaftsfeld strukturieren und nach denen Wissen erzeugt und bewertet wird. Auf den ersten Blick scheinen Veränderungen hier fast unmöglich, weil neues Wissen immer nach den alten Regeln generiert wird. Doch gerade die Schizophrenie der Cyborgs ist ein möglicher Katalysator für Veränderungen in diesem Bereich. Selbst der verbissenste alternative KI-Forscher gäbe sein letztes Hemd, wenn das Subjekt von seiner Schizophrenie geheilt werden könnte, weil sie ein enormes technisches Hindernis darstellt. Man könnte sie mit dem Vorschlag ködern, die Probleme der Integration verschiedener Handlungen durch Methoden, die über traditionelle technische Beschränkungen, Ausschlußmechanismen und Formalisierungen hinausgehen, zu lösen. Dies könnte schließlich zur Einführung nicht-objektiver, nicht formalistischer Vorgehensweisen in den unberührten, reinen, naturwissenschaftlichen Werkzeugkasten der KI führen.

Wie könnte eine solche Methode aussehen? Das wichtigste ist zunächst, den Begriff des »autonomen Handlungssubjekts« ganz aufzugeben. Das autonome Handlungssubjekt reagiert per definitionem ohne Bezugnahme auf die Leute, die es geschaffen haben, oder die anderen, mit denen es interagiert. Indem so getan wird, als stünde der Handlungsträger in keiner Verbindung zu seinem Entstehungsprozeß, wird das Problem des Verhältnisses von Hersteller und Adressat einfach umgangen, und die Rolle des künstlichen Akteurs in seinem kulturellen Zusammenhang bleibt nebulös. Geschickterweise ermöglicht dieser Kniff den Produzenten der künstlichen Subjekte auch den Rückzug aus Auseinandersetzungen um die ethischen Implikationen ihres Tuns. Sie bauen ihr Handlungssubjekt erst auf, dann lassen sie es einfach fallen.

Um der Bewußtseinsspaltung des künstlichen Subjekts zu entkommen, schlage ich vor, sich den Handelnden als Interface oder Interaktionsschnittstelle vorzustellen. Es geht also weder um ein Sammelsurium kognitiver Fähigkeiten noch um ein Konglomerat von Verhaltensweisen, sondern der Akteur soll als Interaktant, der mit anderen kommunizieren kann, indem er für seine Umwelt verständliche, lesbare Zeichen produziert, betrachtet werden. Für eine neue KI-Forschung schlage ich deshalb vor:

1. *Ein Aktant ist immer nur so gut wie sein Umfeld, das nicht nur aus den ihn umgebenden Objekten, sondern auch aus seinen Herstellern und Adressaten besteht.* – Autonome Inter-Aktanten sind nicht an und für sich »intelligent«, sondern nur hinsichtlich eines bestimmten Wertesystems, das sie hervorbringt. Dieses System beinhaltet auch die expliziten und impliziten Ziele des Projekts, innerhalb dessen sie entwickelt werden, und die Geldgeber des Projekts, die die Forschung ermöglichen und die Richtung vorschreiben. Die Programmierung eines künstlichen Handlungssubjekts darf nicht nur linear durch Verfolgen von bestimmten Codes erfolgen, sondern muß vielmehr alle sozialen Vernetzungen einbeziehen, die zusammen erst ein vollständiges Bild des Aktanten ermöglichen und die für seine Bedeutung unerläßlich sind.

2. *Das Design eines Aktanten sollte sich nicht auf den Aktanten allein kon-zentrieren, sondern eine dynamische Bezugnahme auf seine physikalische und soziale Umgebung einkalkulieren.* – In der klassischen KI wurde der Aktant für sich allein betrachtet. In der alternativen KI wurde er für ein physikalisches Umfeld konstruiert. In einer neuen KI sollte der Aktant im Hinblick auf seine physikalische, kulturelle und soziale Umgebung gestaltet werden. Diese komplexe Umgebung schließt seine ArchitektInnen, seine ProgrammgestalterInnen sowie diejenigen mit ein, die mit dem künstlichen Subjekt interagieren, also auch jene, die es dabei zu bestimmten Zwecken beobachten und bewerten. Dazu gehören vor allem die WissenschaftlerInnen, die den epistemologischen Status des künstlichen Akteurs festzustellen haben. Die Zwecke und Ziele all der eben aufgeführten Parteien müssen explizit in die Konstruktionspläne, Festlegungen und Programmierungen des künstlichen Subjekts einbezogen werden.

3. *Ein künstlicher Aktant ist und bleibt immer eine Repräsentation.* – Künstliche Akteure reflektieren immer (nur) die Vorstellungen ihrer SchöpferInnen und basieren auf deren Verständnis von Mechanik und Menschsein, von Intelligenz, Lebendigkeit und Subjektivität. Künstliche Subjekte sind also kein jungfräuliches Testfeld der Kognitionswissenschaften, sondern kulturell immer schon überkodiert. Sie sind eine gigantische Kreuzung, auf der Kultur und Technologie aufeinandertreffen und ihre Zusammenhänge deutlich werden.

Eine neue KI könnte ihre Akteure vor Schizophrenie schützen, weil sie ihnen nicht mehr die Beweislast eines riesigen, selbstwidersprüchlichen Denksystems aufbürdet. Statt das künstliche Subjekt für die Defekte seiner Eltern verantwortlich zu machen, sollte es als Teil eines Gesamtsystems begriffen werden. Statt zu versuchen, den künstlichen Akteur so autonom wie möglich zu gestalten und seine Existenz- bzw. Konstruktionsgrundlagen so gründlich wie möglich zu verwischen, sollten wir den Akteur zunächst einfach als Erleichterung für Menschen in bestimmten Interaktionszusammenhängen betrachten.

Fabrizierte Subjekte sind fragmentierte, gespaltene Subjekte. Wenn sie zerbrechen, nützt auch die Injektion einer ordentlichen Dosis unverdünnter, reiner Wissenschaft nichts mehr.

Es wird höchste Zeit, über eine rein naturwissenschaftliche Konstruktion abstrakter Subjektivitäten hinauszugehen und den bislang »autonom« Handelnden wieder in dem Umfeld zu verankern, das ihn schließlich hervorgebracht hat und in dem er agieren soll. Die Schizophrenie des künstlichen Subjekts ist nur das Symptom einer viel tiefer sitzenden Krankheit: Sie verweist auf den Punkt, an dem Begriffe wie Objektivität und Analyse endgültig versagen. Um den Cyborg von seinem Leiden zu heilen, müssen wir die Vorstellung eines Aktanten-als-Objekt aufgeben und seinen Sinn innerhalb eines größeren kulturellen Rahmens begreifen lernen.

Aus dem Englischen übersetzt von Bettina Seifried

Literatur

Brooks, Rodney A. 1991, Elephants Don't Play Chess, in: Pattie Maes (Hg.), *Designing Autonomous Agents: Theory and Practice from Biology to Engineering and Back.* Cambridge: MIT Press: 3–15.

Deleuze, Gilles und Guattari, Félix 1977, *Anti-Ödipus. Kapitalismus und Schizophrenie.* Frankfurt: Suhrkamp.

Kennedy, Noah 1989, *The Industrialization of Intelligence: Mind and Machine in the Modern Age.* London: Unwin Hyman.

Lukács, Georg 1968a, Was ist orthodoxer Marxismus?, in: *Geschichte und Klassenbewußtsein.* Neuwied: Luchterhand: 171-198 (Werke Band II).

Lukács, Georg 1968b, Die Verdinglichung und das Bewußtsein des Proletariats, a.a.O.: 257-397.

Marx, Karl (1962), *Das Kapital,* Band 1. Berlin: Dietz Verlag (MEW 23).

Mero, Laszlo 1990, *Ways of Thinking: The Limits of Rational Thought and Artificial Intelligence,* New Jersey: World Scientific.

Newell, Allen 1981, The Knowledge Level, *CMU CS Technical Report,* CMU-CS-81–131.

Smithers, Tim 1992, Taking Eliminative Materialism Seriously: A Methodology for Autonomous Systems Research, in: Francisco J. Varela and Paul Bourgine (Hg.), *Towards a Practice of Autonomous Systems: Proceedings of the First European Conference on Artificial Life,* Cambridge, MA: MIT Press: 31–47.

Ravi Sundaram

Jenseits des nationalistischen Panoptikums

Cyber-Öffentlichkeiten in Indien

Aus der Perspektive eines Landes, das fest in der Peripherie des Spätkapitalismus verortet ist, läßt sich feststellen, daß die alten modernistischen Ideologien des ausgehenden 19. Jahrhunderts in einer tiefen Krise stecken. Die großen Glücksversprechen von Nationalismus und Marxismus haben sich im südlichen Teil Asiens nicht erfüllt. Statt dessen beobachten wir einen dramatischen Prozeß der De-Territorialisierung und erneuter Territorialisierung gleichermaßen, in dessen Verlauf historische Vorstellungen von Staatsbürgerschaft, Grenzen, Zeit und Geschichte eine aktive Umformung erfahren. Den Bewohnern der Dritten Welt, die in den Ruinen der zerfallenden Artefakte des Nationalismus noch nach ihrer Identität suchen, wird langsam klar, daß sich die Stürme des Fortschritts gelegt haben und auch nicht wiederkehren werden.

Das hat etwas Paradoxes. In dem Moment, in dem sich Vorstellungen von Modernität von ihren Vorläufern aus dem 19. Jahrhundert abzulösen beginnen, erleben auch die westlichen Mächte, die immer als Verkörperung des Modernen galten, eine massive Schwächung. Zum ersten Mal seit dem 16. Jahrhundert verschieben sich die Zentren der Macht und des Reichtums vom Westen nach Ostasien, möglicherweise sogar nach China. Die moderne Staatsmacht, die sich auf feste Grenzen und das Konzept der Souveränität stützte, zerfällt, im Westen selbst lösen sich die klassischen Vorstellungen von Subjektivität, Repräsentation und Freiheit auf und werden in ihren Teilen nie wieder ganz zusammenfinden. Das Jahrtausend der westlichen Welt, das mit der Brutalität der Kreuzzüge begann und in der Übermacht Europas kulminierte, neigt sich seinem Ende zu und hinterläßt eine in ihren Grundfesten erschütterte Idee von Modernität.

Die Dynamiken des indischen Eintritts in die elektronische Welt ergeben sich vor dem Hintergrund dieser Krise der westlichen Moderne und ihres Produkts, des Territorialstaats, der auf dem Konzept von Souveränität gründet. Gerade durch das Verblassen der Bilder und Ikonen des »Westens« wird Cyberspace für viele NutzerInnen aus der Dritten Welt attraktiv, denn im virtuellen Raum leuch tet er heller denn je. Diese gegenläufige Entwicklung zeitigt eine neue Form des Reisens der Drittwelt-Eliten gen virtuellen Westen, und in diesem Zusammenhang scheint mir die bisherige Kritik am Cyberspace, sowohl aus der Dritten Welt als auch von klassisch marxistischen Positionen, zu kurz zu greifen. Sie spricht immer nur von der »Musealisierung« der Dritten Welt im Netz oder von der Übermacht des multinationalen Kapitals in der politischen Ökonomie der Daten-Highways. Natürlich stimmt beides, aber damit läßt sich die Rolle nicht erklären, die der virtuelle Raum bei lokalen und regionalen Versuchen spielt, nationale Identitäten umzumodeln oder herzustellen. Obwohl das Verhältnis zu einem imaginären Westen sicher die Cyberpraktiken in Indien bestimmt, erklärt es die komplexen Zusammenhänge dieser Praktiken nicht ausreichend.

Indien, Cyberspace und seine Öffentlichkeiten

Für ein Modell der Cyberpraktiken in Indien gilt es folgendes zu beachten:

1) Zunächst einmal die einfache Tatsache, daß Indien an der Peripherie der kapitalistischen Weltwirtschaft liegt, ein nur gering ausgebautes Telefonnetz hat und nur wenige überhaupt mit Strom versorgt sind.

2) Indien hat keine Cyberpunk-Tradition, es gibt überhaupt keine eigene Science-Fiction-Kultur. Künstler und kulturelle Gruppen standen der Technik immer sehr ambivalent gegenüber. In der Geschichte Indiens waren (künstlerische) Darstellungen von Wissenschaft und Technik vom Staat gefördert und trugen Züge des sozialistischen Realismus.

Dennoch gibt es in Indien heute ziemlich viele Leute, die an die elektronischen Netzwerke angeschlossen sind, und ihre Zahl nimmt beständig zu. Für ein Dritte-Welt-Land mit enormen sozialen Ungleichheiten wie Indien ist das ganz erstaunlich, und ich will den Gründen hierfür im Laufe dieses Textes nachgehen. Erstaunlich aber ist auch, daß »Cyberspace« im öffentlichen Diskurs eine große Rolle spielt und Gegenstand vieler Berichte und Spekulationen in den Massenmedien ist. Das liegt natürlich an der größer werdenden Zahl der Benutzer, die aber bislang öffentlich nicht präsent sind, anonym bleiben und denen die »heroischen« Qualitäten des klassischen Wissenschaftlers anhaften.

Ich habe versucht, die Nutzer in drei nicht immer klar voneinander zu trennende Cyber-Öffentlichkeiten zu unterteilen. Ich verwende den Begriff »Öffentlichkeit« hier ziemlich weit, er soll einfach anzeigen, daß Cyber-Communities entstehen, deren Initiationsriten und weitere Wandlungen sich erst noch herausbilden. Die drei Netz-Öffentlichkeiten sind: der Nationalstaat, die transnationalen Eliten und die Leute in den Nischen zwischen Staat und Markt, die sich zu Bulletin Boards und Aktionsgruppen im Netz zusammenschließen. Die Grenzen zwischen den genannten Öffentlichkeiten sind schwer auszumachen, und ihr interner Aufbau und ihre Reichweite sind recht unterschiedlich – es ist alles noch ziemlich neu. Trotzdem will ich im folgenden eine vorläufige Skizze dieser sich formierenden Communities wagen und Verbindungen zu einer nationalistischen Organisation von Raum sowie mögliche Konsequenzen für politisches Handeln und soziale Bewegungen aufzeigen.

Indische, nationalistische Politik hat Gesellschaft immer kartographisch definiert, um Raum, Identität und Repräsentationsformen zu umgrenzen. Landkarten sollten helfen, Identitäten zu institutionalisieren, Vorstellungen von Staatsbürgerschaft zu schaffen und das Verhältnis zum Westen und der damit einhergehenden Modernisierung zu repräsentieren. Grenzziehungen, abgesichert durch das staatliche Gewaltmonopol, waren für die Variante der Nachkriegs-Modernität zentral. Die Metapher der Landkarte eignet sich zudem gut, um verschiedene Strategien der post-nationalen Ära zu erfassen, durch die der Raumbegriff vom Territorium abgespalten und neue Formen von Identität geschaffen werden sollen.

CYBERÖFFENTLICHKEIT I: Nationalstaat

Nach Frederic Jameson ist die Architektur der privilegierte Ort postmoderner Repräsentationsformen, weil sie am besten neue Räume verkörpern kann. Im zwanzigsten Jahrhundert hatten alle Bewegungen ihre spezifische Ikonographie, auch der Nehrusche Nationalismus. Im Gegensatz zu Gandhis Beschwörung des »Dorfes« bevorzugte Nehrus Nationalismus den Staudamm. Er galt als »Tempel der Moderne« und stand für die Macht der säkularen Arbeit über die Natur. Der Traum des nehruschen Nationalismus war die Bändigung und Kontrolle von Energie. In Wochenschauen und in der Presse wurden die Menschen aufgefordert, Bhakra Nangal – das erste Staudammprojekt nach der Unabhängigkeit – damals durchaus noch prä-virtuell zu »besuchen«. Daß der Staudamm (oder andere strom- und stahlproduzierende Stätten) nach der Unabhängigkeit zum Ziel einer Reise werden konnte, lag einfach daran, daß »industrielles Wachstum« und Produktivität als Zeichen für Patriotismus und nationale Entwicklungen standen. Rajiv Gandhi (Nehrus Enkel) versuchte Mitte der achtziger Jahre in diese nationalistischen Konzepte eine Art zeitliche Beschleunigung hineinzubringen und die Staatsfunktionäre von dem Verhaftetsein »vor Ort« zu befreien. Die Überwindung von Raum durch Zeit sollte ohne komplizierte politischen Entscheidungen, die Räumlichkeit erforderten, vorangetrieben werden. Die alten nationalistischen Strategien behinderten Eigeninitiative und Wachstum, und daher sollte der »nationale« Raum durch Globalisierung evakuiert werden. Ende der Achtziger, Anfang der Neunziger wurde dieser Prozeß durch den Druck von IWF und Weltbank verstärkt, die alten Import-Substitutions-Politiken wurden abgeschafft und die Kontrolle der heimischen Industrie und der transnationalen Konzerne gelockert.

Das Resultat war eine einschneidende Umstrukturierung der alten nationalistischen Bilder und Ikonographien bis zur Unkenntlichkeit. »Entwicklung« blieb ein zentrales Anliegen, wurde aber als »Kommunikationsproblem« neu definiert. Der Weg in die Zukunft sollte durch Computerisierung, Vernetzung und ein neues visuelles Regime in Form des staatlichen Fernsehens gebahnt werden. Schnell wurde der Computer zur Ikone, um die herum alle staatlichen und marktwirtschaftlichen Repräsentationen kreisten. Die Auswirkungen auf den nationalistischen Diskurs innerhalb Indiens waren durchschlagend. Im Gegensatz zu Nehru, der sich wie im 19. Jahrhundert auf die physikalischen Werkzeuge der Akkumulation (Stahl, Energie, Kohle) konzentriert hatte, postulierte der staatliche Diskurs ab 1984 einen »virtuellen« Raum, in dem die Entwicklung Indiens vorangetrieben werden sollte. In öffentlichen Vorträgen, Fernsehsendungen und Pressekampagnen wurde dieser neue Raum simuliert, der, wenngleich »nicht sichtbar«, als Überwindung der Mängel nehruscher Kontrollversuche galt. Die neue Ikone Computer war eine Verdinglichung im klassischen, lukácsschen Sinn. Nur daß dieses weitestgehend unsichtbare Ding gleichzeitig eine Simulationsmaschine war, die einen neuen, abstrakten Raum – das Netz – erzeugte, der Indiens Übergang zur westlichen Moderne beschleunigen sollte. Im Verlauf dieser Entwicklungen verschob sich das alte nehrusche Panoptikum unmerklich. Das »Nationale« wurde zwar erneut beschworen und bestärkt, allerdings durch einen Diskurs, der die dem alten visuellen Regime so zentralen Begriffe von Grenze und Souveränität erheblich verkomplizierte. »Entwicklung« wurde neu definiert als ein Problem von Geschwindigkeit und Information. Je genauer wir informiert wären, desto rasanter würden wir den Westen erreichen. Mitte der achtziger Jahre trieb der Staat die Entwicklung eines nationalen Netzwerks voran, das alle größeren Zentren und Hauptstädte verbinden und riesige Mengen von Daten verarbeiten sollte, hauptsächlich im Bereich Entwicklung und Verwaltung. So entwickelte sich aus dem NIC – dem Nationalen Zentrum für Informatik –, das in den siebziger Jahren einfach nur die elektronische Datenverarbeitung in der Verwaltung einführen sollte, das größte satellitengestützte Netz Indiens: NIC-NET. Es verbindet alle regionalen und nationalen Zentren miteinander, verfügt über enorme Datenbanken im sozialwissenschaftlichen, medizinischen und juristischen Bereich, und es bedient alle staatlichen Forschungsinstitute im Lande. NICNET vernetzt alle per E-Mail und verschafft ihnen Zugang zum Internet.

Durch NICNET finden nun großangelegte Forschungsprojekte im Bereich der Künstlichen Intelligenz und des Computerunterstützten Designs statt. Mittlerweile hat NICNET Indiens erstes staatliches Netzwerk, ERNET (Educational and Research Communications Network) überholt und wird in großem Umfang öffentlich wahrgenommen. NICNET sollte nicht einfach bloß mehr Computer in die Verwaltung bringen, es sollte neue Machttechnologien schaffen. Das ist auch der Grund für sein, für indische Verhältnisse sehr ungewöhnliches, aggressives »öffentliches« Profil. Durch regelmäßige, mit viel Tam-Tam verbundene Werbung für Vernetzung, E-Mail und internationalen Anschluß bastelt sich NICNET seit Ende der Achtziger erfolgreich eine neue staatliche Cyber-Öffentlichkeit.

Das NICNET-Experiment veränderte das alte, modernistische Raster Nehrus, das noch ganz im Zeichen realistischer Repräsentationsformen stand, in dem Identität auf sicheren nationalen Grenzen beruhte und die »Wirtschaft« für nationale Erneuerung und Modernität stand. Das von NIC geschaffene Netz stellte das alte Modell nicht direkt in Frage, sondern negierte es unter Beibehaltung der alten Bilder und Metaphern (Entwicklung, neue »Nation«, Beschleunigung). Wichtig war, einen simulierten Raum voranzutreiben, der »beschleunigen« sollte, was das alte Modell verfehlt hatte. Das durch NICNET veränderte Modell war die Simulation des früheren Panoptikums: Jeder Distrikt sollte fortan an die Hauptstadt angeschlossen sein, diese wiederum wurde an das nationale Zentrum angekoppelt. Diese neue Panoptikumstechnik entfaltet ihre Wirkung durch das Versprechen eines neuen Raums, der die Einheit der Nation gewährleisten soll, die durch interne Auseinandersetzungen und globale Vereinnahmung gefährdet ist. Dieser phantasmagorische neo-nationale Raum hat allerdings zwei Schwächen. Die eine ist die rauhe Wirklichkeit der Peripherie, in der die reibungslose Kommunikation permanent durch den Zusammenbruch der Netze bedroht ist. Die andere ist die zunehmende Vervielfachung der Netzwerke, die die ausschließliche Macht des staatlichen Panoptikums unterläuft.

Die Reise als rhetorische Figur

In einer peripheren Gesellschaft wie Indien hat die Cyber-Ära die Idee der »Reise« radikal verändert. In vorkolonialen Zeiten waren Reisen – besonders ins südliche Asien – die Grundlage des Wissens von anderen Kulturen. Die große Gemeinschaft der Reisenden war durch Mündlichkeit geprägt und setzte einen längeren, direkten Kontakt zu anderen Gemeinschaften voraus. In der vor-modernen Welt des »Dar-ul-Islam« war Reisen die heilige Pflicht jedes Moslems: entweder einmal als Hadj nach Mekka oder zumindest in ein anderes islamisches

Land in der Nähe. Diese Reisen kannten keine Grenzen, der Reisende wurde höchstens durch seine eigene physische Verfaßtheit aufgehalten. Zeit hatte andere Dimensionen: es gab keine zeitlichen Vorgaben, wann der Reisende nach Hause zurückkehren mußte. Manche kamen erst nach vielen Jahren wieder.

Gandhi erfand die *nationale* Reise und sie begann mit einem Paradox: Gandhi benutzte nämlich die Eisenbahn, von der er selbst behauptete, sie habe den vorkolonialen Reichtum der Reisegeschichten und Reiseerfahrungen zerstört. Sie behindere auch die Entwicklung einer indischen Nation, die für Gandhi die unterschiedlichen kulturellen Elemente Indiens aufnehmen und assimilieren sollte. Die Kombination der beiden Techniken, die darin bestand, eine Pilgerreise zu Fuß mit der Bahn zu machen, sollte für Erinnerung und Auslöschung zugleich stehen. Die Pilgerreise war ein Glaubensbekenntnis. Sie gab dem Pilger das Gefühl von Nachbarschaft und Nation und ermöglichte ihm, Gleichheit und Differenz in einem zu verinnerlichen. Die mechanische Aufnahme von Territorium im Falle der Bahnreise löschte die Heiligkeit des Ortes aus und machte aus ihm rein physikalischen Raum. Gandhi ging lieber zu Fuß, da für ihn die Praxis des Wanderns eine privilegierte, weil unmittelbare Form der Interaktion mit und des Wissens von den anderen darstellte. Trotzdem benutzte Gandhi während der antikolonialen Mobilisierung auch die Eisenbahn. Um seine Ambivalenzen diesem industriell-kapitalistischen Transportmittel gegenüber abzuschwächen, wählte Gandhi allerdings *in* der Bahn einen besonderen Bereich aus. Er reiste nur in Abteilen der dritten Klasse und simulierte damit einen Raum für all jene, die mit der Demut des vor-modernen Pilgers doch die Bahn benutzen wollten. Gandhi verwendete so die Figur der Reise, um den nationalen Raum politisch zu situieren. Gandhis Reise war eine öffentliche Form der staatlichen Repräsentation, die helfen sollte, die imaginäre nationale Gemeinschaft zusammenzuführen. Die Kolonialzeit hatte den modernen Staat und neue Formen politischer Kontrolle hervorgebracht. Aus Grenzen waren Staatsgrenzen geworden, und auch im post-kolonialen Indien war die Reise durch die Vorgabe nationaler Souveränität reglementiert: Pässe waren nun Pflicht. Der Staat monopolisierte die Identität, die Staatbürgerschaft und die Repräsentationsformen der Nation.

Während der staatlich definierte, gesellschaftliche Raum des »Nationalen« in den siebziger Jahren seine volle Ausprägung fand, wurde die Figur der Reise in der populären Film-Kultur seit den fünfziger Jahren bereits bearbeitet. Im Kino entstanden damals ganze Reihen von Filmen, in denen der Hauptteil der Geschichte im Westen spielte, aber die Protagonisten immer aus Indien stammten. Die Struktur der Melodramen verlangte zwar eine Auflösung im Herkunftsland Indien, aber interessanterweise wurde die Geographie des Westens so inszeniert, daß er in einer virtuellen, simulierten Reise für all die Millionen, die nie eine Möglichkeit hatten, wirklich zu reisen, sichtbar wurde. Der indische Nationalismus hat immer im Rahmen realistischer Repräsentation operiert: über die Affirmation einer Körper-Identität, die durch eine spezifische Rahmung des Realen erzielt wurde, das wiederum einem ganz bestimmten Ort zugeschrieben wurde – der Nation. Die nationale Reise wird nun von den Implikationen des Reisens durch den virtuellen Raum ausgelöscht.

Die neue Erfahrung im Cyberspace ermöglicht dem Bürger, »anzukommen ohne abzureisen«, und bricht so mit den alten realistischen Grenzen des Reisebildes. Zum ersten Mal in der Geschichte der visuellen Regime des Westens gelingt es der Dritten Welt, sich Zugang zu bisher verschlossenen Räumen zu verschaffen. Dennoch ist auch diese Reise in neuen Netzen der Macht verfangen, die, indem sie das Subjekt vom Ort der Nation/der Peripherie befreit, es gleichzeitig auch von seiner politischen Umgebung trennt und die eine neue Gemeinschaft innerhalb der Netzlandschaften – Landsmannschaft des Post-Nationalismus – gründen will. Die alte nationalistische Landschaft unterliegt dabei einem doppelten Wandlungsprozeß. Zum einen kommt es zu einer De-Territorialisierung des alten nationalen Raums, der durch geographische Grenzen definiert war. Zum anderen aber vollzieht sich gleichzeitig eine Art transnationale Neu-Territorialisierung, im Verlauf derer sich Indien im virtuellen Raum durch die Masse der nicht in Indien lebenden Inder neu erfindet. Diese Bewegung wird von staatlicher Seite stark unterstützt und kulminiert in der Erfindung einer neuen Kategorie innerhalb des öffentlichen und politischen Diskurses: der Figur des indischen Staatsbürgers in der Diaspora oder NRI (Non-resident Indian). Diese Erfindung dient dazu, die alte Kartographie des Nationalismus neu zu zeichnen, die nationale Identität ja nur innerhalb der eigenen Staatsgrenzen zuließ. Mit der Einführung des NRI aber wurden die Grenzen weit über die nationale Souveränität bis in die Diaspora erweitert. In den alten nationalistischen Vorstellungen verließen die Menschen ihr Zuhause, ihre Nation nur, um eines Tages wieder zurückzukehren. In Wirklichkeit ist dies kaum je geschehen. Mit der Globalisierung in den achtziger Jahren wandelte sich der nationalistische Diskurs, und der NRI wurde nun als »tragender« Teil der Nation bestimmt, der sich allerdings vom »angestammten« Ort der Nation entfernt hatte.

In den achtziger Jahren wurde die Figur des NRI geradezu beschworen als einer, der neue Formen der Entwicklung verheißt. Ihm wurde eine natürliche Verbundenheit mit seiner Heimat unterstellt, die den Geldfluß nach und die Kapitalanlage in Indien aus »Verbundenheit« und Patriotismus herleitete – im Unterschied etwa zu multinationalen Konzernen. Seit einigen Jahren ist die nationale

Entwicklung jedoch ins Stocken geraten, und so spielen die NRIs in den virtuellen Räumen keine große Rolle mehr. Die Idee der Rückkehr ist nicht mehr wichtig oder ist im reinen Cyber-Raum bereits verwirklicht.

CYBERÖFFENTLICHKEIT II: Die neuen Eliten und die Diaspora

1995 gab es in Indien 120 000 NetzbenuterInnen. Für ein Land der Dritten Welt sind das ziemlich viele. ERNET, nach NICNET das zweitgrößte staatliche Netzwerk, will in Kürze weitere 8 000 Colleges vernetzen, zusätzlich zu den bereits 6 000 vernetzten Institutionen. Der Vernetzungsmarkt boomt, aber an einer adäquaten Infrastruktur, die die Hochgeschwindigkeitsverbindungen ermöglichen kann, mangelt es noch. Das Netz wird zu überwiegenden Teilen von staatlichen Einrichtungen, Forschungszentren und öffentlichen Insitutionen genutzt. Die meisten Nutzer sind männlich, aus der Mittelschicht und den oberen Kasten. Viele arbeiten an den Universitäten. Man kann aber davon ausgehen, daß mit der Liberalisierung des Telekommunikationsgesetzes die Zahl der privaten Anbieter und Nutzer erheblich zunehmen wird.

Was bedeutet die rasche Ausbreitung des virtuellen Raums für den öffentlichen Diskurs? Der Begriff »Cyberspace«, zu dem man jeden Tag mindestens zwei Zeitungsgeschichten lesen kann, kommt im Kontext der Globalisierung und des Wegfalls der alten nationalistischen Rahmung gerade recht, weil er eine Vielzahl unterschiedlicher Diskurse und Praxisformen bedient, die zusammen eine neue virtuelle (politische) Landschaft ergeben. Die alten Landschaften mit ihren zentralen Begriffen wie »Nation«, »Staatsbürger« und »Politik« werden durch neue Reiseformen verändert.

Zunächst scheinen die Web-Diskurse alte nationalistische Figuren zu reproduzieren. Die meisten kommerziellen Anbieter werben damit, indischem Kapital ein Fenster zur Welt zu öffnen. Wer als indische Firma im Netz ist, trägt dazu bei, die nationale Entwicklung voranzutreiben. Befreit von den territorialen Begrenzungen der alten Form des Kapitalismus (der immer nur dem Westen zugute kam), bekommt das indische Kapital im virtuellen Raum endlich seine Botschaft: »Hier bekommen auch kleinere Spieler weltweit Öffentlichkeit.« Die kommerzielle Botschaft ist klar: Um ihre nationale Gesinnung unter Beweis zu stellen, müssen die indischen Kapitalisten alle räumlichen Grenzen überschreiten und in den virtuellen Raum eintreten. Denn hier ist der Ort, an dem sie die Wirklichkeit ihres Daseins am Rande hinter sich lassen können. Die massive Bewegung hinein in den virtuellen Raum hängt zusammen mit dem Rückzug der alten, anglizierten Eliten der oberen Kasten von der politischen Bühne und mit ihrer Verdrängung durch neue soziale Bewegungen aus den unteren Kasten seit Mitte der achtziger Jahre. Der alten Elite sind die Gewißheiten der nationstiftenden Reise abhanden gekommen. Der Staat ist nicht länger das »sichere« Königreich ihrer kulturellen Vormachtstellung und bietet auch keine identifikatorischen Sicherheiten mehr. Die oberen Kasten haben sich in nach amerikanischem Vorbild designte, postmoderne Vorortsvillen zurückgezogen und lassen sich von privaten Sicherheitsfirmen bewachen. Was also wurde aus der nationalistischen Reise? Ich behaupte, sie ist durch den Eintritt ins virtuelle Reich hinfällig geworden. An ihre Stelle treten neue Praktiken, die einerseits die tatsächlichen nationalen Grenzen überschreiten, andererseits aber dahin gehen, neue »nationalistische« elektronische Gemeinschaften zu bilden, wie etwa die imaginäre »Hindu«-Nation. Seit Mitte der achtziger Jahre versuchen in Indien aggressive Hindu-Bewegungen dem Nationalismus neuen Aufschwung zu geben, indem sie das Bild einer bedrohten religiösen Mehrheit, die sich gegen die Moslem-Minderheit gewaltsam zur Wehr setzen muß, heraufbeschwören. Die zweite Form von Cyber-Öffentlichkeit ist demnach durch zwei verschiedene Praktiken kodiert: einmal durch den Versuch, ein Raumkonzept zu propagieren, das nationale Grenzen überschreitet, und zum anderen durch das Bestreben, einen hinduistischen Nationalismus in den virtuellen Raum einzuschreiben.

Im Zentrum dieses neuen Raums stehen neue Repräsentationstechnologien. Gandhis Dorf und Nehrus »Industrie« galten als Repräsentanten ihrer jeweiligen Vorstellung von Nation. Die virtuellen Landschaften der neunziger Jahre aber entwickeln sich aus komplex ineinandergreifenden Versuchen, neue Erzählweisen von Konsum und Begehren zu etablieren, die sich einfachen Erklärungsmustern entziehen. Diese Erzählungen und Praxisformen stehen in enger Verbindung mit dem rasanten Aufstieg von Fernsehen, Video, Musik und einer der größten Filmindustrien der Welt. Dieser neue kulturelle Bereich wird durchzogen von unterschiedlichen nationalen, regionalen und globalen Strömungen, die ein neues Subjekt produzieren: das Konsumenten-Subjekt. Die moralischen Codes, die bislang Bedürfnisse gesteuert hatten, werden neu zusammengesetzt; das nationale Imaginäre der Hindu-Bewegungen versucht diese neuen Praxisformen mit seinem Projekt zu okkupieren.

Im Schwellenbereich dieser sich mehrfach überschneidender Praxisformen und Strömungen besetzt die neue Elite einen Raum, der dazu dient, sich von der Nation, ihren Grenzen und der politischen Öffentlichkeit zu befreien. Die neuen Repräsentationsweisen, die sich durch hybride Sprachformen, Stile und fließende Bilder der An- und Abwesenheit auszeichnen, sind Teil eines flüchtigen Raums, in dem es die Nation zwar noch gibt, diese jedoch vollständig disloziert ist. Hier bietet das Netz die Möglichkeit, mit phantasierten Identitäten zu spielen, die sich aus dieser Auflösung ergeben. Die Reise in den virtuellen Raum ist eine Reise über die Grenzen der Nation hinaus.

Sich von der Dritten Welt aus einzuloggen, bedeutet zugleich die Rekonstruktion und Simulation des »Westens« als simultane Gegenwart. Die neuen Eliten Indiens erkunden den virtuellen Raum auf der Suche nach dem »Schock des Neuen«, der von Walter Benjamin in seiner Analyse Baudelaires und von Paris im 19. Jahrhundert bekanntlich als das Markenzeichen der Moderne bezeichnet wurde. Was in Benjamins Darstellung die Passagen waren, sind heute die Web-Seiten, phantastische Traumwelten voll Begehren und Konsumwünschen. Gleich der Großstadt des 19. Jahrhunderts hat das Netz für unseren Flaneur den Charakter eines Labyrinths mit geheimnisvollen Ecken und Winkeln, ein Gewebe voll unbekannter Erfahrungen und Träume, die auf der Reise entdeckt werden. Hier jedoch trennen sich die Wege des Flaneurs – des mythischen Helden der Moderne – und des indischen Netz-Reisenden wieder. Denn für den Flaneur waren die Massen der Filter, durch den hindurch er auf die Phantasmen der Großstadt blickte. Für den Netz-Reisenden in Indien gilt das Gegenteil: Man will sich von den Massen in der Wirklichkeit draußen absetzen, sich von ihnen lösen, man will sich wie »im Westen« fühlen. Diese Erfahrung, die durch die Revolution des Fernsehens (mit den Bildern des Westens) bereits seit Jahren möglich ist, wird somit um ein Vielfaches verstärkt.

Die neuen Geographien des Begehrens werden plötzlich ausschließlich vom Westen gezeichnet. Das unterscheidet die indischen von den westlichen Reiseerlebnissen. James Clifford hat darauf verwiesen, daß im Westen die »alte Topographie von Reise und Erfahrung gesprengt wurde. Man kann sich nicht mehr sicher sein, in der Ferne Neues zu finden, andere Zeiten oder Orte. Das Andere befindet sich heute gleich um die Ecke, und an den entlegensten Orten der Welt stößt man auf Altbekanntes.« Anders der Inder, der den mythischen Ort der Moderne sucht, an dem das Neue vom Territorium abgelöst ist. Die Web-Seiten sind simulierte Ausstellungen und Wallfahrtsorte, bei denen der Reisende-als-Konsument, ewig auf der Suche nach Neuem, ermahnt wird: »Anschauen erlaubt, berühren verboten«. Diese virtuellen Pilgerreisen ermöglichen Grunderfahrungen der Moderne – Schock, Ekstase, Eintritt in neue Macht-Wissens-Bereiche –, die der Peripherie, auch ihren Eliten, bislang verwehrt waren. Doch diese Erfahrungen bleiben flüchtig und unterliegen den Zwängen der Echtzeit. Langzeit-Eintauchen in die virtuelle Welt ist in Indien die Ausnahme aufgrund mangelhafter Infrastrukturen.

Wie schon gesagt, Web-Reisen zeichnen sich durch ihre zweifache Codiertheit aus: Zum einen emanzipieren sich die Eliten im Cyberspace von alten nationalistischen Rastern. Zum anderen entsteht durch die indische Diaspora, die von nationalistischen Hindugruppen und ihren Sympathisanten dominiert wird, im Netz ein neues »Indien«, in dem hinduistische Identität und Indien gleichgesetzt wird: ein Ort, an dem es keine Ambivalenzen mehr gibt. Es scheint, als ob die staatlich verordnete Modernität der Nehru-Ära sich in den virtuellen Raum verlagerte, gereinigt von jeder politischen und demokratischen Einflußnahme. Im »Indien« der Web-Sites wird »Hindu-Sein« zum »Artefakt« und ein eigentlich aushandelbarer Prozeß so zu einer Verdinglichung. Das im Cyberspace neu geschaffene Indien nimmt den ausgewanderten Indern letztlich den Druck, zurückzukehren. Die Reise ist nun hygienisch verpackt, bar aller Spannungen und ohne den Schock und die Klagen über Armut am Rande der Welt, ohne verwirrende Gefühle und kulturelle Selbstzweifel. Die Web-Sites stehen für einen homogenen ideellen Ort mit starren kulturellen Grenzen, wobei »Indien« als virtuelles Museum funktioniert für all jene, die im hinduistischen Nationalismus die Erfüllung des bislang unerfüllten Traums staatlicher Vernunft sehen: eine Welt ohne Ambivalenzen.

Beide eben diskutierte Praxisformen sind im Sinne Marcuses affirmativ. Zunächst weil die Reisen der neuen Eliten in den virtuellen Raum sich durch post-nationale Hybridität auszeichnen. Hybridität hat hier übrigens eine völlig andere Bedeutung, als es der gemeinhin heroische Status, den dieser Begriff für westliche Intellektuelle hat, annehmen läßt. Im indischen Kontext bedeutet Hybridität nämlich eine Verweigerung der populären Elemente in Kultur und Politik. Außerdem ist die aporetische Position dieser Eliten gegenüber dem Nationalen durch ihre enge Verbindung zu den regionalen und multinationalen Kapitalmächten kompromittiert. Zum anderen ist der Versuch nationalistischer Hindu-Gruppen, das Netz durch Diskurse über Herkunft, Kontaminierung und Naturalisierung zu vereinnahmen, ein unglaublich reaktionäres Unterfangen, die alte Reisemetapher auf den Kopf zu stellen.

CYBERÖFFENTLICHKEIT III: Bulletin Boards, AktivistInnen und die Suche nach Alternativen

Diese dritte Form der Öffentlichkeit ist die uneindeutigste von allen. Sie existiert im ungewissen Raum zwischen der staatlichen Cyberöffentlichkeit und den Netz-Domänen der Eliten und besteht aus einer Vielzahl von Leuten, die sich weder zum Staat noch zum transnationalen Marktsektor zählen. Die Landkarte dieser Cyberöffentlichkeit zeigt typischerweise rhizomatische Strukturen: permanent im Fluß befindliche Zonen von Aktivisten-Netzwerken, von kleinen Mailboxen und dissidenten Wissenschaftlern. Die ebenfalls fließenden Grenzlinien ziehen sich manchmal durch das staatliche Netzwerk, manchmal verlängern sie sich spielerisch in den privilegierten Web-Bereich des privaten oder multinationalen Kapitals. Weniger hybrid denn experimentell, beschreibt diese Öffentlichkeit die Möglichkeiten einer radikalen Rekonstruktion des elektronischen Raums, der echtzeitliche Erfahrungen durch die Unendlichkeit der Oberflächen einholen könnte.

Die Bulletin Board Systems (BBS) oder Mailboxen spielen bei der Überwindung der Dichotomie von Staat und Markt im elektronischen Raum eine entscheidende Rolle. Bis vor kurzem waren es nur ein paar verstreute Gruppen, aber nun schießen sie überall wie Pilze aus dem Boden. Angeführt von Kleinunternehmern, Computer- und Kommunikationswissenschaftlern und Leuten, die mit Hard- oder Software handeln, bedienen die Boards den Teil der Bevölkerung, der sich weder im World Wide Web noch in den staatlichen Netzen tummeln kann (teils aus Kostengründen, teils, weil sie ihnen nicht genügend kreativen Raum bieten).

Anfänglich drehten sich die Diskussionen dort hauptsächlich um den Computerhandel und spiegelten damit die unmittelbaren Interessen der Nutzer wider. Neuerdings aber sind die Debatten breiter gestreut und drehen sich auch um Politik oder Sexualität. Mit letzterem Thema tun sich die meisten Betreiber noch schwer (die Diskussionen finden nicht online statt), trotzdem gibt es mittlerweile sehr offene Diskussionen über Angelegenheiten, die bisher im öffentlichen Raum nicht auftauchten. Aber die BBS müssen noch immer viele Gratwanderungen vollziehen: Erst neulich gab es wilde Geschichten in der Presse, denen zufolge BBS pornographische Bilder kostenlos zum Herunterladen freigeben. Es gibt auch laufend Drohungen, die BBS staatlich zu besteuern, auch wenn es bislang nicht dazu gekommen ist.

Jeder noch so naheliegende Vergleich mit der Entwicklung der virtuellen Systeme im Westen muß meines Erachtens scheitern. In Indien wird es noch sehr sehr lange dauern, bis die Mehrheit der Leute Zugang zum Netz hat. Die BBS sind jedoch aus anderen Gründen ungemein wichtig. Denn zwischen der staatlichen Kontrolle und den großen Kapitalmächten ermöglichen sie eine interne Einflußnahme auf die im Netz laufenden Diskurse. Für den Teil der Stadtbevölkerung, der sich durch Globalisierung entwurzelt fühlt und die schock-ähnlichen Erfahrungen in der Großstadt erlebt hat, schaffen die BBS eine Netz-Zone des gesellschaftlichen Engagements und neue Handlungsspielräume. Allerdings ist hier Vorsicht geboten. Die Neuheit des Phänomens BBS, ihr undergroundiger Status bieten zwar ein Feld für Experimente, aber der Prozeß kommt erst langsam in Gang, und es ist zu früh für substantielle Aussagen. Die Erfahrungen werden mit der Ausbreitung der Netzseiten zahlreicher werden, ebenso der damit verbundene Einfallsreichtum und die techno-sozialen Praxisformen. Weibliche Stimmen, bis vor kurzem stumm, erscheinen so langsam im Spektrum der BBS. Die Strategien der Selbstdarstellung bleiben in weiten Teilen realistischen Formen verhaftet. Nur bei pornographischen Diskussionen zeigt man ein anderes »Gesicht«. Der historisch durch den Nationalismus eingebleute Hang zu umfassender Wirklichkeitstreue und zu wissenschaftlichem Vorgehen prägt noch heute alle Populärkultur. Die meisten bleiben beim Eintritt in die Technokultur diesen Vorgaben treu. Dennoch scheinen die BBS gerade dabei zu sein, eine genuine »Aufhebung« zu einer neuen, dem Realismus nicht mehr verpflichteten Darstellungsmodalität voranzutreiben.

Soziale Bewegungen, Nationalismus und Technokultur

Die meisten indischen Bewegungen sind geprägt von den Kartographierungen des Nationalstaats nach der Unabhängigkeit. Dieser Staat machte den Staudamm und die Stahlwerke zu Ikonen, zu imaginären Referenzpunkten für nationale Entwicklung. Die Diskurse der Wissenschaft und der Technik blieben modernistischen Entwicklungsmodellen verhaftet. Wissenschaft und Technik standen immer im Gegensatz zu Kultur und zeigten keine Überschneidungen mit spielerischen, kreativen Diskursen oder ästhetischen Experimenten.

Die neuen sozialen Bewegungen, die Ende der siebziger Jahren entstanden, kritisierten diese technologischen und fortschrittsgebundenen Bilder des Nationalismus, indem sie andere Wege gingen. Die Bewegungen (der Frauen, der Unberührbaren, Anti-Staudamm-Gruppen usw.) waren sich zwar in ihrer Ablehnung der staatlich unterstützten technologischen Entwicklungen einig, dennoch brachten sie keine gemeinsamen Alternativen hervor. Als dann in den achtziger Jahren der Computer als neo-modernistische Variante des Staudamms sich in Indien etablierte, wurde diese Technologie sowohl von den neuen sozialen Bewegungen als auch von den alten Linken abgelehnt. Sie machten sich lustig über den »Nutzen«, den Computer in einer peripheren Gesellschaft wie Indien haben sollten. In ihrer Kritik spiegelten sich allgemeine Zweifel an Begriffen wie Nutzen, Fortschritt und auch eine Besorgnis über steigende Arbeitslosigkeit. Daß der Computer mit der alten Entwicklungs-Rhetorik eingeführt wurde, machte ihn umso verdächtiger.

Heute jedoch werden Computer von den Bewegungen nicht nur als Hilfsmittel akzeptiert, sondern auch für die kreativen Möglichkeiten des Networking genutzt. Für diese Verwandlung gibt es eine Reihe von Gründen. Zunächst sind einfach viele Bewegungen in der Krise, viele haben sich bereits aufgelöst oder haben sich NGOs angeschlossen. Die Auflösung des alten Nationalstaats und die Krise des Marxismus verlangen nach Neuorientierungen. Da der NGO-Sektor durch globale Sponsoren unterstützt wird, ist es nur noch eine Frage der Zeit, wann er sich im elektronischen Raum ausbreitet. Das alles spielt zwar sicher eine Rolle, aber es genügt noch nicht, um die umfassende Akzeptanz der elektronischen Netzwerke durch die Bewegungen zu erklären. Ich meine, daß ein wichtiger Faktor auch um Fragen von Begehren und Identität kreist. Die alten Staudämme und Stahlwerke repräsentierten als gigantische Symbole den nationalistischen Machtwillen und führten gewaltsam zu Vertreibung, Entwurzelung und Zerstörung der alten Dorfverbände. Als gewalttätige Symbole stehen diese »Stätten« für die großen Bewegungen noch immer im Brennpunkt der Auseinandersetzungen. Die virtuelle Welt aber, die »hinter« dem Computer steckt, ist frei von der körperlichen Gewalt, die mit dem Entwicklungsmodernismus verbunden wird. Ich denke, daß der virtuelle Raum vielen AktivistInnen erstmals die Möglichkeit bietet, lustvoll mit den Dingen umzugehen, ohne die tatsächliche Gewalt der Entwicklungstechnologien der Moderne spüren zu müssen. E-Mail, Internet und Bulletin Boards schaffen neue Zwischenräume, in denen die Utopien der Modernität, die Möglichkeit eines Ausprobierens sich ohne drohende Zerstörung mit der Lust an den Initiationsriten der Technokultur überschneiden. Außerdem bieten sie Möglichkeiten, mit sich selbst in einen Dialog zu treten. Die »abgerundeten« Vorstellungen von Identität aus der nationalistischen Epoche ließen keine Ambivalenzen zu. Nun aber eröffnen sich in jeder Hinsicht neue Vorstellungs- und Handlungsmöglichkeiten.

Natürlich sind bislang nur sehr wenig Leute ans Netz angeschlossen: Sie kommen meist aus den Großstädten und sind entweder recht wohlhabend oder werden durch global operierende Bewegungen unterstützt. Bemerkenswert ist dennoch, wie groß die Akzeptanz des neuen Mediums quer durch alle dissidenten Bereiche ist, die den Technologiemonumenten des Nationalismus so kritisch gegenüberstehen. Vielleicht ließe sich argumentieren, daß der Eintritt in virtuelle Räume der Technik als einer kulturellen Praxis mehr Popularität verschaffte, als alle Nehruschen Monumente zusammen es je konnten. Mit Sicherheit aber läßt sich schon jetzt sagen, daß man Donna Haraways Konzept eines »situierten Wissens« folgend in Indien völlig neue Praxisformen entstehen sieht, die die Überwindung der binären Logik des Entwicklungsmodernismus anzeigen. Der Fortschrittsmodernismus hier vollzog sich als spezifische Dritt-Welt-Variante dessen, was Foucault die »Erpressung der Aufklärung« nannte. Foucault benutzt diesen Begriff in seinem Aufsatz über Kants »Was ist Aufklärung?«, um damit auf die Gewaltsamkeit des philosophischen Entweder/Oder zu verweisen, das uns die

Aufklärung beschert hat: entweder wir akzeptieren das Konzept der Aufklärung und bleiben so in der Tradition des Rationalismus, oder wir kritisieren es und geraten damit in Versuchung, alle Prinzipien der Rationalität zu verwerfen. Es gibt, so Foucault, einfach keine andere Wahl, keinen dritten Weg. In Indien allerdings war es weniger dramatisch, es galt, sich zwischen den simpleren Oppositionen Entwicklung/Wissenschaft/Fortschritt versus Tradition/Reaktion/Stillstand zu entscheiden. Fest gegründet auf staatliches Gewaltmonopol, hatte die erste Triade lange Zeit eine Vormachtstellung, der sich auch große Teile der linken Opposition anschlossen. Erst in den letzten zwanzig Jahren tauchten Elemente einer genuinen Möglichkeit der »Aufhebung« innerhalb der sich neu formierenden sozialen Bewegungen auf. Die alten Oppositionen funktionieren nicht mehr, ein diskursiver Raum der Hinterfragung konnte sich entwickeln und gab neuen Ideen von Technik, Tradition und populären Experimentierfeldern neuen Aufschwung.

Die heutige Generation politischer AktivistInnen ist bereits an einem Punkt, an dem der Widerstand gegen riesige Staudämme und Vertreibung einhergehen kann (wenn möglich) mit der Erkundung der virtuellen Räume. Es ist schon bemerkenswert, daß diese erstaunliche Entwicklung bislang nicht zur Sprache gebracht wurde. Dennoch: Trotz der Vielfalt und der enormen Möglichkeiten innerhalb dieser dritten Form der Cyber-Öffentlichkeit, neue Räume zwischen Markt und Staat zu schaffen, bleibt der Zugang bisher nur wenigen vorbehalten. Die Pläne des staatlichen Netzwerks ERNET, weitere 8 000 Hochschulen und Colleges anzuschließen, werden diese Öffentlichkeit zwar verbreitern, aber es bleibt die dringende Notwendigkeit, sich vehement für billige, allen zugängliche Netzwerke einzusetzen. Die neo-liberale Haltung der Regierungseliten sträubt sich gegen jede Erweiterung von Öffentlichkeiten im elektronischen Raum. Den AktivistInnen in Indien steht noch ein langer Kampf bevor.

Aus dem Englischen übersetzt von Bettina Seifried

Jason Wehling

»Netzkriege« und AktivistInnen-Power im Internet

Nach dem sogenannten »Sieg« der Republikaner bei den vorletzten Wahlen geriet die politische Linke in den USA stark ins Wanken. Alle, und allen voran die großen Medien, wollen uns erzählen, dieser Sieg sei eine Revolution: eine Revolution von rechts. Unabhängig davon, ob dies nun stimmt oder nicht, plagt viele AktivistInnen das Gefühl, ihre Arbeit sei umsonst und folgenlos. Interessanterweise behauptet nun gerade ein Forscher der RAND-Corporation, David Ronfeldt, daß, ganz entgegen der Ohnmachtsgefühle vieler politischer AktivistInnen, letztere zu einer treibenden Kraft im politischen System geworden sind und daß die Revolution im Informationssektor dazu erheblich beigetragen hat. Computer, Kommunikationsnetzwerke und besonders das Internet haben den Grassroots-Kampagnen starken Auftrieb gegeben, und, das ist das wichtigste, die Regierungseliten nehmen sie nun tatsächlich zur Kenntnis.

Ronfeldt ist Sicherheitsexperte, und seine Spezialgebiete sind Lateinamerika und die Folgen der neuen Informationstechnologien. Vor ein paar Jahren prägte er zusammen mit einem Kollegen in einem RAND-Bericht mit dem Titel »Der Cyberkrieg steht bevor!« den Begriff »Netzkrieg«. »Netzkriege« nannten sie die Aktionen autonomer Gruppen – gemeint waren damals besonders Mittelamerika-UnterstützerInnen-Gruppen und linke politische Bewegungen –, die die Datennetze nutzten, um Protestaktionen gegen die Regierungspolitik zu koordinieren und Entscheidungen zu beeinflußen oder zu verändern.

Ronfeldts Arbeiten lösten eine aufgeregte Diskussion im Internet aus, als Mitte März 1995 der Korrespondent des Pacific News Service, Joel Simon, in einem Artikel über Ronfeldts Einschätzung der Auswirkung von »Netzkriegen« auf die politische Lage in Mexiko unter die Lupe nahm. Simon führt darin aus, daß Ronfeldt der Arbeit politischer AktivistInnen im Internet große Wirkung beimißt und sie offenbar eine entscheidende Rolle bei der Koordinierung der großen Demonstrationen in Mexiko Stadt zur Unterstützung der zapatistischen Forderungen und bei der Verbreitung der EZLN-Kommuniqués weltweit gespielt habe.

Dies, so nun Ronfeldt, habe es Gruppen, die gegen die mexikanische Staatspartei PRI (Partido Revolucionario Institucional – Institutionelle Revolutionspartei) arbeiten, ermöglicht, oft schon wenige Stunden nach irgendwelchen Versuchen der Regierung Zedillo, die Situation zu kontrollieren, internationale Aufmerksamkeit und Unterstützung zu bekommen. Was die mexikanische Regierung letztlich dazu gezwungen hat, die Fassade der Verhandlungsbereitschaft mit der EZLN zu erhalten, und in vielen Fällen ein Einschreiten der Armee in Chiapas und damit brutale Massaker an den Zapatisten verhindert hat.

Ronfeldts Einschätzung hat Folgen. Zunächst ist Ronfeldt kein unabhängiger Forscher, sondern Angestellter der berüchtigten RAND-Corporation. RAND war und ist seit seiner Gründung 1948 ein privater Ableger des militärisch-industriellen Komplexes. Paul Dickson hat in seinem Buch *Think Tanks* RAND als »den ersten militärischen Think Tank überhaupt ... und fraglos die mächtigste Forschungsabteilung der amerikanischen Armee« beschrieben. RAND hatte 1971 die zu fragwürdigem Ruhm gelangten »Pentagon Papiere« erstellt, die später an die Öffentlichkeit gelangten und die die Greueltaten der US-Truppen in Vietnam minutiös vermerkt hatten. Ronfeldt selbst hat unzählige Forschungsberichte im Auftrag von RAND geschrieben, aber seine Verbindungen zum Militär sind noch weitreichender. So hat er auch direkt für die US-Armee Berichte über die Möglichkeit der militärischen Nutzung neuer Kommunikationstechnologien verfaßt, und, was noch viel interessanter ist, er hat Führungsanalysen für die CIA gemacht. Ronfeldts Analysen zielen also sicher nicht darauf ab, linke AktivistInnen in ihrer Arbeit zu ermuntern. Allerdings zeigt sich deutlich, daß sich die US-Regierung und ihre militärischen und geheimdienstlichen Abteilungen stark für die Aktivitäten der Linken im Internet interessieren.

Netzkriege: Die Auflösung von Hierarchien und die Entstehung von Netzwerken

»Die Revolution in der Informationstechnologie«, so Ronfeldt, »höhlt alte Hierarchien aus, die eigentlich für den Erhalt von Institutionen notwendig sind. Sie verwischt alte Kräfteverhältnisse und ordnet sie neu, häufig zugunsten ehemals schwächerer oder unbedeutenderer Akteure.« Und er fügt hinzu: »Netzwerke arbeiten äußerst vielschichtig und bestehen meist aus kleineren Organisationen oder Teilen von Institutionen, die sich zusammengeschlossen haben, um ihre Aktionen zu koordinieren ... Dadurch wird es möglich, sich gleichzeitig mit unterschiedlichen und weitverstreuten Akteuren zu verständigen, zu beraten, zu koordinieren und auf der Grundlage von mehr und besserer Information als je zuvor über enorme Entfernungen hinweg aktiv zu werden.«

Ronfeldt betont, daß »progressive, linksliberale AktivistInnen aus den Bereichen Menschenrechte, Friedensbewegung, Umweltschutz, Verbraucherschutz, Arbeiterbewegung, MigrantInnen-Problematik, Anti-Rassismus und Frauenbewegung zu den intensivsten Nutzern der neuen Kommunikationstechnologie gehören.« Mit anderen Worten, politische AktivistInnen gelten als Speerspitze der neuen und mächtigen Organisierungsbemühungen im Netz.

Allen Regierungen, und insbesondere der US-amerikanischen, ist die Vorstellung zuwider, die politische Linke könnte neue Informationssysteme für ihre Zwecke nutzen. Diese Abneigung kommt besonders deutlich in den Schriften des Harvardprofessors Samuel Huntington zum Ausdruck, der übrigens auch den US-amerikanischen Teil einer Studie der Trilateralen Kommission mit dem Titel *Die Krise der Demokratie* verfaßte. Als Reaktion auf die Mobilisierung der normalerweise vom politischen Prozeß Ausgeschlossenen in den sechziger Jahren, schrieb er bereits 1975: »Zahlreiche Probleme der politischen Führung in den USA heute sind Exzesse der Demokratie geschuldet ... Eine gewisse Mäßigung in Sachen Demokratie scheint daher angezeigt.«

Unverhohlen fährt Huntington fort: »Das reibungslose Funktionieren eines demokratischen Systems erfordert in der Regel ein gewisses Maß an Apathie und Nicht-Einmischung seitens der Individuen und bestimmter gesellschaftlicher Gruppen ... Diese Randexistenz einiger Teile der Gesellschaft ist zwar zutiefst undemokratisch, aber sie ist der wichtigste Faktor, um Demokratie effektiv umzusetzen.« Anders gesagt, einige der einflußreichsten politischen Meinungsmacher in den USA finden Demokratie nur dann akzeptabel, wenn sie sich in Grenzen hält und nicht allzu demokratisch ist.

Um die Ausweitung der politischen Teilhabe, die »Exzesse der Demokratie«, einzudämmen, schlägt Huntington vor, die Freiheit der Medien zu beschränken. »Es ist unerläßlich, der Regierung das Recht einzuräumen, Informationen zu unterdrücken ... Journalisten sind aufgefordert, ihre eigenen professionellen Standards zu überdenken und Gremien zu schaffen, z.B. einen Presserat, um dies wirksam durchzusetzen. Als Alternative könnten allerdings auch staatliche Eingriffe in Betracht kommen.« Natürlich hat jede Regierung ein Interesse daran, Informationen zu kontrollieren. Wenn jedoch bereits Privatunternehmen wie die großen Zeitungen oder Fernsehanstalten reglementiert werden sollen, ob nun durch Selbstzensur oder über staatliche Eingriffe, dann wird deutlich, daß die Vorstellung eines freien, unkontrollierten Informationsflusses im Internet für die Herrschaftseliten tatsächlich eine neue »Krise der Demokratie« bedeutet.

Ronfeldt nun weiß aber schon, was dagegen zu tun ist: »Wenn Institutionen durch Netzwerke bedroht werden, dann brauchen wir ebenfalls Netzwerke, um diese Netzwerke zu zerstören.« Er schlägt vor, die US-Regierung und/oder das Militär vollkommen neu zu gliedern, um diesen ideologischen Krieg zu gewinnen (die »Ideologie« wird von ihm dabei besonders hervorgehoben), und zwar muß sie ihre hierarchische Struktur aufgeben und sich in ein selbständiger organisiertes, dezentrales System verwandeln: in ein Netzwerk nämlich. Und so darf, laut Ronfeldt, »erwartet werden, daß ... Netzkriege auch ein äußerst nützliches Mittel sind, um gegen nicht-staatliche Akteure vorzugehen.«

Ronfeldts Ausführungen sollten der Linken eigentlich schmeicheln. Denn im Grunde bestätigt er nur, daß die Computeraktivitäten linker Gruppierungen bislang nicht nur äußerst erfolgreich waren oder wenigstens große Erfolgsaussichten hatten, sondern auch, und das ist noch viel entscheidender, daß diese Aktivitäten nur dadurch unterbunden werden können, daß die Regierung in ihre Fußstapfen tritt. In einer persönlichen Mitteilung ließ Ronfeldt dies tatsächlich anklingen, als er meinte, »die Informationsrevolution kann die Zivilgesellschaft durchaus auch positiv stärken, mehr noch, Netzkriege müssen nicht unbedingt ›schlecht‹ sein oder in jedem Fall US-Interessen ›bedrohen‹. Es kommt immer darauf an.« Dennoch sollte sich die Linke über die Implikationen von Ronfeldts Arbeiten im klaren sein. Die Herrschaftseliten schauen uns nicht bloß bei unseren Aktivitäten im Internet zu (wer hätte das gedacht!), sie versuchen auch, sie zu unterbinden.

Es kam bereits zu ersten Angriffen

Die Abneigung der US-Regierung gegen politische Aktivitäten ist nicht neu. In den späten Sechzigern und frühen Siebzigern fing das FBI an, die sogenannten COINTELPRO, die Counter Intelligence Programme, zu entwickeln. Diese Programme sollten so unterschiedliche politische Gruppen wie die Black Panthers, die Bewegung der amerikanischen Indigenas, Umweltgruppen, Kriegsgegner und die Frauenbewegung »entlarven, zerschlagen, irreführen, in Verruf bringen oder auf andere Weise unschädlich machen.« Viele sind überzeugt, daß diese FBI-Programme noch heute eingesetzt werden, und verweisen auf die zahlreichen Zwischenfälle und Verfolgungsmaßnahmen, beispielsweise bei CISPES und bei Earth First!, Mitte bis Ende der achtziger Jahre.

Die Globalität des Internets und anderer, rasch wachsender Kommunikationsnetzwerke macht Attacken auf die Netze zu einem internationalen Problem, das alle bestehenden nationalen Grenzen ignoriert. Umso wichtiger also, Angriffe auf die Netze auch weltweit zu registrieren. Sie haben bereits stattgefunden. Seit Anfang 1995 wurden mehrere Computernetze, bislang allerdings nur in Europa, attackiert oder ganz zum Erliegen gebracht.

Am 28. Februar 1995 haben Carabinieri der Spezialeinheit Digos die Wohnungen mehrerer AktivistInnen der italienischen Anarchistenbewegung durchsucht. Dabei wurden Zeitschriften, Flugblätter, Tagebücher und Videokassetten beschlagnahmt. Auch die PCs der Leute wurden mitgenommen, und auf einer Festplatte entdeckten sie BITS *Against the Empire*. Es handelt sich dabei um einen Knotenpunkt von Cybernet- und Fidonet-Netzwerken. Im Haftbefehl stand dann »Verdacht auf Subversion der demokratischen Grundordnung«, was zwar völlig lächerlich ist, aber im Fall einer Verurteilung zwischen sieben und fünfzehn Jahre geben kann.

In Großbritannien wurde vor kurzem gegen einige Netzwerke vorgegangen. Der Hauptrechner der Boredom Bulletin Board Systems (BBS) in Schottland wurde von der Polizei stillgelegt, nachdem ein Hacker, der scheinbar mit dem BBS in Verbindung stand, verhaftet wurde. Die Spunk Press, das größte anarchistische Archiv, das sämtliche Veröffentlichungen in diesem Bereich auf Festplatte katalogisiert und ebenfalls in Großbritannien sitzt, war einem Pressehagel von Verunglimpfungen ausgesetzt, die fälschlicherweise behaupteten, sie arbeite mit Terroristen der Roten Armee Fraktion in Deutschland zusammen, verbreite Anleitungen zur Herstellung von Bomben und bereite »Anschläge auf Schulen, Geschäftsplünderungen und Angriffe auf multi-nationale Firmen« vor. Artikel in der Computerzeitschrift *Computing* und in der *Sunday Times*, die jeweils mit »Anarchisten randalieren auf der Datenautobahn« und »Anarchisten mißbrauchen Computerhighway für subversive Zwecke« betitelt waren, führten fast dazu, daß der Organisator von Spunk Press seinen Job verlor, weil die Firma, für die er arbeitete, befürchtete, in ein schlechtes Licht zu geraten. Er bat darum, seinen Namen nicht zu nennen. Glaubt man den Recherchen in *Turning Up the Heat: MI5 after the Cold War* [etwa: Hochkochen lassen: MI5 nach dem Kalten Krieg; A.d.Ü.] von Lara O'Hara, dann steht der Journalist, der den Artikel in der *Sunday Times* geschrieben hat, in engem Kontakt mit dem MI5, der britischen Variante des FBI.

Es ist bestimmt kein Zufall, daß die Attacken zunächst AnarchistInnen und libertäre oder sozialistische Gruppierungen trafen. Sie sind im Augenblick diejenigen politischen Vereinigungen, die im und durchs Internet ziemlich gut organisiert sind. Sogar Simon Hill, der Herausgeber des Magazins *Computing*, gibt zu, daß er hocherstaunt ist, »wie gut diese ... Gruppierungen bereits organisiert sind, obwohl sie erst seit kurzem im Internet auftauchen.« Folgt man aber Ronfeldts Thesen, dann ist das alles sehr einleuchtend. Denn wer könnte sich besser ein System zunutzemachen, das »Hierarchien aushöhlt« und die Koordination dezentralistischer, autonom organisierter Gruppen für gemeinsame Aktionen erfordert, als AnarchistInnen und libertär-sozialistische Vereinigungen? Die Angriffe werden sich aber nicht lange auf AnarchistInnen beschränken. In den USA gibt es bereits eine Reihe von Gesetzgebungsinitiativen, die die unterschiedlichsten politischen Gruppierungen betreffen könnten. Eine davon ist z.B. ein Gesetzentwurf im Senat (S390) beziehungsweise im Repräsentantenhaus (HR896), der die Verfolgung politischer Gruppen durch eine einfache Abänderung der FBI-Satzung erleichtern soll. Die Entwürfe werden von beiden Lagern unterstützt, der Schulterschluß reicht von Senator Biden (Demokrat aus Delaware) bis zu Senator Specter (Republikaner aus Pennsylvania). Ginge dieser Entwurf durch, würden alle COINTELPRO-Operationen des FBI gegen politische Meinungsfreiheit auf einen Schlag legalisiert.

Noch übler aber ist S314, zumindest in bezug auf die Computernetzwerke. Diese Gesetzesvorlage, eingereicht von den Senatoren Exon (Demokrat aus Nebraska) und Gorton (Republikaner aus Washington), will nicht nur »obszöne, anstößige, laszive, schmutzige oder unanständige« Sprache aus dem Netz verbannen, sondern mit enormen Strafandrohungen (100 000 US$ bzw. zwei Jahre Haft) verhindern, daß Online-Dienste deren Verbreitung zulassen.

Nach Auskunft des Zentrums für Demokratie und Technologie »würde dieses Gesetz die Anbieter zwingen, entweder die Aktivitäten ihrer Kunden drastisch einzuschränken oder deren E-Mail- und Internetzugänge sowie Konferenzdienste ganz zu schließen, weil sie sonst für alle Vorgänge haftbar gemacht werden können«. Anders gesagt: Eine Möglichkeit, staatliche Eingriffe zu vermeiden, ist es, das Internet einfach ganz zu lahmzulegen.

Nicht nur die Regierung hat den Machtzugewinn der AktivistInnen durch das Netz erkannt. Auch die *Washington Post* (»Mexikanische Rebellen nutzen Hightech-Waffe – Internet verhilft ihnen zu breiter Unterstützung« von Tod Robberson), *Newsweek* (»Wenn Worte die beste Waffe sind: Wie die Rebellen Internet und Kabelfernsehen ausnutzen« von Russell Watson) und sogar *CNN* (am Sonntag, 26. Februar 1995) hatten Stories über die Wichtigkeit des Internets und der Netzkommunikation im allgemeinen für die Zapatisten.

Es ist allerdings bemerkenswert, daß die Mainstream-Medien sich überhaupt nicht für die durch das Netz verbreiteten Informationen selbst interessieren. Interessant sind nur die spektakulären Aspekte des Netzes, die häufig dämonisiert werden. Sie kapieren einerseits schon, daß den »Rebellen« plötzlich ein äußerst wirkungsvolles Instrument zur Verfügung steht, aber die Medien berichten natürlich nie über die Nachrichten, die sie selbst unterdrücken.

Netzkriege haben große Wirkung

Ein gutes Beispiel für die Kraft des neuen Mediums ist die Geschwindigkeit und der enorme Ausbreitungsradius, mit denen Informationen über die Ereignisse in Mexiko durchs Internet rasten. Alexander Cockburn enthüllte in der Zeitschrift *Counterpunch* einen von Riordan Roett für die Chase Manhattan Bank verfaßten internen Bericht, in dem angemahnt wurde, daß »die [mexikanische] Regierung die Zapatisten erst eliminieren muß, um die Kontrolle über das Gebiet und die Stabilität ihrer Sicherheitspolitik zu gewährleisten.« Mit anderen Worten: Will die mexikanische Regierung Geld von der Chase Manhatten haben, dann muß die zapatistische Bewegung zerschlagen werden. Diese Enthüllung hatte zunächst nur geringe Auswirkungen, da sie in einer kleinen Zeitschrift veröffentlicht wurde. Als sie allerdings ins Internet gelangte (über zahlreiche Listenbetreiber und das Usenet), erlangte sie plötzlich unglaublich viel Öffentlichkeit. Es gab massiven Protesten gegen Chase Manhattan, die US- und die mexikanische Regierung, und am Ende war Chase gezwungen, sich vom Roett-Memo, das sie selbst in Auftrag gegeben hatte, zu distanzieren.

Anarchisten und Zapatisten sind aber nur die Spitze des sprichwörtlichen Eisbergs. Im Augenblick werden Tausende von linken Aktivitäten und Kampagnen im Internet koordiniert. Sie reichen von ziemlich lokal begrenzten Sachen wie der Anti-Proposition-187-Bewegung in Kalifornien bis hin zu einer linken College-Netzwerk-Kampagne gegen den republikanischen »Contract [on] America«. Die Netzwerkaktivitäten sind dabei nicht nur sehr effizient, wie Ronfeldt zugeben muß, sondern sie dehnen sich auch immer weiter aus. Dadurch gewinnen immer mehr Gruppen immer größeren politischen und gesellschaftlichen Einfluß. Es gibt zum Beispiel viele Gemeinsamkeiten zwischen der aktuellen Situation in Chiapas und dem sich hinschleppenden Bürgerkrieg in Guatemala, aber es gibt einen entscheidenden Unterschied: das guatemaltekische Militär mordet straflos weiter, während das mexikanische Militär nur wenige Stunden nach der Entsendung von Truppen nach Chiapas internationalen Attacken ausgesetzt war. Den Grund hierfür hat Ronfeldt ganz richtig gesehen: Netzkriege können große Wirkungen haben.

Wie werden die Regierungen nun vorgehen?

Ronfeldt selbst meint, daß extreme Maßnahmen wie S314 die von Huntington und anderen aus den Regierungseliten vorausgesagten Probleme nicht lösen werden. Gewiß stellen die freien Informationsnetzwerke ein großes Ärgernis für die Herrschenden dar, die versuchen werden, den aktuellen Tendenzen entgegenzuwirken. Dennoch wird es aus einer Reihe von Gründen unmöglich sein, das Internet zu zerschlagen. Der Widerstand wäre einfach zu groß.

Einen Vorgeschmack auf die kommenden Probleme gab es bereits, als die Regierung 1994 den mittlerweile in Verruf geratenen »Clipper Chip« einführen wollte. Dieser Chip sollte fortan zum Verschlüsselungsstandard aller US-amerikanischen PCs werden. Das Interessante daran war, daß nun alle – egal ob Privatpersonen, Gruppen oder Firmen – ihre Informationen verschicken konnten, ohne zu befürchten, daß unliebsame Augen mitlasen; den Geheimdiensten aber sollte der Regierungs-Chip ein Hintertürchen offenlassen. Das heißt, Daten waren vor allen geschützt, nur nicht vor den Regierungsbehörden. Außer bei FBI und CIA, der Nationalen Sicherheitsbehörde NSA und AT&T, die den Chip herstellen sollten, fand Clintons Plan allerdings wenig Anklang. Widerstand formierte sich quer durchs politische Spektrum. Die Erfolgschancen waren zu gering, und so schlug Clinton deshalb vor, den »Clipper Chip« nur innerhalb der Regierungsverwaltung zum Standard zu machen.

Ronfeldt selbst hält es für undenkbar, das Internet zu demontieren. Er unterstreicht ausdrücklich, daß es das Internet und die Netzkriege weiterhin geben wird. Der Trick ist eben, die Gegner mit ihren eigenen Waffen zu schlagen und besser zu sein als sie. Die Regierung muß deshalb eigene Netzwerke schaffen, die effektiver arbeiten als die der politischen Gegner. Das bringt natürlich Probleme ganz eigener Art mit sich. Was werden wohl die Generäle sagen, wenn sie hören, daß das Militär sein hierarchisches Gefüge »aushöhlen« muß, um zu einem Netzwerk aus dezentralisierten, autonom organisierten, kleineren Einheiten zu werden? Da steckt wohl noch das eine oder andere Teufelchen im Detail.

Huntingtons Vorstellung von Reglementierung und Informationskontrolle scheinen da schon realistischer. Im Moment ist es noch völlig unklar, in welchem Rahmen Gesetze auf das Internet (und andere Computernetzwerke) implementiert werden können. Es gibt nämlich drei verschiedene Gesetzesbereiche, unter denen die Netze subsumiert werden könnten. Erstens den Printmedienbereich, der aber bestens durch die Verfassung (First Amendment) geschützt ist. Zweitens den Bereich der »Common Carrier«, also den Bereich allgemeiner Übermittlungs- und Zustelldienste wie die Telefongesellschaften und die Post, aber auch die unterliegen den Prinzipien der »universellen Dienstleistung« und des »gleichen Zugangs für alle«. Bleibt also nur der Rundfunk- und Fernsehbereich übrig, der durch die FCC (Federal Communications Commission: US-amerikanische Bundesbehörde für Rundfunk und Fernsehen) schon heute extrem reglementiert wird.

Vorstellbar wäre also, das Internet einfach den FCC-Reglementierungen zu unterwerfen. Es könnte die von Huntington skizzierten Probleme dadurch lösen, daß der Staat einfach Schleusen einbaut und so den Informationsfluß seinen Vorstellungen entsprechend reguliert. Eine andere Variante, die den politischen AktivistInnen eher entgegenkäme, wäre, das Internet und alle anderen Computernetzwerke in die Kategorie »Common Carrier« einzuordnen und damit freien Zugang für alle zu garantieren.

Welchem Bereich das Internet zufallen wird, ist noch unklar, aber die Frontlinien werden bereits gezogen. Unter dem Deckmäntelchen, arme kleine Kinder vor pädophilen Knackern schützen zu wollen, hat sich gerade eine Medienkampagne formiert, die schärfere Maßnahmen fordert, um Pornographie und andere »Schweinereien« im Internet zu verbieten. Bereits 1994 versuchte die Leitung der Carnegie-Mellon Universität, ihren Angehörigen den Internet-Zugang zu diversen, als jugendgefährdend eingestuften Fotos zu sperren. Falls solche Fälle demnächst durchgehen, wäre das der Anfang vom Ende und die Einordnung unter FCC-Kontrolle wäre besiegelt. Es stimmt allerdings zuversichtlich, daß sich sehr viele Bürgerrechtsorganisationen für den »Common Carrier«-Ansatz einsetzen.

Eine weitere Möglichkeit wäre es, das Netz nicht vom Staat, sondern von Privatfirmen kontrollieren zu lassen. Fürs Internet wird ja häufig die »Autobahn«-Metapher benutzt, aber langsam entwickelt sich ein neues Bild: die »Schiene«, oder sogar die »Superschiene«. Das hat unterschiedliche Konnotationen. Die Autobahn ist öffentlich, die Schiene – in den USA – ist privat. Das Problem liegt darin, daß das Internet sich einerseits rasant ausweitet, daß jedoch das eigentliche »Rückgrat« des Netzes, nämlich die Leitungen für Hochgeschwindigkeitsdatenübermittlung, langsam veraltet. Ein Joint-venture-Projekt von IBM und MCI sieht vor, dieses »Rückgrat« zu privatisieren und fortan »Autobahngebühren« zu kassieren. Anders gesagt, sie besitzen und verlegen die neuen Leitungen und die Benutzer müssen bei der »Durchfahrt« einen Zoll blechen. Im Augenblick arbeitet das Netz noch auf der Grundlage der Gratis-Zusammenarbeit aller Rechner (oder Knoten im Netz), die gemeinsam das Internet bilden. Sollen Daten auf die Reise geschickt werden, arbeiten alle zwischen Abfahrts- und Ankunftsort liegenden Rechner zusammen und gestatten den Daten den freien Durchgang bis zu ihrem Ziel. Gäbe es Benutzungsgebühren, würde die Übermittlung auf einmal ziemlich kostspieg – ein wirksames Mittel, um politische Aktivitäten drastisch zu beschneiden und gesellschaftliche Gruppen daran zu hindern, »Netzkriege« zu führen. Langfristig könnte dies tatsächlich das Schicksal des Internets werden. Auch im letzten Jahrhundert entstand eine neue Kommunikationsform, die Tageszeitung, die für die Herrschenden dasselbe Problem darstellte wie das Internet heute – auch sie war zunächst ein billiges und allen zugängliches Medium zur Verbreitung neuer Ideen und Meinungen. Auch hier war die erste Reaktion, Gesetze zu erlassen, die ihre Nutzung einschränkten (z.B. Zensurgesetze). Zwang war und ist jedoch immer schlechteste Kontrollmittel, und so wurde er bald von einem viel wirksameren Mechanismus ersetzt, dem jede Warenform im Kapitalismus unterliegt – der Konzentration von Kapital, die unerläßlich ist, wenn es gilt, Waren mit Gewinn zu produzieren. Während also die Produktionskosten immer höher wurden, konnten die Zensuren immer weiter zurückgenommen werden. Fortan entschied der Markt, und übrig blieben nur noch einige wenige, die über genügend Geld verfügten, um eine Zeitung machen zu können. Ferner sorgten die zum Überleben notwendigen Anzeigen dafür, daß das Großkapital und die Großunternehmer auch die Inhalte kontrollieren konnten. Aus demselben Grund können auch heute Mainstream-Zeitschriften frei zugängliche Webseiten im Internet plazieren (die sich vollständig durch Werbung finanzieren), während regimekritischere Blätter (die das Anzeigenbusiness ablehnen, weil es immer mit Einmischung in redaktionelle Angelegenheiten verbunden ist) Geld verlangen müssen, damit ihre Webseiten überhaupt existieren können.

Mit »Autobahngebühren«, mit Webseiten und anderen aus Werbeeinnahmen finanzierten Veröffentlichungen, durch zu hohes Einstiegskapital werden dann Gesetze zur Kontrolle und Zensur des Datenflusses immer überflüssiger. Aber es wird noch ein Weilchen dauern, bis wir an diesem Punkt angelangt sind. Gegenwärtig ist diese Option nicht durchsetzungsfähig.

Was können wir tun?

Ziemlich sicher ist, daß RAND und wahrscheinlich auch andere Teile des Establishments an links-politischen Aktivitäten im Internet nicht bloß interessiert, sondern gleichzeitig davon überzeugt sind, daß unsere Netzwerke funktionieren. Weiterhin ist klar, daß sie unsere Aktivitäten untersuchen, um unsere mögliche Schlagkraft einschätzen zu können. Wir sollten das auch tun. Natürlich nicht, um Aktivitäten zu behindern, sondern um sie noch effizienter zu machen. Wir sollten den Spieß umdrehen, wie man so schön sagt: Ihr beobachtet uns, also beobachten wir euch! Wir sollten jede Bewegungen der staatlichen Behörden und ihre Versuche, unsere Attacken vorhersehen zu können, gut im Blick behalten.

Ronfeldt hat wiederholt bemerkt, daß uns noch viel mehr Möglichkeiten offenstehen. Der Informationsfluß funktioniert ausgezeichnet, soviel ist sicher. Aber wir können noch mehr leisten, als nur Rohmaterial zusammenzubringen, wie es bislang der Fall ist. Steigern können wir unsere Möglichkeiten besonders im Bereich der Tiefenanalysen von aktuellen Ereignissen. Dabei sollte es nicht bloß um das, was wir tun oder was die anderen tun, gehen, sondern darum, wichtige Ereignisse genau zu untersuchen und die Analysen in aller Welt zu verbreiten. Dadurch hätten politische AktivistInnen aller Netze nicht nur den Vorteil, neueste Informationen zu erhalten, sondern zusätzlich auch solide Hintergrundanalysen über die politischen, sozialen und/oder wirtschaftlichen Implikationen des Geschehens.

Eine Blume als Dankeschön

In einem Kommuniqué der Zapatisten vom 17. März 1995 wiederholte Subcomandante Marcos noch einmal, wie wichtig die Netzwerk-Zusammenarbeit für die EZLN ist. Aus seinen Formulierungen geht deutlich hervor, daß die Dinge durch das Netz anders geworden sind. Er sagte: »Wir haben dadurch von Demonstrationen, Liedern, Filmen und anderen Dingen erfahren, die nicht mit dem Krieg in Chiapas, der Region in Mexiko, in der wir geboren wurden und sterben werden, in direkter Verbindung stehen. Und so haben wir erfahren, daß sich viele Dinge bewegen und daß ›NEIN ZUM KRIEG‹ in Spanien und in Frankreich und in Italien und in Deutschland und in Rußland und in England und in Japan und in Korea und in Kanada und in den Vereinigten Staaten und in Argentinien und in Uruguay und in Chile und in Venezuela und in Brasilien gerufen, und in vielen anderen Ländern zumindest gedacht wurde. Wir merkten, daß es viele gute Menschen überall auf der Welt gibt.«

Marcos war ganz offensichtlich erstaunt darüber, daß sich Menschen weltweit für die zapatistische Sache stark machten. Daher schloß er sein Kommuniqué auch mit einem persönlichen Dankeschön: »Und wir wollen uns bei euch allen bedanken. Vielen Dank. Und wenn wir eine Blume hätten, würden wir sie euch jetzt schenken ... und wenn ihr alt seid, könnt ihr euren Enkeln zuhause sagen: ›Ich habe damals, Ende des zwanzigsten Jahrhunderts, auch für Mexiko gekämpft, von zuhause aus, aber ich war dennoch bei ihnen, und ich weiß, sie wollten nur, was alle Menschen wollen, denn auch sie sind Menschen, sie wollten Demokratie, Freiheit und Gerechtigkeit, und ich habe zwar ihre Gesichter nie gesehen, aber ich kannte ihre Herzen, weil sie den unseren gleich waren‹ ... Auf Wiedersehen. Gesundheit für euch und die versprochene Blume: mit grünem Stengel, weißer Blüte, roten Blättern und: keine Angst vor der Schlange, der da mit seinen Flügeln schlägt, ist ein Adler, der die Blume schützt, ihr werdet sehen ...«

Aus dem Englischen übersetzt von Bettina Seifried

Eveline Lubbers

Das müßt ihr uns erstmal nachmachen!

Netzaktivitäten in Amsterdam

Vermutlich habt ihr noch nicht viel über den niederländischen Netzaktivismus gehört. Darum will ich euch ein paar schöne Geschichten aus den Niederungen der Niederlande erzählen. Zuerst vom Niedergang des staatlichen Publikationsmonopols, dann vom Sieg über Scientology durch das Internet und schließlich über die Eröffnung der McSpotlight-Websites mithilfe der Holländer. Als kleine Anregungen, so weit wie möglich auszutesten, wo die Grenzen des Internet sind. Netzaktivismus erfordert den kreativen Umgang mit allem, was das Internet zu bieten hat. Aber das wiederum ist abhängig vom menschlichen Faktor, d.h. von unserer Phantasie ...

Der Niedergang des staatlichen Informationsmonopols

Das war der neueste Coup im Internet und bedarf eines kurzen Überblicks über die holländische Situation. Ihr werdet die Story lieben!

Zunächst werden die Mitspieler eingeführt: einmal die Agentur, für die ich arbeite namens Jansen & Janssen, die ihren Namen von den beiden umwerfenden Detektive Schulze & Schultze aus den *Tintin*-Comics hat. Jansen & Janssen entstand aus der in Amsterdam immer sehr starken Hausbesetzerszene in den achtziger Jahren. Die Hausbesetzer hatten eine Menge Ärger mit der Polizei oder dem Geheimdienst, und das Büro fing damals an, Polizeistrategien und Gegengutachten zu sammeln und weiterzugeben. Jansen & Janssen wurde 1985 gegründet und hatte bald ein beachtliches Archiv von Materialien über Polizeitaktik, wobei wir uns besonders auf die Art und Weise, wie die Polizei gegen KritikerInnen des politischen Systems vorging, konzentrierten. Wir veröffentlichten zum Beispiel Forschungsberichte darüber, wie der Verfassungsschutz das AktivistInnen-Umfeld infiltrieren wollte und wie seine Leute Asylbewerber erpreßten, um sie zur Kooperation zu zwingen. Jansen & Janssen blieb immer auf der Höhe der Zeit, und 1994 enthüllten wir die Praktiken privater Detekteien, die Informationen über Lobby-Gruppen erschnüffeln und an interessierte multinationale Konzerne weiterverkaufen. Außerdem beobachten wir Veränderungen von Polizeistrategien im Kampf gegen das organisierte Verbrechen, den zunehmenden Einfluß ausländischer Behörden auf den Drogenhandel und die Zunahme an Datensammlungen seitens der Polizeibehörden. Wir wurden wahrgenommen, aber nicht in großem Umfang und nicht von den Medien. Bis vor etwa zwei Jahren. Damals ermittelte ein Amsterdamer Staatsanwalt gegen eine Spezialeinheit der Polizei, die unter dem Verdacht stand, einen Drogenhändlerring eher zu schützen als zu zerschlagen. Die Polizei arbeitete nämlich mit einem V-Mann, der innerhalb der Dealerszene groß gemacht werden sollte, damit er an die dicken Fische rankam. Daher mußten sie zunächst wegschauen, wenn wieder containerweise Drogen aus Übersee ankamen. Am Ende war die Polizei so verstrickt in die ganze Angelegenheit und halfen mit, Im- und Export aller Arten von Drogen inklusive Ecstasy und Kokain zu organisieren. Der Staatsanwalt forderte damals, diese Art polizeilichen Vorgehens umgehend zu untersagen. Wenn er bloß geahnt hätte, was er damit, an einem Tag im Dezember 1993, losgetreten hatte ...

Es kam zu heftigen Auseinandersetzungen zwischen verschiedenen Abteilungen, Kommissariaten, zwischen unterschiedlichen Städten, zwischen der Polizei und der Staatsanwaltschaft. Beamte weigerten sich, miteinander zu reden, Polizisten riefen nach mehr Schutz ihres eigenen Lebens und das ihrer Spitzel. Die ersten Untersuchungen förderten wenig Erhellendes zutage, nicht nur, weil ein großer Teil der Abschlußberichte geheim verlesen wurde. Die Krise war dennoch da: Innenminister wie Justizminister traten zurück. Weitere Untersuchungen waren notwendig, und der parlamentarische Untersuchungausschuß namens Van-Traa-Kommission wurde mit der Sache beauftragt. Das ist unserer zweiter Mitspieler. Die Van-Traa-Kommission (nach ihrem Vorsitzenden benannt) bestand aus Universitätsprofessoren und anderen Spezialisten aus dem juristischen Umfeld. Sie hörten eine Menge Leute an, und die öffentlichen Sitzungen des Ausschusses wurden im Oktober 1985 vom Fernsehen live übertragen. Die Bevölkerung war schockiert über die Machenschaften der Polizei und darüber, wie wenig Kenntnis die übergeordneten Beamten und Behörden davon hatten. Niemand schien für irgendwas verantwortlich gewesen zu sein. Der Polizei war aufgetragen worden, die dicken Fische zu schnappen, und genau das hatten sie vorgehabt. Die unkonventionellen Untersuchungsmethoden seien nicht unbedingt illegal. Da sie nicht ausdrücklich durch Gesetze verboten seien, seien sie auch nicht ungesetzlich ...

Das Ergebnis der Untersuchungskommission wurde in 13 Bänden mit mehr als 5 000 Seiten insgesamt im Paket für 695 Gulden verkauft. Dazu gab es eine CD-Rom mit denselben Informationen und einem Index, der der Buchversion fehlte und ohne den man sich kaum durch das Paket durchfinden konnte, für nochmal 650 Gulden. Man war also gezwungen, das Gesamtpaket für über tausend Gulden zu erstehen, wenn man überhaupt damit klarkommen wollte. Verlegt wurde der Bericht von der SDU, dem ehemaligen Staatlichen Verlag, der gerade privatisiert worden war. Das ist der dritte Mitspieler.

Der unverschämt hohe Preis erregte deshalb soviel Aufsehen, weil es sich bei dem Dokument eigentlich um parlamentarische Schriftstücke handelte, die der Öffentlichkeit frei zugänglich sein müssen. Nachdem wir schon in der wichtigsten holländischen Tageszeitung *Handelsblad* dafür plädiert hatten, die Untersuchungsberichte im Internet zu veröffentlichen, beschlossen wir, daß nun Taten folgen mußten. Innerhalb einer Woche standen sie der Öffentlichkeit per Internet zur Verfügung. Parlamentarische Schriftstücke unterliegen keinem Copyright, und SDU hat nur Rechte an der gesamten Edition, nicht an den reinen Texten als solchen. Wir sahen die Lücke und machten uns da breit. »SDU-Monopol gebrochen, Van-Traa-Bericht im Internet zugänglich«, so lautete dann die Überschrift auf der ersten Seite des *Handelsblad*. Der Vorstand von SDU gratulierte uns zähneknirschend zu unserer Arbeit. Der Staatssekretär für Innere Angelegenheiten betonte im *Handelsblad*, wie wichtig es sei, Regierungsinformationen öffentlich zugänglich zu machen. Wer hätte gedacht, daß Jansen & Janssen einmal so gelobt würden von staatlicher Seite? Es war schon komisch, plötzlich so Mainstream zu sein und vom Parlament und dem ganzen Land anerkannt zu werden. Klar, wir waren zur rechten Zeit am rechten Ort, und das Monopol von SDU war vielen schon lange ein Dorn im Auge. Es brauchte nur noch einen kleinen Anstoß. Zwei Wochen später ließ SDU wissen, daß ab 1. Mai 1996 alle parlamentarischen Schriftstücke im Internet veröffentlicht würden. Kostenlos. (Aber leider als GIF-Bild, das nicht an Suchmaschinen angekoppelt werden kann.)

Ich habe diese anstrengende Arbeit sehr gern gemacht, auch wenn viel öder Kleinkram zu bewältigen war und ich kaum geschlafen habe in diesen Tagen. Es war so aufregend und so einfach zugleich. Mit dieser Aktion betraten Jansen & Janssen Neuland. Wir haben immer gern Geheimpapiere enthüllt und veröffentlicht, aber bislang hatten wir nie das Internet dazu benutzt.

Die McSpotlight-Story

Die Verleumdungsklage, die der große McDonalds-Konzern neulich gegen zwei arbeitslose Umweltschützer verlor, ist schon einzigartig. 1990 wurde in London eine kleine Gruppe von Umweltaktivisten von McDonalds wegen Verleumdung verklagt. Helen Steel und Dave Morris aber zogen ihrerseits vor Gericht. Sie haben es geschafft, jede Zeile ihrer kritischen Broschüre zu verteidigen, indem sie Wissenschaftler und McDonald-Manager ins Kreuzfeuer nahmen und so Punkt für Punkt vor Gericht gut machten. Die beiden AktivistInnen, denen der Spitzname »McLibel Two« (engl. »libel suit« = Verleumdungsklage) verpaßt wurde, haben neue Wege beschritten, ein öffentliches Forum der Kritik an McDonalds zu etablieren, das ihnen viel detaillierteres Vorgehen ermöglicht, als sie je zu träumen gewagt hatten: Der Gerichtssaal als Bühne läßt die Fakten wirklich für sich sprechen und McDonalds juristische Schachzüge völlig nach hinten losgehen. Das Internet war von Anfang an dabei. Schon zu Beginn des Verfahrens im Juni 1994 wurden Teile der Gerichtstranskripte im Internet veröffentlicht, und McDonalds gefiel das überhaupt nicht. Der Fall sollte für sie die größte PR-Katastrophe ihrer Konzerngeschichte werden. Nach einem Jahr Prozeßdauer versuchten sie, einen Vergleich zu erwirken. Die Firma hatte genug und wollte nur noch raus aus dem Verfahren. Die Parteien konnten sich aber nicht einigen, und daher verfiel McDonalds auf Strategien der Behinderung. Es ist nicht unwichtig, daß ihr erstes Opfer die Veröffentlichungen der Gerichtsprotokolle sein sollte. McDonalds selbst hatte zu Beginn der Verhandlungen zugestimmt, täglich 300 Pfund für die Erstellung der Transkription des jeweiligen Gerichtstags bis sieben Uhr abends zu bezahlen (gerichtseigene Transkripte dauern bis zu drei Wochen). Bis zum 156. Tag hatten sowohl das Gericht als auch die McLibel Two je eine kostenlose Kopie davon erhalten. Plötzlich hörte das auf. McDonalds verlangte von den Angeklagten auf einmal, sie dürften die Transkripte nur für persönliche Zwecke verwenden. So sollte verhindert werden, daß die Inhalte an Journalisten und die McLibel-UnterstützerInnen-Szene gelangten. Ins Netz sollten sie natürlich auch nicht mehr gelangen können. Daraufhin sammelten die beiden Angeklagten Spenden, die ihnen ermöglichten, 300 Pfund täglich für die Erstellung eigener Transkripte auszugeben. Bevor es McSpotlight gab, gab es bereits die McLibel-Diskussionsliste im Internet, und sie war damals schon ein Riesenerfolg. Aktivisten rund um den Globus hatten sich darin versammelt und hielten sich mit ihren Anti-McDonalds-Aktionen auf dem laufenden. Der McLibel-Prozeß in London wurde das virtuelle Zentrum der Bewegungen (Suburbia gegen Drive-Ins; Gandhi-inspirierte Prediger, die mit den Managern ihres örtlichen McDonalds philosophische Einwände abwogen, Indien gegen McDonalds usw.). Diskussionslisten sind eine ausgezeichnete Form, wie durch das Internet einzelne Kampagnen aufgewertet werden können, da hier ansonsten recht isoliert aktive Gruppen miteinander in Verbindung treten können. So merken die Leute auch, daß ihre begrenzten Aktivitäten doch Teil einer globalen Bewegung sind. Zeitverzögerungen durch den Postweg wären für solche Aktionen tödlich. Die Vorteile, sofort und direkt reagieren und beraten zu können, Leute weltweit zu unterstützen zum Preis eines Ortsgesprächs, ist hier unschätzbar.

Ganz offenkundig hatte McDonalds seinen Gegner unterschätzt. Die Klage gegen die beiden Londoner ging nach hinten los, aber sie hätten damals nie geglaubt, daß es durch McSpotlight noch schlimmer kommen könnte ...

McSpotlight ist eine WWW-Seite mit wirklich allen Informationen über den längsten Zivilprozeß in Großbritanniens Geschichte. Inklusive einer akustischen Führung durch die McLibel Two, die die Besucher durch die wichtigsten Details leiten: der Fall, der Konzern, die Lebensläufe aller Beteiligten und die Medienberichterstattung. Vor allem die Comic-Seite ist klasse! Den jeweils vor Gericht verhandelten Fragestellungen wird bis auf den Grund nachgegangen:

• Ernährung: Führen Diäten auf der Basis hochgesättigter Fettsäuren und Zuckerverbindungen zu Herzkrankheiten und Krebs?

• Werbestrategien: Werden Kinder durch Werbung manipuliert?

• McDonalds internationale Expansionbestrebungen: Wo werden sie als nächstes einfallen?

• Arbeit – Umwelt: Killt McDonalds den Regenwald?

• Tierrechte – Wiederverwertung und Müll: Multinationale Konzerne und Welthandel

• Rede- und Meinungsfreiheit/Verleumdungsklagen: Kapitalismus und die Alternativen

Dazu gibt es zahlreiche Links und Hinweise, die Seiten sind hervorragend aufgebaut und zugänglich. Und außerdem ganz hervorragend gestaltet. Ich bin jedesmal von neuem beeindruckt. Der brandneue »Diskussionsraum« ist ein weiteres Juwel dieser Seiten in Internet. Jede Besucherin kann an der Listendiskussion dort teilnehmen. Alle Anti-Mc-Bewegungen können sich in einer anderen Sektion vorstellen, und jedes Flugblatt kann in jede beliebige Sprache übersetzt gleich ausgedruckt werden. Dieser Service ist eine spezifische Variante von »Mehrwert« im Internet. Zusammen mit all den umfassenden Informationen ist McSpotlight das vermutlich erste weltweite Handbuch für politische AktivistInnen. Es liefert alles: Fakten, Zahlen und ein Forum für Öffentlichkeit und Unterstützung in der ganzen Welt. Das macht Kampagnen gegen McDonalds nicht nur leicht, sondern auch sehr attraktiv.

Vier Wochen nach Eröffnung der Web-Seiten konnte McSpotlight bereits seine millionste Besucherin verzeichnen, darunter 2000 von McDonalds.com allein in der ersten Woche. Zunächst hatten sie davon abgesehen, gegen die Seiten vorzugehen, es sich dann aber anders überlegt. Im April 1996 engagierten sie einen weiteren Rechtsanwalt und machten sich ziemlich lächerlich. Den Aktivisten wird nun vorgeworfen, sie hätten an einem Foto-Termin vor McDonalds am Leicester Square in London teilgenommen, danach eine Pressekonferenz im Cyberia-Café gehalten und dabei ein Papier mit umstrittenen Daten der Öffentlichkeit präsentiert.

Die Besucher von McDonalds eigener Web-Seite im Internet werden von bestimmten Suchmaschinen entführt und zu McSpotlight gebracht. Dort sehen sie dann auf der einen Seite ihres Bildschirms die schillernde, teure Original-Web-Seite von McDonalds und auf der anderen Hälfte eine präzise Dekonstruktion und Kritik daran seitens McSpotlight. Der sorgfältig bis ins kleinste ausgetüftelte Werbe-Quatsch wird so Wort für Wort auseinandergenommen und durch Links zu wissenschaftlichen Organen und Expertisen unterstützt. McSpotlight ist ein wunderbares Beispiel für die Verquickung von bewährten und bekannten Straßenaktionsmethoden und der Nutzung allerneuester Technologie.

Kampf gegen Scientology im Netz

Ganz ohne die alten Medien kommt auch das Internet nicht aus. Das hat die Auseinandersetzung zwischen den NetzaktivistInnen Xs4all.nl und Scientology bewiesen. Xs4all ist ein Internet-Provider, der von den alten Anarcho-Hackern aus dem Umfeld des Magazins *HackTic* betrieben wird. In nur zwei Jahren haben sie eine große Firma etabliert, dabei aber nie ihre anarchistischen Wurzeln vergessen, und sie sind immer dort, wo Spaß und Kontroversen locken. Im Sommer 1995 bekamen sie Ärger mit Scientology. Ein Netzkunde von Xs4all hatte auf seiner Startseite eine eidesstattliche Versicherung aus dem Fishman-Fall installiert. Um in der Sekte Mitglied zu werden, müssen erst verschiedene Stufen durchschritten werden, die die Mitglieder in spe selbst finanzieren müssen. Je höher die Stufe, desto weniger Information dringt noch an die Öffentlichkeit, desto größer die Geheimhaltung. Aussteiger werden bedroht und erpreßt, um zu verhindern, daß sie ihre Geschichte erzählen. Steven Fishman war einer von ihnen und arbeitete in der Abteilung für Abtrünnige. Er hatte einiges zu erzählen, als er selbst abtrünnig wurde. Scientology verfolgte ihn in alle Welt mit Verleumdungsklagen und Prozessen. Aber Fishman ließ sich nicht einschüchtern. Er benutzte sogar das schriftliche Unterrichtsmaterial der höheren Kursstufen als Beweismittel vor Gericht. Die sogenannten Geheimnisse der Sekte wurden so der Öffentlichkeit zugänglich. Sie sind kompletter Unsinn und bestehen aus UFO-Geschichten, Unsterblichkeitsvorstellungen und bösen Mächten in uns, die wir besiegen und töten müssen, was aber natürlich nur dann gelingt, wenn wir den nächsthöheren Kurs von Scientology belegen und entsprechend bezahlen. Da nun alles in den Gerichtsbibliothek zur Ansicht freilag, hätte das das Ende der Scientology-Geheimnisse sein können. Aber weit gefehlt. Schichtweise und in Gruppen belagerten sie die Bibliothek, um, wie sie vorgaben, die eidesstattlichen

Erklärungen einsehen zu können und um damit zu verhindern, daß andere sie einsehen. Das ging so etwa ein Jahr lang. Dann erwirkten sie eine einstweilige Verfügung, die Unterlagen aus der Bibliothek zu entfernen. Hier schaltet sich nun das Internet ein. Viele Leute begannen also, die Fishman-Eide auf ihrer Homepage zu installieren, und Scientology verfolgte sie, bedrohte Netzanbieter, verklagte sie und machte eine Menge Probleme, um die Leute davon abzuhalten, die eidesstattlichen Versicherungen weiterhin zu verbreiten. Aber nicht mit uns Holländern!

Als Scientology die erste holländische Homepage aufspürte, überzogen sie Xs4all sofort mit einer Lawine juristischer Schritte. Bevor irgendwas klar gewesen wäre, hatten sie bereits einen Durchsuchungsbefehl erwirkt und drangen in die Zentrale von Xs4all ein, wo sie alles beschlagnahmen ließen. Die Truppe bestand aus einem Anwalt, einigen US-amerikanischen Beamten, Computerspezialisten und vielen Scientologen – zwölf an der Zahl. Sie verlangten eine komplette Bestandsaufnahme, um im Falle einer Gerichtsverhandlung Xs4alls Glaubwürdigkeit entsprechend in Frage stellen zu können. (Dummerweise haben sie nur die PCs im zentralen Büro beachtet und den Nebenraum mit Hunderten von Modems und den Unix-Hauptrechner völlig vergessen ...) Das ging zu weit. Die Leute, die von dieser Durchsuchungsaktion Wind bekamen, regten sich sehr auf, waren empört und stinksauer. Dann begannen einige, die eidesstattlichen Erklärungen ihrerseits auf ihre Homepage zu bringen. Die Schriftstellerin Karin Spaink übernahm die organisatorische Leitung der Aktionen, und binnen einer Woche hatten hundert Leute den Eid auf ihrer Startseite. Spaink gründete auch eine Mailing-Liste, um alle Beteiligten gegenseitig auf dem laufenden zu halten, was auch dringend nötig war. Die unterschiedlichsten Leute schlossen sich der Aktion an, und es ergab sich eine ziemlich bunte Koalition aus Journalisten, linken Abgeordneten, kommerziellen Radiosendern, Leuten von der Universität, Katholiken, Christen, Autonomen, einfach alles. Sie waren Kunden bei den verschiedensten Anbietern, und das machte es sehr schwierig, gegen alle vorzugehen. Sicherlich hätte diese Koalition nie eine Diskussionsveranstaltung ihrer Beteiligten oder Strategiedebatten überlebt. Die meisten hätten sich vom ersten Augenblick an furchtbar gefunden, allein wie die schon aussahen, rochen oder redeten. Im Netz aber kamen alle zusammen, jede aus persönlichen Motiven heraus, weil sie die Meinungsfreiheit verteidigen wollten oder weil sie für Religionsfreiheit einstanden oder einfach nur, um Scientology zu nerven. Und genau das war die Stärke dieses Unterfangens. Spaink war die Sprecherin gegenüber den Medien und regelte die rechtlichen Angelegenheiten. In der Diskussionsliste wurden auf einmal wirklich interessante Dinge diskutiert, auch mit Anhängern von

Scientology. Scientology zog alle Bremsen zur Schadensbegrenzung. Als sie merkten, daß Überredung nichts half, versuchten sie, die Anbieter einzuschüchtern und gezielt Leute zu bedrohen. Ein linker Abgeordneter bekam zum Beispiel unablässig Anrufe von Scientologen, so daß er sich gezwungen sah, den Fishman-Eid zeitweise aus seiner Homepage zu nehmen, weil er sonst nicht mehr arbeiten konnte. Sie haben auch versucht, Spaink und einige Angestellte von Xs4all in eine Falle zu locken, die so verworren ist, daß es Stunden dauern würde, das zu erklären. Sie versuchten, die Leute gegeneinander auszuspielen, aber ohne Erfolg.

Dann versuchte Scientology es mit einer Klage auf Verletzung der Urheberrechte gegen Spaink und Xs4all. Die Gelegenheitskoalition suchte sich einen Anwalt, der seinen guten Ruf noch aus den revolutionären Tagen in den Siebzigern hatte. Man beschloß, die eidesstattliche Erklärung auf ein altmodisches Posterformat zu bringen (nur Textgestaltung, eine Menge Buchstaben), zu vervielfältigen und die Plakate überall in der Stadt zu kleben, besonders um den Bereich des Scientology-Hauptsitzes herum. Deren Leute lauerten dann darauf, die Plakate mit Sprühdosen und Kleister zu verunstalten. Die gerichtliche Anhörung nahte, und die Scientologen hatten ein großes Problem: sie konnten nämlich die umstrittenen Papiere und Tests nicht geheimhalten und gleichzeitig ein Urheberrecht geltend machen, denn dafür mußten sie ja die Originale vorlegen und würden so ihre eigenen Klagegrund auf Geheimhaltung verletzen. Sie versuchten, das Dilemma mittels eines öffentlich bestellten Notars zu lösen, der beides unter Ausschluß der Öffentlichkeit vergleichen sollte. Das dauerte. Zwei Tage vor der Verhandlung wurde von den Fishman-UnterstützerInnen im Milkyway – einem alten Kiffer- und Hippietreff aus den Siebzigern – eine Soli-Party veranstaltet. Scientology kündigte an, sie würden die Klage fallen lassen. Der Notar konnte nicht mit Bestimmtheit sagen, daß beide Dokumente (Internet-Text und Scientology-Original) identisch seien. Keine Urheberrechte also. Die Solidaritätsveranstaltung war ein großer Erfolg. Bekannte Stars lasen die schrecklichsten Erklärungen von Ex-Scientologen vor und die lustigsten Stellen aus den Lehren von Scientology. Star des Abends war Steven Fishman persönlich, direkt aus den USA eingeflogen. Er wußte bis dahin gar nichts vom Netzkrieg gegen Scientology in den Niederlanden. Aber auch Scientology war vertreten, leicht erkennbar an ihren steifen Mienen.

Der Kampf gegen Scientology war zuerst ein reines Internet-Ereignis. Es ging darum, etwas zu verbreiten und im Netz zugänglich zu machen. Es gab Unterstützung weltweit, und die Kampagne breitete sich aus (bis nach Ungarn zum Beispiel). Die heftigsten Angriffe richteten sich auf einen Netzanbieter, was den

Zorn der holländischen Nutzer anfachte. Die sich daraufhin formierende Koalition hätte das wahre Leben nie überstanden und konnte wirklich nur im Cyberspace gedeihen. Das war neu. Dann aber brauchte man auch viele alte Medien und Verfahren: Eine Gerichtsverhandlung, einen Siebziger-Jahre-Anwalt, Druckerzeugnisse wie Plakate. Ein einziges Fenster wurde noch eingeschlagen, man traf sich zur Abschlußveranstaltung in einem alten Hippie-Zentrum und auch eine massive Berichterstattung in der Presse war hilfreich und nützlich. Scientology hat danach noch eine neue Klage erhoben, wir haben gewonnen, dann haben sie eine weitere Klage angestrengt ... es wird eine unendliche Geschichte. Wir halten euch auf dem laufenden.

Schlußbemerkung

Neue Medien setzen neue Strategien voraus, um einen breiten Konsens in wichtigen Entscheidungen zu erzielen. Das Internet bedroht das Meinungsmonopol der bürgerlichen Presse und des Fernsehens. Manufacturing Consent (Noam Chomsky), die Erzeugung von Konsens, der durch die Massenmedien gelenkt wird, hat ausgedient. Im Internet buhlen zahlreiche, höchst unterschiedliche Sichtweisen um unsere Aufmerksamkeit. Der wachsende Zugang zum Netz hat widersprüchliche Folgen. Die Macht im Internet ist fragmentarisch. Anstelle der allumfassenden Zeit der Massenmedien – wie etwa CNN sie monopolisierte im Golfkrieg – gibt es dort die persönliche Zeit von Gruppen und Individuen. Die Massenmedien werden ersetzt durch dauerhafte Archive und Echtzeit-Verbindungen zwischen kleineren Organisationen und Gruppen. Das eröffnet neue Perspektiven für gesellschaftliche und politische Bewegungen, die sich dann auf einem globalen Level organisieren können. Real und virtuell. Das Netz eröffnet kleinen Gruppen die Möglichkeit, Einfluß zu nehmen auf gesellschaftliche Prozesse. Es ist sehr wichtig für die Verteilung von Information auf allen gesellschaftlichen Ebenen. Das Netz überwindet alle physikalischen Grenzen und schafft auch für den Süden neue Möglichkeiten.

Es gibt einen grundlegenden Unterschied zwischen dem Internet und den älteren Medien. Michiel Bauwens, ein belgischer Philosoph, beschreibt ihn so: Das Internet ist eigentlich ein Meta-Medium, eine Kombination aus Massenmedium und individuellem Medium zugleich. Diese Konstellation führt zu völlig neuen Formen der Massenkommunikation im Zwischenbereich aller medialen Formen. Das machen wir uns selten bewußt, weil wir sehr daran gewöhnt sind, zu unterscheiden zwischen interner Kommunikation und Nachrichten, die uns aus den Massenmedien erreichen. Das Internet wird meistens entweder als individuelles Kommunikationsmittel oder als Massenmedium betrachtet. Aber das Internet erfüllt beide Rollen. Man unterschätzt die Möglichkeiten des Netzes, wenn man an der starren Unterscheidung festhält. Die zweifache Funktion spiegelt sich gut in den beiden wichtigsten Bereichen des Internet wieder: E-Mail auf der einen und WorldWideWeb auf der anderen Seite. Nur sind die meisten Leute eben aktive Benutzer des E-Mail-Netzes und passive Konsumenten der Web-Seiten.

Die Zwischenwelt der Mailing-Listen und Newsgruppen teilen sich schon weniger NetzbürgerInnen. Ganz zu schweigen von den Telnet-Bibliotheken, den ftp-Archiven und den guten alten Gophern. Der Grund, warum ich so ausführlich von McSpotlight berichtet habe, ist einfach: es ist die innovativste Entwicklung im Netz momentan. Kein langweiliges, statisches Design, das die meisten Web-Seiten auszeichnet – ganz im Gegenteil, McSpotlight bietet eigentlich eine ausgezeichnete Kombination praktisch aller Internet-Möglichkeiten in einem umfassenden Environment. Es beweist, wie kreativ sich Hintergrundinformationen gestalten lassen, es bricht das Informationsmonopol, indem es Fakten in ihren korrekten Kontexten aufführt – kurzum, McSpotlight zeigt neue Wege im Netz auf und spiegelt etwas von der Schönheit des Internets wider. Darum sollten wir uns bemühen und nicht bloß megabyteweise Daten in die Tiefen des Cyberspace hacken. Die Nutzung des Netzes kann unheimlich anregend sein, sofern es gelingt, den Kampagnen dadurch eine weitere Dimension zu verleihen oder einer Debatte einen gewissen »Mehrwert« zuführt. Wenn wir darüber nachdenken, wie wir politischen Aktivismus im und durchs Netz gestalten wollen, sollten wir die äußeren Begrenzungen des Netzes im Blick behalten und mögliche Kombinationen im Netz mit solchen außerhalb des Internet in Betracht ziehen. Letztlich liegen die eigentlichen Potentiale immer in der Vorstellung der Menschen, die das Netz nutzen. So fing die ganze Sache überhaupt erst an. Vielleicht müssen wir nun einmal über die wahren Verdienste des Netzes nachdenken und zurück zu den Ursprüngen gehen.

Aus dem Englischen übersetzt von Bettina Seifried

Websites der behandelten Themen:
Van-Traa-Kommission – http://www.xs4all.nl/~respub/
McSpotlight – http://www.mcspotlight.org
Fishman-Eid – http://www.xs4all.nl/~kspaink

autonome a.f.r.i.k.a.-gruppe

Bewegungsle(e/h)re?

Anmerkungen zur Entwicklung alternativer und linker Gegenöffentlichkeit Update 2.0

Obwohl die (radikale) Linke sich permanent selbst darüber vergewissert, welch toter Hund sie im Grunde genommen sei, will sie doch immer noch nicht ganz daran glauben. Derzeit unternehmen nicht wenige disputierende Zirkel einen Wiederbelebungsversuch unter dem Label »Gegenöffentlichkeit«. Doch für uns besteht der Verdacht, daß die Roßkur des medialen (Dis-)Kurses von vornherein zum Scheitern verurteilt ist, nachdem die Utopien abhanden gekommen sind. Die aktuellen Diskussionen zum Thema »Gegenöffentlichkeit« erscheinen uns mit zwei Tendenzen eng verknüpft: dem generellen Lamento über die heutige Krise der linken Medien einerseits und den dazu kontrastierenden, mitunter fast euphorischen Hoffnungen auf die mit den neuen telematischen Kommunikationstechnologien (Internet) verbundenen Möglichkeiten. Im folgenden gehen wir zunächst der linken Version des Mythos von der »Informationsgesellschaft« nach. Daran schließen sich zum zweiten einige Anmerkungen zur Rolle der alternativen und eigenen Medien in der »Blütezeit« der sozialen Bewegungen an. Drittens versuchen wir, Konsequenzen für die Rekonstruktion eines politischen Projekts einer radikalen Linken zu umreißen, die sich vor dem Hintergrund der analysierten aktuellen Tendenzen im Bereich »Gegenöffentlichkeit« ergeben.

Medientheorie und Informationsfetisch

Für die Frage nach der aktuellen Funktion der traditionellen Formen von Gegenöffentlichkeit erscheint zunächst ein Blick zurück und die Beschreibung der bisherigen Praxis hilfreich. In Anlehnung an Geert Lovink (1992) halten wir es für sinnvoll, die Medien der linken Gegenöffentlichkeit hinsichtlich ihrer Funktion idealtypisch in »alternative« und »eigene« Medien zu unterscheiden. »Alternative« Medien spiegeln sich vornehmlich an den bürgerlichen Medien, indem sie beständig eine inhaltlich korrigierende und das bestehende Informationsspektrum ergänzende Aufgabe wahrnehmen. Dabei kam den »alternativen«

Medien vor allem bei der Bereitstellung abweichender Lesarten sozialer und politischer Widersprüche in den siebziger und achtziger Jahren eine wichtige Funktion bei der Bildung einer linksliberalen Öffentlichkeit zu. Davon zu unterscheiden ist die Schaffung »eigener« Medien, die nicht mehr so sehr auf die Bewußtwerdung der anderen, sprich auf eine direkte Beeinflussung bis Bereicherung der allgemeinen »Öffentlichen Meinung« setzen. Der eigentliche Unterschied zu den »alternativen« Medien besteht dabei in der Art und Weise der Selbstpositionierung auf politischem Terrain, die sich nicht nur inhaltlich in explizit linken Stellungnahmen und Diskussionen äußert, sondern auch durch das Aufgreifen subkultureller Themen und Codes. Auf Szenen und subkulturelle Orte bezogen stellen »eigene« Medien gewissermaßen Orientierungspunkte der dortigen sozialen Praxis bereit. Dabei kommt ihnen primär eine Identitäten und Binnendiskurse stabilisierende Funktion zu. Zwar bewegen sich die »eigenen« Medien in einem durch Slang und Gangart ihrer subkulturellen Basis eng begrenzten Raum, doch funktioniert hier andererseits der Austausch zwischen Publikum und MacherInnen noch am besten.

Bei dieser Betrachtung wird deutlich, daß die sozialen Beziehungsrahmen und die außermedialen politischen und kulturellen Praxen, in die sich linke Medien einordnen, einen zentralen Stellenwert für die Einschätzung ihrer Funktionsweise haben. Die Bedeutung dieses Bezugs wurde aber in den Diskussionen um linke Gegenöffentlichkeit weitgehend außer acht gelassen, solange überzogene Vorstellungen von den Möglichkeiten einer medialen linken Intervention in die bürgerliche Öffentlichkeit dominierten. Es wurde, zugespitzt formuliert, davon ausgegangen, daß nur genug AktivistInnen an möglichst vielen Stellen Gegenöffentlichkeit herstellen müßten, wodurch dann irgendwann eine gesellschaftsverändernde Kettenreaktion ausgelöst würde. Eine Vielzahl linker Medienprojekte stellte sich aus dieser Logik heraus die Aufgabe, die in den bürgerlichen Medien unterbliebenen Nachrichten zu verbreiten. Diese Konzeption von »Gegenöffentlichkeit« bezeichnet Lovink als »Megaphonmodell«, denn sie unterstellt unausgesprochen einen kausalen Zusammenhang zwischen Information, Bewußtsein und Handeln. Dahinter steht die Vorstellung einer manipulativen Medienwirkung, derzufolge es ausreicht, im Kommunikationskanal die »falschen« Ideen durch die »richtigen« zu ersetzen: Wenn die Menschen nur lange genug »die Wahrheit« hören, werden sie irgendwann ihre Meinung ändern und sich gegen die (sie be-)herrschenden Verhältnisse wenden.

Diese klassische Konzeption zur Schaffung von Gegenöffentlichkeit kann sich auf Theoretiker wie Hans Magnus Enzensberger und eine langerprobte Praxis berufen. Sie nährt im Glauben an die Wirkung von richtigen Informationen die

Überzeugung, daß es genüge, wenn die Linke die Sendezentralen der Massenmedien übernähme bzw. über ausreichend starke eigene Medien verfüge, um ihren Ideen Plausibilität und Durchschlagskraft zu verleihen. Ein derartiges politisches Konzept, das darauf abzielt, Handeln durch die Massivität von Information zu bewirken, versteht die Medien letzten Endes als Manipulationsinstrument. Die Erfahrung der letzten Jahrzehnte hat gezeigt, daß ein solches, auf die Übermittlung der »richtigen« Informationen fixiertes Verständnis von Medien und Medienrezeption zu kurz greift. Denn heute sind, nicht zuletzt durch die Existenz von Gegenöffentlichkeit, auch gesellschaftskritische Informationen vielerorts verfügbar. Sie bleiben aber folgenlos. Das deutet darauf hin, daß die MedienkonsumentInnen gezielt Informationen auswählen und andere ignorieren. Diese Auswahl ist strukturiert durch das Interesse, gesellschaftliche Wirklichkeit in einer Weise wahrzunehmen, die die eigenen Selbst- und Gesellschaftskonzepte legitimiert. Es geht daher zunächst einmal darum, zur Kenntnis zu nehmen, daß es ein gesellschaftliches Verhältnis gibt, das Erkenntnis vorstrukturiert. So wird umgekehrt ein Schuh daraus: Heute mangelt es in der bürgerlichen Gesellschaft nicht an Informationen, sprich an Gegenöffentlichkeit, sondern das Hauptproblem ist deren absolute Folgenlosigkeit. Das heißt keinesfalls, daß es dieser Informationen nicht mehr bedarf, sondern nur, daß ein Politikkonzept, das hauptsächlich oder ausschließlich auf deren Wirkung vertraut, uns problematisch erscheint. In *Öffentlichkeit und Erfahrung* haben Negt/Kluge (1972) darauf verwiesen, daß die Subjekte sich »die bloße Abbildung der Realität« nur dann aneignen, wenn sie zugleich wissen, wie sie aktiv die sie bedrückenden Verhältnisse verändern können: »Erst aus dieser Handlungsmöglichkeit könnte sich ihr Interesse am Realismus rekrutieren.« Gegenöffentlichkeit darf nicht auf den medialen Aspekt der Vermittlung reduziert werden. Mediale Interventionen müssen in einem umfassenderen Kontext von sozialem, politischem und kulturellem Handeln gedacht werden. Wichtig erscheint mitunter nicht, ob etwas in der Zeitung steht, sondern daß und wie Leute über Sachverhalte reden. (Gegen-) Öffentlichkeit ist dann mehr als Bildschirm, Radio oder Zeitung. Mediale Strategien, die allein auf den Informationsaspekt setzen und den gesamten Lebenszusammenhang bei der Konzipierung politischer Strategien außen vor lassen, laufen Gefahr, den medialen Bereich zu überschätzen. (Mit dieser Überschätzung von Medienwirkungen befinden sie sich übrigens in gutbürgerlicher Gesellschaft, vgl. etwa die Diskussionen um Mediengewalt.)

Hier erscheint uns ein weiterer Aspekt wichtig, der zwar genau wie Negt/Kluges Erkenntnis hinreichend bekannt ist, aber genausowenig Folgen für die Diskussion des Konzepts Gegenöffentlichkeit hatte: Die linken medientheoretischen

Vorstellungen setzen voraus, daß die herkömmlichen Massenmedien sich – einmal im Besitz der richtigen Leute – als ein Instrument zur demokratischen Willensbildung einsetzen lassen. Aber das ist eine Mystifkation, denn Massenmedien im bisherigen Sinne sind nicht demokratisch. Ihre Kommunikationsform macht einen wirklich gleichberechtigten Austausch unmöglich, denn Massenmedien beruhen auf dem Prinzip der Vervielfältigung von Informationen in nur eine Richtung, von den Produzierenden hin zu den KonsumentInnen. Außerdem reproduzieren sie durch die Einbahnstraße ihres Kommunikationskanals Machtpositionen. Eine Strategie von Gegenöffentlichkeit, die sich auf Massenmedien stützt, vergißt, daß Massenmedien keine Reziprozität im Sinne von Gegenseitigkeit ermöglichen, sondern einen eng gesteckten Rahmen dafür setzen, was von wem in welcher Weise mitgeteilt werden kann und wer zum Schweigen verurteilt ist. Reversibilität (also Umkehrbarkeit des Informationsflusses, z.B. HörerInnenanrufe oder LeserInnenbriefe) ist nicht mit Reziprozität gleichzusetzen. Aufgrund dieser Nicht-Reziprozität können Massenmedien für die Empfängerinnen allenfalls in sehr reduzierter Weise Ausgangspunkt oder Element von über den reinen Medienkonsum hinausgehenden sozialen Praxen werden. Für die MacherInnen mag das anders aussehen.

Gegenöffentlichkeit und soziale Praxis

Diese Kritik an einem verbreiteten linken Medienverständnis rückt aus unserer Sicht die vielbeschworene Krise alternativer Medien in ein anderes Licht. Denn möglicherweise war es gar nicht so, daß linke Gegenöffentlichkeit »früher« besser »funktionierte«. Vielleicht war es auch nicht so, daß die damalige Medienpraxis gut war, sondern vielmehr, daß die Stärke der sozialen Praxis die Unzulänglichkeiten der medialen, »inhaltlichen« Vermittlung unsichtbar machte. Wo geglaubt wurde, durch Aufklärung weitergekommen zu sein, mag es vielleicht in Wirklichkeit gar nicht der schlagenden Brillanz der Argumente aus der Gegenöffentlichkeit geschuldet gewesen sein, die bei vielen Leuten ein Interesse für bestimmte Themen und Sichtweisen und ein Bedürfnis nach entsprechenden Informationen hervorrief. Vielmehr drückte dieses Interesse die Veränderungen der eigenen Lebenszusammenhänge vor dem Hintergrund jener gesellschaftlichen Entwicklung aus, in deren Zuge auch die »neuen sozialen Bewegungen« ihre Bedeutung gewannen. Etwas zugespitzt ließe sich daraus folgern, daß es nicht die linken Medien waren, die zur Ausbreitung der politischen Bewegungen beitrugen, sondern daß umgekehrt die Stärke der Bewegungen vor dem Hintergrund einer spezifischen gesellschaftlichen Situation den linken Zeitungen, Zeitschriften und Radios zu ihrer Verbreitung verhalf. Und in dieser Lesart ist offensichtlich, worin der Unterschied zwischen den Funktionsweisen linker Öffentlichkeit damals und heute besteht. Die Friedens-, die Anti-AKW- oder die feministischen Bewegungen boten konkrete Handlungsangebote und -zusammenhänge. Darin besteht ein weiterer Unterschied zwischen den Funktionsweisen linker Öffentlichkeit damals und heute. Gegenöffentliche Medieninformationen konnten sich vor diesem Hintergrund in bestimmten Kreisen eines besonderen Interesses sicher sein. Die Tatsache, daß Medieninformation ohne im Rahmen einer sozialen Praxis gegebene Handlungsmöglichkeiten zumeist wirkungslos bleiben, fiel damals gar nicht weiter auf, und so lag der Trugschluß nahe, daß Medieninformation per se zu politischem Handeln führt. Heute aber wird vor dem Hintergrund des Fehlens starker politischer und sozialer Bewegungen deutlich, daß zwischen Anspruch und realer Funktion von Medien der »Gegenöffentlichkeit« eine Lücke klafft (die vielleicht schon immer bestand). Auch solche Medien, deren Anliegen es war, in die bürgerliche Öffentlichkeit zu wirken, dienten faktisch wohl doch in erster Linie der Vernetzung und Selbstvergewisserung innerhalb der Linken, so daß es sich bei ihnen wiederum eher um »eigene« denn um alternative Medien handelte. Solange soziale und politische Bewegungen der 70er Jahre »intakt« waren, fiel dieser Widerspruch zwischen Anliegen und tatsächlicher Funktion ebensowenig auf wie die Tatsache, daß Information und Ideologiekritik für sich genommen keinen Hund hinter dem Ofen hervorlocken. Nun aber unterstreicht die Entwicklung die Richtigkeit von Negt/Kluges Analyse, daß Information per se nichts bewirkt, wenn nicht eine soziale Praxis damit verbunden ist. Wenn aber Stellenwert und Wirkungsweise von Information nicht allein durch ihren Wahrheitsgehalt bestimmt sind, sondern durch den Kontext, innerhalb dessen Informationen rezipiert werden, dann ist das Konzept einer Aufklärung durch Information problematisch.

Don't believe the Hype - Gegenöffentlichkeit im Internet?

Wenn wir uns der Frage zuwenden, welche Chancen sich für eine linke »Gegenöffentlichkeit« aus neuen technischen Entwicklungen ergeben, ist das für uns zentrale Problem nicht, welche neuen Kanäle der Informationsübermittlung sich durch freie Radios, Mailboxen und Internet allgemein bieten. Vielmehr geht es darum zu klären, wo solche Medien im sozialen Raum positioniert sind und welche neuen (Handlungs-)perspektiven sie eroffnen. Auch die Diskussionen um das Internet als neuem Ort linker Medienpraxis kreisen in erster Linie um den Fetisch »Information, Information, nochmal Information und zwar für alle«. Dabei werden Diskussionen über die technischen Möglichkeiten von Gegenöffentlichkeit wiederholt, wie sie ähnlich im Zusammenhang mit freien Radios bereits geführt wurden. Berauscht von der Vorstellung eines riesigen, internationalen und deswegen kaum zensierbaren Informationsflusses bleibt die Debatte aber häufig an diesem Punkt stehen. Dabei ist auch hier zu fragen, welcher Stellenwert solcher Information zukommt. Es wird hier von Medien in einer Weise gesprochen, als seien sie die Öffentlichkeit selbst: »Die Rede von der Mailbox als universelles Medium erweist sich vollends als Mythos, wenn der Austausch von Daten und politischen Informationen zum puren Selbstzweck wird, falls diese sich am Ende nicht in politischer Praxis materialisieren. Das heißt, die Anwendung dieser neuen Technologie (für sich genommen) erreicht nichts!« (Kunz 1994). Es ist einmal mehr das Manko, daß in der Diskussion um das Internet gerade in bezug auf Gegenöffentlichkeit wieder nur von Informationen und Kanälen die Rede ist, aber nicht von den Bedingungen der Rezeption. Einmal mehr haben wir es mit einer Technifizierung der Diskussion um die Bedingungen von politischem und sozialem Handeln zu tun.

Auch Linke knüpfen vielfältige Hoffnungen an die technologischen Möglichkeiten des Netzes. Demokratisierung und bessere Partizipationschancen können schon als Gemeinplätze des Internet-Hypes angesehen werden. Solche Vorstellungen können wir uns getrost abschminken, denn die technische Möglichkeit des Zugangs zum Netz sagt noch nichts über die anderen notwendigen Voraussetzungen für den Gebrauch des Netzes wie die Verfügung von kulturellem oder sozialem Kapital aus. Aus unserer Sicht wäre die spannendere Frage, was von Vorstellungen zu halten ist, die das Internet auch und gerade als potentiellen Ort neuer sozialer Praxen verstehen. Es darf zumindest nicht übersehen werden, daß sich das Internet von traditionellen Medien insofern wesentlich unterscheidet, als es die Möglichkeit einer reziproken und interaktiven Kommunikation bietet. Besteht die Aussicht, sich in diesem Rahmen selbstbestimmte Orte zu schaffen, »Temporäre Autonome Zonen«, in denen bestehende gesellschaftliche Regeln zumindest zeitweise außer Kraft gesetzt (bzw. noch gar nicht verbindlich formuliert) sind? Und wenn ja, welche Auswirkungen hat das auf die soziale Beziehungen außerhalb der Netze?

Die Kritik an solchen Vorstellungen wird häufig wiederum von einer Position aus formuliert, die offen oder implizit die »authentischen« Formen von Kommunikation, Interaktion und sozialer Praxis in der »wirklichen« Welt der Scheinwelt des Cyberspace gegenüberstellt. Uns erscheint eine solche unterschwellig naturalisierende Gegenüberstellung und Bewertung von Formen menschlicher Praxis fragwürdig. Vielleicht bietet gerade die reduzierte und »unauthentische« Form der Kommunikation im Netz die Chance, dort bestehende soziale Identitäten zumindest teilweise außer Kraft zu setzen. Bei der Beurteilung, welche tatsächlichen Möglichkeiten sich hier bieten, ist unkritische Begeisterung ebenso unangebracht wie vorschnelle Ablehnung.

Viele Fragen, die sich uns aufdrängen, sind aus anderen Zusammenhängen wohlbekannt: Wer sind die Akteure im Internet (vor allem männliche weiße Metropolenmittelschichtsbürger, genau wie in der Linken)? Wie lange wird es dauern, bis die bestehenden Spielräume in Netz juristisch und polizeilich domestiziert sind? Inwieweit besteht die Gefahr, einmal mehr die Funktion der Avantgarde im kapitalistischen Modernisierungsprozeß zu übernehmen, deren Praxen dann in kommerzialisierter und entschärfter Form in den gesellschaftlichen Mainstream eingehen? Wesentlich erscheint es uns auf jeden Fall, sich bei der Diskussion nicht selbst in den Cyberspace zu katapultieren, sondern das Verhältnis von Cyber-Netzkommunikation und Kommunikation im »Real Life« im Auge zu behalten. Sonst laufen wir stets Gefahr, allzu technologiezentriert zu diskutieren oder gar dem Mythos der »Informationsgesellschaft« aufzusitzen.

Gerade vor dem Hintergrund der Euphorie um das Internet haben jene Techno-Philosophien (Kittler, Flusser oder Bolz) wieder Boden gewinnen können, die einer »Mediatisierung« (Maresch 1995, 405: »Der Wunsch nach unverstellter Kommunikation hat keine realistische Basis mehr.«) von Kommunikation und von Öffentlichkeit das Wort reden und die Medien selbst als soziale Praxis ansehen. In dieser Sichtweise werden Medien als eigenständige Wesen mit Willen zum Fortschritt imaginiert; daher mache es auch wenig Sinn, sich gegen die technologischen Entwicklungen aufzulehnen (vgl. die Kritik von Buchmann 1995, die die naturalisierende reaktionäre Dimension dieser technikdeterministischen Vorstellungen aufzeigt). Diese Techno-Philosophien liefern den ideologischen Unterbau für eine Entwicklung, in der das technische Leitbild Computer und neuerdings das Internet zur wichtigsten Metapher für die sozialen Aufstiegsphantasien und -hoffnungen diverser Mittelschichten geworden ist. Der Mythos von der »Informationsgesellschaft« findet hier seinen symbolischen Ausdruck.

»Uorwärts und viel vergessen!«

Es bleibt die Frage, was aus unseren Überlegungen für die linke Medienpraxis folgt. Das Hauptziel derzeitiger linker Politik müßte unseres Erachtens sein, Alternativen über die »Natur« der gesellschaftlichen Beziehungen gegenüber dem bestehenden hegemonialen Konsens wieder denkbar zu machen, wobei es notwendig ist, die Modalitäten der Herstellung dieses Konsens in Rechnung zu stellen. Ungeachtet der Verschärfung von Klassengegensätzen vollzieht sich gleichzeitig eine Ausdifferenzierung von Lebensstilen und deren Repräsentation in der bürgerlichen Öffentlichkeit. Das hat zur Folge, daß, was sich früher als klar umrissener hegemonialer Diskurs ausmachen ließ, heutzutage immer schwerer zuordenbar ist. Das liegt unter anderem auch daran, daß sich dieser Diskurs in erster Linie nicht mehr um bestimmte Inhalte dreht, sondern zugleich in der Form ihrer Repräsentation aufgeht.

Damit geht ein Eindringen in das Themenfeld alternativer Medien einher, deren Form absorbiert und deren Inhalte neutralisiert werden (so, wenn die in den alternativen Medien entwickelten innovativen kulturellen Servicefunktionen mittlerweile die ökonomische Grundlage von Stadtmagazinen à la Prinz geworden sind). Aufgrund des mit dieser Entwicklung einhergehenden Funktionsverlusts sehen sich die Medien der »Gegenöffentlichkeit« auf die Rolle von Fanzines zurückgeworfen, die sich nur noch an eine relativ kleine soziale Gruppe wenden. Als solche sind sie allerdings keinesfalls funktionslos. Linke Medien können nach wie vor einen Ausgangspunkt bilden, um bestimmte Informationen in eine (auch bürgerliche) Öffentlichkeit zu tragen und dort Momente einer Delegitimierung der herrschenden Ordnung zu bewirken; derartige Informationen sind nicht deshalb unnötig, weil sie nicht zwangsläufig zu gesellschaftsveränderndem Handeln führen. Gerade zur Bildung von Teilöffentlichkeiten und Subkulturen sind funktionierende Kommunikationsstrukturen überaus wichtig. Eigene Medien machen den Raum auf, in dem Abweichendes und Alternatives vorgetragen und gedacht werden kann. Darum haben wir auf sie ein besonderes Augenmerk zu richten. Es gilt aber, die damit verbundene Beschränktheit einer solchen Funktion von Medien zu reflektieren und um Möglichkeiten und Spielräume sozialen Handelns außerhalb der virtuellen Welt der Medien zu ringen (Catchen? Boxen? Aikido?). Eine gesellschaftsverändernde soziale Praxis bedarf der konkreten Utopie von einer anderen Gesellschaft. Doch ein solches Projekt darf nicht als hauptsächlich medial erreichbares gedacht werden. Gesellschaftliche Veränderung beginnt auch und in erster Linie im sozialen Alltag der Subjekte. Die Utopie einer anderen Gesellschaft läßt sich nicht in Buchstaben, sondern allenfalls in kulturellen Formen artikulieren, nicht als fertiger Text, sondern stets fragmentiert und unvollständig. Und in einem solchen Kontext haben die linken Medien einen wichtigen Platz, auch wenn derselbe den MacherInnen (welche bekanntlich gerne große und weitreichende strategische Gedanken formulieren) nicht behagen mag. Als Selbstverständigungsmittel oder auch Fanzines einer Subkultur sind linke Medien unverzichtbar. Gemessen an alten Illusionen mag das wenig sein. Mehr als nichts ist es allemal.

Überarbeitete Version des erstmals in der *links* – Sozialistische Zeitung, Nr. 308/309, Jan./Feb. 1996 veröffentlichten Artikels

Literatur

Buchmann, Sabeth 1995, Nur soviel: Das Medium ist nicht die Botschaft. Kritik der Medientheorie, in: Marius Babias (Hg.), *Im Zentrum der Peripherie. Kunstvermittlung und Vermittlungskunst in den 90er Jahren*, Dresden/Basel: 79-102.

Enzensberger, Hans-Magnus 1970, Baukasten zu einer Theorie der Medien, in: *Kursbuch* Nr. 20: 159–186.

Lovink, Geert 1992, *Hör zu – oder stirb! Fragemente einer Theorie der souveränen Medien*. Berlin.

Kunz, Thomas 1994, Medien, Mythen, Mailboxen, in: *links* Nr. 286: 18–20.

Maresch, Rudolf 1995, Mediatisierte Öffentlichkeiten, in: *Leviathan* 23 (1995), H. 3: 394–416.

Negt, Oskar/Kluge, Alexander 1972, *Öffentlichkeit und Erfahrung. Zur Organisationsanalyse von bürgerlicher und proletarischer Öffentlichkeit*, Frankfurt.

Andreas Broeckmann

Medienökologie und Ästhetik der Heterogenese

> »Ein entscheidender programmatischer Punkt der sozialen Ökologie wird es sein, diese kapitalistischen Gesellschaften der massenmedialen Ära einer post-massenmedialen Ära zuzuführen; darunter verstehe ich, daß sich der Massenmedien wieder eine Vielheit von Subjekt-Gruppen bemächtigt, die in der Lage sind, sie auf einem Vereinzelungspfad zu verwalten.« (Guattari 1994: 64)

Der Streit um die Bewertung der »neuen« digitalen Medien und darum, ob sie eine neue Episteme ankündigen oder einfach nur vorhandene Kräfte und Denkweisen in andere mediale Formen gießen, dieser Streit wiederholt die historischen Auseinandersetzungen um den Status der Photographie gegenüber den mechanischen Künsten oder den um die tatsächliche Bedeutung der Einführung des Buchdrucks. Ohne voreilig zu sein, kann man wohl davon ausgehen, daß man sich auch hier mit der Zeit auf eine differenzierte Zwischenlösung einigen wird, und feststellen, daß bedeutsame und tiefgreifende Veränderungen in, beispielsweise, sozialen Strukturen und wissenschaftlichen Arbeitsformen eingetreten sind, ohne daß es zu einer unmittelbaren und radikalen Umwälzung gekommen wäre. Für eine globale digitale Revolution ist der verwendete Begriff des »Globalen« derzeit noch allzu eingeschränkt.

Dennoch ist es dringend geboten, uns mit den Bedingungen dessen zu beschäftigen, was als eine neue Medienökologie bezeichnet werden kann. Medienökologie ist zu verstehen im Sinne eines erweiterten Ökologiebegriffs, der sich nicht allein auf die »natürliche Umwelt« bezieht, sondern als ökologische Handlungsbereiche auch die sozialen Beziehungen und menschliche Subjektivität umfaßt. Die gegenwärtige Gesellschaftskrise kann nur gelöst werden, wenn alle drei ökologischen Bereiche Ziele eines ethisch-politischen Handelns werden, das Guattari unter dem Begriff *Oekosophie* zusammenfaßt.[1]

Viele der Fragen, die durch die neue Medienökologie aufgeworfen werden, stellen sich nun schon in differenzierter Weise im Bereich der Medienkunst. Ohne eine Vorreiterrolle für Kunst behaupten zu wollen, läßt sich doch feststellen, daß hier augenblicklich Probleme anschaulich artikuliert werden, die in anderen gesellschaftlichen Bereichen gleichfalls eine wichtige Rolle spielen. Begriffe wie Vernetzung, Prozeßorientierung, Kollektivität, Translokalität, Machtaggregation, Heterogenese und Maschinismus verweisen auf eine neue Ästhetik, die sich als Haltung gegenüber der gegenwärtigen Verzahnung technologischer, ökonomischer und sozialer Phänomene herausbildet. Das Folgende kann also zugleich als der Versuch einer Kartographie gegenwärtiger, mediengestützter Kunstpraxis gelesen werden und als Beschreibung einiger Formationen und Faltungen in der neuen Medienökologie.

Medien/Kunst

Obwohl der Begriff Medienkunst heftig kritisiert wird, weil er eine inhaltliche oder ästhetische Spezifik behauptet, die sich nicht vom Gebrauch elektronischer Medien herleiten läßt, will ich ihn hier doch in hypothetischer Form verwenden; zu diskutieren wäre dann, inwieweit das, was hier als Medienkunst beschrieben wird, durch den Mediengebrauch determiniert und von ihm abhängig ist. Unter Medienkunst verstehe ich hier in erster Linie »Kunst mit digitalen Medien«. Hieraus ergeben sich in der Tat einige den digitalen Medien eigene Grundparameter für die künstlerische Praxis: zuerst die inhärente Instabilität des kleinsten konstitutiven Elements, des Elektrons, das sich in einem unablässigen Zustand des Stürzens, des sich Verbindens und Rekonstituierens befindet. Hieraus ergibt sich die Notwendigkeit, die Zeit als wichtigen ästhetischen Faktor einzubeziehen: Medienkunst ist prozeßorientiert und richtet sich häufig auf das Auslösen singulärer, nicht umkehrbarer Ereignisse. Schließlich bietet die Offenheit der digitalen Bearbeitungsprozesse die Möglichkeit zur Interaktivität und zu einer potentiellen Auflösung der Grenze zwischen Künstler und Publikum, zwischen Produzent und Benutzer. In vielen Fällen treten die Künstler als (erste) Benutzer auf, die Benutzer als Produzenten.

Freilich beschreibt »Medienkunst« weder eine einheitliche Praxis, noch ist sie grundsätzlich von anderen Kunstformen zu trennen. Und doch stellt sich in bezug auf Medienkunst, wie auch in anderen Bereichen (Architektur im 15./16. Jahrhundert; Graphik im 17./18. Jahrhundert, Photographie und Film im 19. und 20. Jahrhundert), ein mehr oder weniger spezifischer Katalog an Fragen. Das bedeutet nicht notwendig die Formulierung einer spezifischen Ästhetik, aber das Vorhandensein spezifischer Arbeitsbedingungen mit spezifischen ästhetischen Effekten.

Um das Umfeld und die Produktionsbedingungen von Medienkunst zu umreißen und ihr kritisches Potential genauer zu bestimmen, zuerst einige Beispiele.

Shotgun TV ist eine Maschine der Linzer Gruppe Contained: Auf einen Pick-Up-Truck ist hinten eine Videokanone montiert, die mit einem Videobeam ausgestattet ist und mit der »mobil« Videobilder projiziert werden können. *Shotgun TV* hat weiterhin Lautsprecher, Videospieler und -kameras, Mikrofone und einen schwachen Radiosender an Bord, die allesamt untereinander verbunden sind und den Wagen so zu einer mobilen Aufnahme-, Produktions-, Sende- und Projektionsmaschine machen. Der polnisch-amerikanische Künstler und Designer Krzysztof Wodiczko entwickelt seit 1992 Prototypen des *Alien Staff*, ein tragbares Geräte für MigrantInnen von der Größe eines Bischofsstabes, dem der *Alien Staff* nicht zufällig ähnelt. Im »Kopf« des Stabes befinden sich ein kleiner LCD Videomonitor und ein Lautsprecher, die mit einem Videospieler verbunden werden, den die Stabträgerin in einer Tasche an der Schulter trägt. Im vornhinein werden Videoaufnahmen von der Trägerin gemacht, die hier wichtige Episoden aus ihrem Migrantinnenleben erzählen kann oder von ihren Erfahrungen mit den Einheimischen. Teil des Stabschaftes bilden durchsichtige, runde Behälter, in denen die Stabträgerin wichtige Dokumente, Papiere, Souvenirs etc., verwahren kann. In zeitlich begrenzten Projekten wird der *Staff* MigrantInnen angeboten, die damit auf Straßen und an öffentlichen Orten die einheimische Bevölkerung mit persönlichen, medial gefilterten Geschichten konfrontieren über ein Leben, das in der Alltagskultur meist ignoriert wird. Hieraus können Gespräche entstehen, die der Kommunikation und Bewußtwerdung über Lebensweisen und Hintergründe von Migrantenleben einen öffentlichen Ort geben.

Mediafilter, ein World Wide Web site, der seit Ende 1994 vom Medienkünstler und -aktivisten Paul Garrin unterhalten wird, umfaßt eine Vielzahl politischer und künstlerischer Initiativen, die hier in einer gemeinsamen Umgebung zusammengefaßt sind. Ein Schwerpunkt liegt auf Projekten, die sich mit Kriegszonen wie dem ehemaligen Jugoslawien beschäftigen, etwa das Zamir-Netz, das während des gesamten Krieges unabhängigen Gruppen in verschiedenen der Republiken den Austausch von Nachrichten ermöglicht hat und das entscheidend gewesen ist für die Koordinierung von unabhängigen Friedensinitiativen, oder die unabhängige Zagreber Wochenzeitschrift *arkzin*, deren Artikel auf Mediafilter in englischer Sprache zugänglich gemacht worden sind. Informationsseiten, Diskussionsforen, bildliche und verbale Kommentare zur Situation in der »Kriegszone« machen *Mediafilter* exemplarisch für eine kommunikationsunterstützende Verwendung der Netzwerkmedien, die sich um die Klassifizierung und Verwertbarkeit als Kunst nicht kümmert und die gerade aus dieser Indifferenz eine spezifische, vielleicht »ästhetisch« zu nennende Dimension bezieht.

Die Gruppe Knowbotic Research+cF wählt in ihren Arbeiten einen stark installativen, raumdefinierenden Charakter. KR+cF entwickeln komplexe Schnittstellen zwischen der Datenwelt der Computer und der menschlichen Erfahrungswelt. In dem Projekt *Dialogue With The Knowbotic South* werden wissenschaftliche Daten über die Antarktis verwendet und transformiert, einen »Naturraum«, von dem Menschen fast ausschließlich durch die Vermittlung von solchen Daten überhaupt erst etwas wissen. Für die Installation sammeln eine Art Computeragenten, Knowbots, diese Daten auf dem Internet und übersetzen sie in eine Reihe von erfahrbaren Schnittstellen: Kältezonen, Lichtfelder, Pixelformationen, die den Inhalt der Daten für den Besucher in abstrakter, intuitiver Weise erfahrbar und in begrenztem Maße auch abfragbar und manipulierbar machen. Unser Begriff von der Antarktis ist der einer »Computer Aided Nature« (CAN). *DWTKS* kann somit als Präsentation dienen für den Prozeß, durch den wir uns die Aneignung einer medial erfahrenen Welt aneignen.

Taktische Medien

Abgesehen von *Shotgun TV* wurden die genannten Projekte im Rahmen der Konferenz *Next 5 Minutes: Tactical Media* gezeigt, einem großen, internationalen Treffen von Medienaktivisten und Medienkünstlern, das im Januar 1996 in Rotterdam und Amsterdam stattfand. »Taktische Medien« bedeutete hier vor allem eine Medienpraxis, die bestimmte gesellschaftliche oder kulturelle Ziele verfolgt und die sich zum Erreichen dieser Ziele bewußt taktisch gewählter Medien bedient. Das können Flugblätter und Wandzeitungen ebenso gut sein wie Radio, Video, Fernsehen und andere Öffentlichkeitsmedien, oder eben singuläre Projekte, Maschinen und Anlagen wie die eben erwähnten.

Die »kriegerische« Konnotation von Taktik wird hier bewußt aufgenommen, und zwar nicht nur, weil sich taktische Medienpraxis häufig auf Kriegs- und andere soziale Konfliktsituationen bezieht, sondern weil die Metapher des Kriegerischen, wenn man sie nicht im engeren Sinne des Militarismus begreift, durchaus nützlich ist zur Beschreibung der Haltung und der Kraftfelder, innerhalb derer taktische Medien eingesetzt werden. Der mexikanisch-US-amerikanische Autor Manuel de Landa beschreibt in seinem Buch *War in the Age of Intelligent Machines* (1991) das Militär als »eine Maschine, die aus mehreren, deutlich getrennten Ebenen besteht (...): die Ebene der Waffen und der ›Hardware‹ des Krieges; die Ebene der Taktik, auf der Menschen und Waffen in Formationen integriert werden; die Ebene der Strategie, auf der die Kämpfe, die durch diese Formationen ausgetragen werden, ein gemeinsames politisches Ziel erhalten; und schließlich die Ebene der Logistik, der Nachschub- und Versorgungsstrukturen, auf der die Kriegsführung mit den landwirtschaftlichen und industriellen Ressourcen verbunden ist, die sie unterstützen« (de Landa 1991: 5). Obwohl sich taktische Medienpraxis nicht primär auf das Austragen von Konflikten richtet, sondern auf Kommunikation und Informationsvermittlung, und obwohl sie sich nicht beschränkt auf Ausnahmezustände, läßt sich diese Analyse meines Erachtens doch fruchtbar auf eine Beschreibung der operativen Struktur taktischer Medien übertragen: Die Medienökologie ist eine Maschine, die aus mehreren, deutlich getrennten Ebenen besteht: die Ebene der Medien, der Werkzeuge und technischen Apparate; die Ebene der Taktik, auf der Menschen und Medien in Formationen integriert werden; die Ebene der Strategie, auf der die Kampagnen und Projekte, die durch diese Formationen ausgeführt werden, ein gemeinsames politisches Ziel erhalten; und schließlich die Ebene der Logistik, der Nachschub- und Versorgungsstrukturen, auf der die Medienpraxis mit den infrastrukturellen und industriellen Ressourcen verbunden ist, die sie unterstützen.

Ein wichtiger Einwand hiergegen könnte sein, daß die politische Dimension der strategischen Ebene zugewiesen wird, so daß geschlossen werden könnte, daß taktische Medienpraxis nicht politisch im engeren Sinne wäre, sondern eher »aktivistisch«. Jedoch beschreibt de Landa auch, wie militärische Kommandostrukturen sich im 20. Jahrhundert gerade unter Einfluß moderner Telekommunikationsmittel (Radio, Radar, Satellitentechnik) von der strategischen Ebene der Armeen und Divisionen verlagert hat auf die Ebene kleinerer, relativ unabhängig und taktisch operierender Einheiten. In Analogie hierzu erweist sich die Effektivität strategischer Medien als höchst zweifelhaft – genauso wie es zweifelhaft bleiben wird, ob die strategischen Nuklearwaffen des Kalten Krieges je mehr gewesen sind als teurer Schrott.

Taktische Medien wie *Shotgun TV*, wie *Mediafilter* oder *Alien Staff* operieren nicht auf strategischem Niveau, sondern zielen auf das Auslösen singulärer Ereignisse, sie erzeugen begrenzte Turbulenzen im öffentlichen Raum und verbinden sich erst auf höherem Niveau mit weitreichenderen politischen Strategien. Ein weiteres Beispiel ist die Arbeit der »NetzarbeiterInnen« vom Wiener »Silverserver«. Gruppen wie Mamax (Margarete Jahrmann und Max Moswitzer), Etoy und andere entwickeln hier eine reibungsintensive Netzwerkumgebung, die sich mit den technischen und politischen Dimensionen des Internet auseinandersetzt. Die Produktion von Netzwaffen und digitalen Überwachungswerkzeugen, die »Entführung« fremder Daten und die Offenlegung ökonomischer Zusammenhänge werden nicht so sehr als selbstreflexive, politische Kritik präsentiert, sondern als fröhlicher, dem Situationismus verpflichteter Aktionismus.

Medien/Kunst/Praxis

Was sich in den meisten dieser Praktiken zeigt, ist ein beinahe selbstverständlicher Hang zu kollektivem Arbeiten. Künstler im engeren Sinne kooperieren mit Programmierern, mit Technikern, mit Disk-Jockeys und Kuratoren und bilden neue, komplexe Arbeitsverbünde, die sich darüberhinaus, als intentionaler Teil der Arbeit, der weiteren Vernetzung von Produzenten verschreiben und für die Streuung und Transversalität zentrale operative Kategorien darstellen. Autorenschaft ist keine notwendige Kategorie mehr, auch wenn sie aus praktischen, ökonomischen und systemimmanenten Gründen häufig weiter eingesetzt wird. Es sollte nicht übersehen werden, daß natürlich auch hier Neid, Ruhm, Sex, Geld und Macht weiterhin mitspielen, allerdings ist Autorenschaft im Bereich der hier beschriebenen medialen Praxis nicht mehr selbstverständliche Ausgangsbedingung künstlerischen Arbeitens, sondern eine mehr oder weniger bewußt gewählte Methode. Hiermit hängt auch die Entwicklung von permanenten und zeitlich begrenzten »shared workspaces« auf dem Internet zusammen, in denen gemeinsam in zwei- und dreidimensionaler Repräsentation an visuellen, textuellen und akustischen Projekten gearbeitet wird. Die Ausdifferenzierung von vernetzten Diskursformen orientiert sich nicht am Modell akademischer Zeitschriftendiskurse, sondern eher am engagierten Kneipen- oder Salongespräch. In dieser Praxis gibt es kaum noch einen realisierbaren Anspruch auf Eigentum an Ideen – was übrigens für die publizierende Zunft nicht unproblematisch ist.

Der soziale Ort, an dem medienkünstlerische Praxis sich ansiedelt (Galerie, Netz, Straße, Privatwohnung), bleibt bewußt prekär und widersprüchlich, denn es handelt sich um Widersprüche, die nicht nur der Praxis, sondern auch dem sie umgebenden gesellschaftlichen Umfeld eigen sind. Interessant ist in diesem Zusammenhang eine Reihe direkter und indirekter Verweise auf historische Vorbilder, die auf der einen Seite in der »antikünstlerischen« Haltung von Dada und Situationismus gesucht werden und auf der anderen Seite in den hybriden Strategien von Futurismus und Konstruktivismus, die vor allem die *Autonomie* von Kunst aufkündigten. Eine grundlegende Frage für die Bewertung von Medienkunst bleibt dabei die Rolle, die dem technologischen Dispositiv zugewiesen wird, eine Frage, die vor allem in bezug auf installative Arbeiten wie die von Knowbotic Research gestellt wird, die große, leistungsstarke Computer benötigen und gleichzeitig eine kritische, reflexive Haltung gegenüber dem ideologischen oder epistemologischen Potential der Technologie behalten. Knowbotic Research formulieren in diesem Zusammenhang ein »Plädoyer für die Aufrechterhaltung und Einrichtung unspezifischer Experimentier-, Diskurs- und Kritikfel-

der, die sich darum bemühen, ungehemmte Prozesse zu initialisieren, zu bewältigen und intervenierend in andere Systeme einzuspeisen. Die daraus entstehenden
Transdisziplinaritäten, hybride Zonen zwischen Theorie und Praxis, performati-
ve Felder etc. sind immer schon apparativ unterstützte Projekte gewesen; nicht
der Einsatz von Technologie an sich (als prägnantestes Feindbild sei hier der
›high-end‹ Computer erwähnt) läßt sie zu ethisch verwerflichen, gesellschaftschä-
digenden Ereignissen mutieren. Hier irren die Argumente von Seiten der Techno-
Kritiker, egal ob sie sich selbst zusätzlich mit dem Präfix ›Kunst-‹, ›Kultur-‹ oder
›Sozial-‹ klassifizieren. Die kritischen und konzeptionellen Energien, die die neu-
en Technologien freisetzen könnten, sollten eben nicht in separatistischen (ästhetischen und ethischen) Theoriebildungen zementiert werden, sondern sich in einer ungehemmten Annäherung der Tätigen gegenseitig und untereinander (ob
Theoretiker, Künstler, Kritiker u.ä. bleibt zweitrangig) entfalten können.« (KR)

Machtaggregate

Die Kritik, auf die hier angespielt wird, fußt auf einer grundsätzlichen In-
fragestellung aller Kunst, die sich hochtechnologischer Mittel bedient. Hiermit
werde, so die Argumentation, immer schon einem industrietechnologischen Dispositiv in die Hände gespielt, das sich nur von außen kritisieren lasse. Eine
Ästhetisierung technologischer Funktionalität und ihre Anwendung in künstlerischen Zusammenhängen sei weder ethisch noch politisch vertretbar.

Diese Art der Kritik ist inzwischen vielerseits als unzureichend und unpro-
duktiv abgewiesen worden. Zweifellos ist medienkünstlerische Praxis daraufhin
zu befragen, wie sie mit der in den verwendeten Apparaten aggregierten Macht
umgeht. In diesem Sinne sind Medien tatsächlich als Machtaggregate zu verstehen, als komplexe Zusammenfügungen von Körpern – elektronische Hardware,
Produktionszyklen, Netzwerke, Menschen usw. –, die gemeinsam größere, produktive und mächtige Maschinen bilden. »Technologie« ist Trägerin sozialer
Macht auf der Ebene industrieller Produktion ebenso wie in bezug auf Kommunikationsstrukturen und als diskursive Formation, und eine kritische Medienkunst, die sich hochtechnologischer Mittel bedient, wird sich mit diesen Bedeu-
tungsschichten auseinanderzusetzen haben. Anzunehmen jedoch, daß jeder
Computer und jedes bio-technologische Experiment des Teufels sei und man sich
deshalb hiermit nur in negativierender Haltung auseinandersetzen dürfe, scheint
realitätsfremd. Die Grenzen zwischen Kunst, Technologie, Gesellschaft usw. sind
nicht eindeutig, sondern bilden fraktale Faltungen, »eine unendliche Differenzierung des Seins entlang von Falten, die kontinuierlich ineinander übergehen«
(Lévy 1995: 102). Vielmehr kann die Dimension der Macht durchaus produktiv

verstanden und eingesetzt werden, wo nicht homogenisierende, molare Strukturen affirmiert werden, sondern wo sich eine kritische technologische Praxis mit
den der Technologie eigenen Kräften auseinandersetzt. Hervorragendes Beispiel
hierfür ist die »Züchtung« der Techno-Parasiten, eine Initiative des in Berlin ar-
beitenden Künstlers Erik Hobijn, der sich über die Unauffälligkeit und die ge-
fährliche Unsichtbarkeit vieler technischer Aspekte unserer Lebenswelt Gedanken gemacht hat. Klassische Beispiele hierfür sind die elektrische Straßenbe-
leuchtung oder das elektrische Netz – wer ist sich noch der Steckdosen oder
Deckenlampen in gleicher Weise bewußt wie beispielsweise eines Modems? Die
Selbstverständlichkeit der ersteren hängt dabei nicht allein damit zusammen,
daß es sie länger gibt, sondern auch damit, daß sie viel besser und zuverlässiger
funktionieren. Die Techno-Parasiten greifen genau hier an und »parasitieren«
auf diesen unsichtbar gewordenen Apparaten, die sie benutzen, stören und
schließlich zerstören, sich selbst auf diese Weise fortpflanzend und größer, schö-
ner, stärker machend.

Diese Art künstlerischer Arbeit läßt sich nicht lähmen oder in diskursive Kor-
rektheiten verstricken, sondern bemüht sich, die Kräfte des technologischen Dis-
positivs gegen es selbst spielen zu lassen. Die scheinbare ethische Ambivalenz
wird zu einer Notwendigkeit, wo sich kein Zentrum der Macht, kein feindliches
System und keine »richtige« politische Praxis mehr identifizieren läßt. In einer
Replik auf de Landa hat Thomas Brandstetter vor kurzem angemerkt, daß »die
Machtstrukturen heute vielleicht selber schon nomadisch und rhizomatisch
sind«, eine Sichtweise, der auch das Critical Art Ensemble zustimmen würde
oder der amerikanische Medientheoretiker Timothy Druckrey, der im Herbst
1995 schreibt: »Jeder kreative Akt, der die Machtapparate in Frage stellen will,
riskiert, selbst weiterhin den Abdruck des Systems zu tragen, in das der Han-
delnde eingeschrieben ist. Das ist nie deutlicher gewesen als beim Web, in dem
die soziale Infrastruktur so feinsinnig durch das technologische Austauschsystem
ersetzt worden ist. Zu oft geraten wir bei diesem Medium in die Falle der mysti-
fizierenden Universalisierung, vergessend, daß Deterritorialisierung nicht immer
ein Zeichen für nomadischen Machtgewinn ist. Für die Agenten der Kommunikation kann die Illusion der Macht ebenso verführerisch sein wie der Absturz in
die Utopie. Und während die Kolonisierung des Cyberspace durch Künstler und
Theoretiker ein Zeichen außerordentlicher Kreativität ist, sitzen uns die vereinigten Kräfte von Privatisierung und Kontrolle im Nacken. (...) Während wir darüber nachdenken, ob VRML tatsächlich räumliche Darstellungen bieten wird
oder ob Hot Java nicht weiterhin Netscape zum Abstürzen bringen wird, ereig-
net sich die Mobilmachung des Netzes, und zwar nicht zur Verbreitung wunder-

voller und kreativer Hyperfiction und Quicktime-Videos, sondern im Sinne der taktischen Ambivalenz gestreuter Macht. Tatsächlich ist die Metapher der Streuung (*dispersal*), neben der der Unsichtbarkeit, ein entscheidender Aspekt für das Verständnis der Politik des Netzes« (Druckrey 1995).

Für künstlerische Praxis muß dies bedeuten, sich nicht den technischen und stilistischen Rahmenbedingungen der Technologie anzupassen, sondern deren Machtaggregate bewußt zu lesen und gegen den Strich zu bürsten. Die interessantesten Arbeiten in diesem Zusammenhang richten sich auf die Erfahrbarkeit des Maschinischen, auf die Körperlichkeit und die physische Wahrnehmbarkeit der Prozesse, durch die technische und menschliche Apparate aneinandergeschaltet werden.

Die kommerziellen und halb-kommerziellen, wissenschaftlichen Forschungsinstitute sprechen gern von der Entwicklung intuitiver Interfaces zwischen Mensch und Maschine, zwischen physischer und virtueller Realität. Ziel dieser Arbeit ist das »bruchlose Zusammenfügen« realer und virtueller Aktoren. Anstelle solcher intuitiver Interfaces sollte an der Entwicklung kontra-intuitiver Interfaces gearbeitet werden, Schnittstellen, an denen die Differenzen der aufeinanderstoßenden Systeme deutlich werden. Aufgabe künstlerischer Praxis ist nicht das bruchloses Zusammenfügen, sondern das Hervorheben der Brüche und die Entfaltung von Vielfältigkeiten, eine Praxis, die an dem arbeitet, was Guattari »Heterogenese« genannt hat, »das heißt einem Dauervorgang der Wiedervereinzelung. Die Individuen müssen gleichzeitig sowohl solidarisch wie immer unterschiedlicher werden. (Dasselbe gilt für die Wiedervereinzelung der Schulen, der Rathäuser, des Städtebaus und so weiter.) – Die vielen Praktiken sollen nicht nur nicht homogenisiert werden, durch eine transzendente Vormundschaft miteinander verbunden, sondern sinnvollerweise in einen Prozeß der *Erzeugung von Ungleichheit* hineingeführt werden« (Guattari 1994: 76, 49).

Die strategisch bedeutsamen Interventionspunkte hierfür liegen im Konkreten, im Körperlichen, im Lokalen, während sich in den schwarzen Löchern der Heterotopien, im Virtuellen und im Transterritorialen die Punkte effektiver und passionierter Subjektivierung finden. Eine radikale »Virtualisierung« macht Kunst unwirksam, wogegen die Spannung des »und«, Topos/Heteropos, Identität/Nichtidentität, Virtualität/Aktualität, Re-/De-/Territorialisierung die Ströme in neue Turbulenzen versetzt.

Strategien der Heterogenisierung können sich als Methode einer »Granulierung« ihres Materials bedienen, d.h. einer Teilung in singuläre Elemente, die gemeinsam den vielfältigen »Filz« des künstlerischen Materials bilden, sich aber auch als bedeutungstragende Elemente isolieren lassen. Als Konzept beruht die

Granulierung auf der Möglichkeit der Transformation, die die Digitalisierung bietet: Jedes digitale »Granulat«, jedes *byte*, läßt sich in vielfältigen Zusammenhängen auf vielfältige Weisen aus dem Zustand der Potentialität in den der Aktualität überführen. Margarete Jahrmann bezieht sich auf dieses Konzept, wenn sie von einer Vielzahl flexibel verbundener Kleinserver spricht, die gerade wegen ihrer Beweglichkeit und dem unter ihnen herrschenden generativen Potential zu interessanten synergetischen Prozessen führen können. Und Knowbotic Research setzen sich in ihrer neuesten Arbeit, *Anonymes Gemurmel*, mit den Effekten der Granulierung auseinander. Klangmaterial von verschiedenen DJ-Events werden in Echtzeit in eine Operationsschleife gespeist, in der dieses Material digital »granuliert« wird, um dann von Internet-Benutzern, von Menschen in speziellen Zonen im Stadtraum und von verschiedenen Computeralgorithmen manipuliert und transformiert zu werden. Der Output ist sowohl im Stadtraum in einer Licht- und Klanginstallation als auch auf dem Internet, durch RealAudio, unmittelbar zu erfahren, läßt sich aber nicht eindeutig auf die Eingriffe eines einzelnen »Operators« zurückführen. Granulierung bedeutet hier nicht nur die digitale Herauslösung von Klangmaterial, um seine akustischen und visuellen Transformationspotentiale zu aktivieren, sie bedeutet auch die Entkoppelung der einzelnen Handlung in einen überindividuellen Handlungsprozeß. Diese Art des kollektiven Bearbeitens, das nicht prinzipiell unterscheidet zwischen apparativen und menschlichen Eingriffen, weist auf eine maschinische Ästhetik, die nicht in erster Linie um das Hinterlassen auktorialer Spuren besorgt ist.

Maschinenästhetik - Ästhetik des Maschinischen

Die Faszination des Maschinischen und ihre künstlerische Bearbeitung im ausgehenden 20. Jahrhundert läßt sich, das hat Mark Dery jüngst noch einmal gezeigt, leicht auf historische Vorbilder aus dem 17. und 18. Jahrhundert zurückbeziehen. Schon damals war es die potentielle Autonomie des vom Menschen geschaffenen Maschinenwesens, die den stärksten Eindruck hinterließ. Die moderne Computertechnologie dreht diese Schraube ein Stück weiter, indem sie Prozesse durchführen läßt, die weder in ihrer Geschwindigkeit noch in ihrer Komplexität noch nachvollziehbar wären. Stirnrunzeln, zumindest verwundertes Achselzucken sind die einzigen »rationalen« Reaktionen, die auf diese Potentiale möglich erscheinen. Irritation löst auch der Umstand aus, daß, wie Kittler bemerkt hat, das »Netz« nicht aus Menschen besteht, die durch Computer miteinander kommunizieren, sondern aus Computern, die mit Computern kommunizieren: Maschinen, die permanent online sind und sich Datenpakete schicken, Prozesse optimieren, ob Menschen sich hierin einmischen oder nicht.

Die Ästhetik des Maschinischen, die sich gegenwärtig herausbildet, richtet sich jedoch nicht allein auf die ästhetische Qualität der unabhängigen Handlungsfähigkeit von Maschinen, verstanden als technische Hardware. Maschinen können auch in einem anderen, mehr konzeptionellen Sinne als Agglomerations- und Transformationsapparate von Kräften verstanden werden. Guattari und Deleuze haben dies vor allem in bezug auf die Wunschmaschinen behandelt, die an der Formierung psychischer Dispositive beteiligt sind, das Konzept des Maschinischen läßt sich allerdings noch viel weiter fassen.

»Eine Maschine organisiert die Topologie der verschiedenen Ströme und zeichnet die Mäander der rhizomatischen Schaltungen. Sie ist eine Art Attraktor, der die Welt um sich herum krümmt. (...) In erster Annäherung kann eine Maschine aufgefaßt werden als zu einer physikalischen, biologischen, sozialen, technischen, semiotischen, psychischen usw. Schicht zugehörig, aber in allgemeinerer Weise ist sie schichtenübergreifend, heterogen und kosmopolitisch. Eine Maschine produziert nicht nur etwas in einer Welt, sondern sie trägt auch dazu bei, die Welt, in der sie funktioniert, zu produzieren, zu reproduzieren und zu transformieren. Eine Maschine ist ein fügendes Gefüge, sie tendiert dazu, sich zurückzuwenden, zurückzukommen auf ihre eigenen Existenzbedingungen, um sie zu reproduzieren« (Lévy 1995: 106-7).

Diese Maschinen realisieren und transformieren Potentialitäten und beschreiben somit auch die Punkte, an denen sich die Vektoren der Heterogenisierung vervielfältigen können – oder in verfestigten, molaren Formationen reterritorialisiert werden. Maschinen sind nicht tote Objekte, sondern besitzen stets eine proto-subjektive Schicht und eine Tendenz zu Zielgerichtetheit und damit zu Reflexivität, die sie unmittelbar an Prozesse der Subjektivierung bindet.[2]

Die Behandlung der Ästhetik des Maschinischen wird hierdurch von einer Ebene der Faszination für technische Hardware auf die Ebene der Bewegungen, der Prozesse, der Dynamiken, der Wandlungen gelenkt. Die Macht und Schönheit der Knowbots, wie sie z.B. von Knowbotic Research eingesetzt werden, wird nicht mehr so sehr nach ihrer Funktion als symbolische Träger einer spezifischen technologischen Kultur und Logik beurteilt, sondern richtet sich auf ihr Verhalten und auf ihre Fähigkeit, in diese Transformationsprozesse einzugreifen. Dies sollte nicht als kritiklose Annahme des Maschinischen als ästhetischem Prinzip mißverstanden werden. Die Auseinandersetzung mit dem Maschinischen stellt sich der Ambivalenz und arbeitet an der Sichtbarmachung, Zerstreuung und Umformung seiner territorialen Ordnungen.

Tatsächlich könnte es sein, daß sich in bezug auf derartige maschinische Formationen die Frage der Macht überhaupt erst produktiv stellen läßt. Was wir bei

Foucault sehen, ist der erfolgreiche Versuch, Macht als konstruktive Kraft und Subjektivierung nicht als Gegensatz, sondern als Produkt von Machtdispositiven zu beschreiben. Möglicherweise bedürfen wir einer solchen Perspektive, um uns überhaupt erst in die Lage zu versetzen, eine Analyse des Funktionierens von Macht in nichtlinearen Umgebungen zu entwickeln. Was würde es bedeuten, wenn wir Macht als Kraftlinie des maschinischen Phylums beschreiben lernten, als vielfältige Kraftlinie, die durch ein sozio-technisches Aggregat verläuft? Und wie würde eine Kritik bestimmter Aggregate aussehen, die sich nicht auf bestimmte empfindliche Themen, Tatsachen und Produkte, sondern auf diese maschinischen Kraftlinien richten würde? Wenn dies ein nützliches Modell für das Nachdenken über medialisierte Macht wäre, dann wäre es vielleicht auch möglich, hieraus eine Analyse des taktischen Einsatzes von Knowbots zu entwickeln.

Eine Kriegsmaschine, um die wir uns sorgen ...

Die hier dargestellten Ansätze für eine kritische Medienästhetik bleiben spekulativ. Sie richten sich auf einen unabgeschlossenen Prozeß, für dessen Beobachtung hiermit vielleicht einige weitere Instrumente entwickelt werden können. Es bleiben offene Fragen, die zum Teil im künstlerischen Feld bearbeitet werden und zum Teil eher theoretische Analysen erfordern. So ist beispielsweise ungeklärt, ob sich für die Strategien der Überschreitung und Verstreuung eher Granulate eignen, die selbst noch kleinste Bedeutungsträger sind und somit signifikante oder postsignifikante Ausdruckseinheiten, die in neue maschinelle Gefüge transformiert werden; oder ob die Teilungen so weit gehen sollten, daß das Material auf präsignifikante Partikel zurückgeführt wird, die durch diagrammatische, abstrakte Maschinen zu neuen Schichtungen gebracht werden. Hieraus ergibt sich auch die Frage, inwieweit es sich in den gegenwärtigen medialen Umgebungen durch die beschriebenen politischen, technologischen und ästhetischen Determinierungen möglicherweise »immer schon« um maschinelle Gefüge handelt, die der Ambivalenz der »Kriegsmaschine« näher sind als der deterritorialisierenden Tendenz der abstrakten Maschinen.

Diese Frage nach der Pragmatik des Maschinischen weist auf einen anderen Bereich, der, wie schon angedeutet, unsere fortgesetzte Aufmerksamkeit verlangt, nämlich den der Subjektivierung. Die Herausforderung könnte darin liegen, den Begriff der Kriegsmaschine in einer Weise zu entwickeln, in der sie, ohne den Effekt moralischer Irritation zu verlieren, zu einem praktischen Modell für die Ästhetik der Heterogenese wird. Die Kriegsmaschine, wie Guattari und Deleuze sie in *Tausend Plateaus* beschreiben, wird erst durch die Vereinnahmung, durch die Einfügung in die molare Ordnung des Staates zu der faschistischen Einrichtung, die den totalen Krieg anstrebt. Historisch gesehen ist die Kriegsmaschine nomadischen Ursprungs und strebt nach Deterritorialisierung und einer permanenten Mutation der Strömungen. Sie hat »nicht den Krieg zum Ziel,« wie Guattari und Deleuze schreiben, »sondern die Bahnung einer schöpferischen Fluchtlinie, die Bildung eines glatten Raumes und die Bewegung der Menschen in diesem Raum. An diesem (...) Pol fällt der Krieg durchaus mit dieser Maschine zusammen, aber als ein synthetisches und supplementäres Ziel, das sich dann gegen den Staat und gegen die weltweite Axiomatik, die von den Staaten ausgedrückt wird, richtet« (Deleuze/Guattari 1992: 584).

Die nomadischen Gruppen, Bewegungen und Minoritäten, die sich in dieser Form der Kriegsmaschine bemächtigen, »können nur unter der Bedingung Krieg führen, daß sie zugleich etwas anderes aufbauen und schaffen« (ebd.). Ein Vektor, der sich auch auf die Auflösung von Subjektivierungen richtet und zu erreichen versucht, was Deleuze die Ebenen der »vor-individuellen Singularitäten« und der »nicht-persönlichen Individuation« bezeichnet hat. Strategien der Verzögerung, der Verlangsamung und der Umlenkung müssen es möglich machen, Subjektivierung als einen transitorischen eher denn als finalen Prozeß zu fassen. Subjektivierung in ihrer zeitlichen Bindung, als irreversiblen Prozeß des Werdens, des Übergangs und der Singularisierung: Hierin scheint sich die ethische Dimension einer Ästhetik der Heterogenese zu kristallisieren.

Siegfried Zielinski hat auf die strategische Ambivalenz hingewiesen, in die sich eine kritische Kunstpraxis heute begeben muß: »Es ist unsere ästhetische Pflicht, das ernst zu nehmen, was versus ist, das was umgekehrt ist, das was von innen nach außen gekehrt ist, und es mit Vielfältigkeit und Unberechenbarkeit zu verbinden. Das ist jedoch nur möglich, wenn man eine Grundposition einnimmt, die gespalten ist: die symbolische Expression des Lokalen und heterogene Ereignisse im globalen Netz ermöglichen, das Netz zur Stärkung lokaler Ereignisse nutzen, aber gleichzeitig die Option offenhalten, ohne es auskommen zu können. Innen zu sein und sich vorstellen zu können, was außen ist, außen zu sein und das Innen zu denken: Es ist die Handlung und die Bewegung an der Grenze, die diese Haltung möglich machen. Das ist, was ich subjektiv nenne.« (Rückübersetzung aus dem Englischen; A.B.)

Die hier angedeutete Dialektik von Bindung und Trennung ist den Medien eingeschrieben, denn in dem Maße, wie sie verbinden und Kommunikation ermöglichen, affirmieren sie eine Differenz. Diese »Differenzierung« wird von Virilio stärker im Sinne der Trennung gelesen, für ihn sind Medien »Trajekt-Maschinen«, die die physische Distanz zwischen dem Subjekt und der Welt festlegen. Guattari spricht im selben Zusammenhang von »Transversalität« und setzt damit an die Stelle des Trajekts das Bild einer prozessualen, fließenden Bewegung, eines Vektors, entlang dem sich das Subjekt als temporäre Einschreibung manifestiert. Für künstlerische Praxis kann die Anlehnung an das Modell der Kriegsmaschine dann bedeuten, daß zur Verstärkung des Transversalen Unsicherheiten ausgelöst werden, daß Antiproduktion und parasitäres Verhalten entwickelt werden als inversive Strategien – Faltungen an der Grenze.

»Schnittstellenmaschinen, Parasiten kommen, um sich um die Lücken und die Abgründe oder die zu tiefen Falten zu kümmern, die die Subjektivitätswelten, ihre Zeitlichkeiten, ihre Räume und ihre Zeichen trennen. Eine Maschine bewahrt das Ereignis der Falte, aus dem sie hervorgeht (indem sie es zugleich verrät). Sie schreibt das anfängliche *Clinamen* in die Mechanosphäre ein, läßt es andauern, wiederauftreten, und indem sie dies tut, wird sie zur Quelle anderer Falten« (Lévy 1995: 110).

Produktiv können diese Faltungen immer da gemacht werden, wo sie ein Moment der Überschreitung implizieren und wo sie die Synergie (oder die Teilung) von Mensch und Maschine oder die Identität (oder Nicht-Identität) von Kognition und Komputation nicht affirmieren, sondern als instabile Grenze behandeln, als Falte, aus der man immer nur herausgleiten kann und die kein Innen, kein sicheres Territorium kennt.

Anmerkungen

1 Vgl. Guattari 1994, S.12.
2 Vgl. hierzu ausführlicher Guattari 1995 und Lévy 1995; auch Phoebe Sengers geht in »Fabrikation der Subjekte. Verdinglichung, Schizophrenie und Künstliche Intelligenz« (in diesem Band) auf diese Fragen ein.

Literatur und Hypertext-Verweise

Thomas Brandstetter, [the power structure itself may be rhizomatic]. *Rhizome Digest*, 30. Juli 1996 <http://www.rhizome.com>
Gilles Deleuze, A Philosophical Concept, in: J.L. Nancy (Hg.): *Who Comes after the Subject?* New York, London: Routledge, 1991.
Gilles Deleuze, Félix Guattari, *Tausend Plateaus* (1980) Berlin: Merve, 1992.
Mark Dery, *Escape Velocity. Cyberculture at the End of the Century*, New York: Groove Press, 1996.
Timothy Druckrey, Wild Nature, Free Radicals, and The Nerve Sell ..., Beitrag zum *DEAF95 Symposium*, 24 November 1995, Rotterdam, vgl. <http://www.v2.nl/DEAF/Symposium/druckrey-txt.html>
Félix Guattari: *Die drei Oekologien* (1989), Wien: Passagen Verlag, 1994.
Knowbotic Research, Developer Kit, in: *Medien.Kunst.Passagen*, 3/94.
–: Nonlocated Online <http://www.t0.or.at/~krcf/nlonline/>
–: Anonymous Muttering, DEAF96 <http://www.v2.nl/DEAF/96/>

Manuel de Landa, *War in the Age of Intelligent Machines*, New York: Zone Books/Swerve Editions, 1991.

Pierre Lévy: »Fraktale Faltung ...«. In: Schmidgen 1995: 95–114.

Mediafilter <http://mediafilter.org>

Next 5 Minutes <http://www.dds.nl/~n5m/>

H. Schmidgen (Hg.), *Aesthetik und Maschinismus. Texte zu und von Félix Guattari*, Berlin: Merve, 1995.

Silverserver <http://www.silverserver.co.at/>

Siegfried Zielinski (1995) [für Paris Revue Virtuelle], <http://www.khm.uni-koeln.de/~mem_brane/Forum/Phil/paris.html>

Inke Arns

Mobile Staaten/Bewegliche Grenzen/ Wandernde Einheiten

Das slowenische Künstlerkollektiv Neue Slowenische Kunst (NSK)

»Immer geht es um Objektivität und Subjektivität, aber nie um Trajekti-vität. In der anthropologischen Diskussion um Nomadentum und Seßhaftigkeit wird erklärt, wie die Stadt als wichtigste politische Form der Geschichte entstanden ist; aber es fehlt jegliches Verständnis für das Vektorielle unserer auf der Erde hin- und herziehenden Gattung. Zwischen Subjektivem und Objektivem bleibt offenbar kein Platz für das ›Trajektive‹, nämlich dafür, daß eine Bewegung von hier nach dort stattfindet, eine Bewegung von einem zum anderen, ohne die wir die verschiedenen Ordnungen der Wahrnehmung der Welt niemals wirklich verstehen werden.« (Virilio)[1]

Hermetisierung der Territorien

Politische Ereignisse haben Ende der 80er und zu Beginn der 90er Jahre zum Verfall der bis dato gültigen Weltordnung geführt, die die Welt in zwei antagonistische Blöcke einteilte. Gleichzeitig wird eine neue Weltordnung sichtbar, die nach Baudrillard durch »weißen Fundamentalismus, Protektionismus, Diskriminierung und Kontrolle« charakterisiert ist. Dieses »reale, weiße, moralisch, ökonomisch oder ethnisch weiß gemachte, einheitliche und gesäuberte Europa«[2] sei ein Resultat des Ethnopluralismus, der zwar das Recht auf Differenz bekräftigt, dieses Recht aber nur unter der Gewährleistung der Unantastbarkeit der eigenen Identität zuläßt – also mit der Segregation des Anderen operiert.[3] Im Europa der Gegenwart schlagen sich die Konzeptionen einer so formulierten nationalkulturellen Identität in der Tendenz zur zunehmenden Subnationalisierung nieder. Dieser Partikularismus aber stellt nichts anderes dar als die Verlagerung der bekannten »Lebensraumkonzeption« auf die Region. Im Zusammenhang mit der Wahrung des »Lebensraums« der europäischen Nationen ergibt sich in der politischen Praxis eine zunehmende Hermetisierung der äußeren Grenzen der von ihnen besetzten Territorien sowie eine gleichzeitige zunehmende ideologische Überfrachtung derselben, insofern das Territorium wesentlicher Bezugspunkt der Abgrenzung gegen das Andere/den Anderen ist. Obwohl man ihn überwunden glaubte, gewinnt der Begriff des Territoriums in den 90er Jahren eine neue Brisanz: als Kristallisationspunkt aktueller politischer Konflikte.

Kunst - Territorium

In den 90er Jahren untersuchen KünstlerInnen die Mechanismen, die den politisch-territorialen Status quo konstituieren. Dabei erzeugen sie parallel funktionierende, subversive Ordnungen, die immer auch auf eine Transformation des Territoriums, d.h. auf die Durchbrechung von territorialen Festsetzungen ausgerichtet sind. Einerseits versuchen künstlerische Projekte, Gegenentwürfe zu den wiedererstarkten politischen Fixierungen auf Territorien, Ethnien und Grenzen zu entwickeln, andererseits stellen sie den Sinn eines nationalkulturell definierten Territoriums in Frage und versuchen neue produktive Kategorien zur Definition des gesellschaftlichen Raumes zu entwerfen. Jameson bemerkt dazu:

»Die neue politische Kunst – sollte sie überhaupt möglich sein – wird es mit der ›Wahrheit‹ der Postmoderne halten, das heißt festhalten müssen an der wesentlichen Tatsache, am neuartigen Welt-Raum des multinationalen Kapitals. Dabei sollte ein Durchbruch möglich sein zu heute noch nicht vorstellbaren neuen Formen der Repräsentation dieses Raums, mit denen wir wieder beginnen können, unseren Standort als individuelle und kollektive Subjekte zu bestimmen. ... Wenn es etwas wie eine politische Erscheinungsform der Postmoderne geben sollte, so wäre diese dazu aufgerufen, eine globale Kartographie unserer Wahrnehmung und Erkenntnis zu entwerfen und diese in den genau zu ermessenden gesellschaftlichen Raum zu projizieren.«[4]

Das Spektrum künstlerischer Strategien reicht in den 90er Jahren von den Versuchen der physischen Durchwanderung realer Territorien über die Simulation politisch-territorialer Strukturen und Mechanismen bis zu fundamentalen, an Expansionsbestrebungen heranreichenden Formen der Eroberung von unkontrollierten Territorien.[5]

Die 80er Jahre: Facing Ideology - »NSK - More Total than Totalitarianism«[6]

Das seit 1984 bestehende multimediale Künstlerkollektiv Neue Slowenische Kunst setzte sich aus der Musikgruppe Laibach (1980), dem Malerkollektiv Irwin (1983) und dem Theaterensemble Gledalisce Sester Scipion Nasice (1983) zusammen. Nach den 1982 von Laibach Kunst – der »Vorläuferorganisation« der NSK – verfaßten 10 Tock Konventa definierte sich die NSK nicht als Zusammenschluß einzelner Individuen, sondern explizit als uniformes Kollektiv, das nach dem Vorbild des Staates dem Prinzip der industriellen Produktion und dem »Direktivenprinzip« verpflichtet war und die »Identifikation mit der Ideologie« als seine Arbeitsmethode übernommen hatte. Bei dieser wohlkalkulierten Übernahme von Bestandteilen und dem Spiel mit Versatzstücken der offiziellen Ideologie, die von Laibach Kunst als »ready-mades« in Sinne von Duchamp begriffen wurden, ging es darum, vorhandene Herrschaftscodes aufzunehmen und »diesen Sprachen mit ihnen selber [zu] antworten.«[7] Es handelte sich um eine Strategie, die Zizek als radikale »Über-Identifizierung« mit der die gesellschaftlichen Beziehungen regulierenden Ideologie bezeichnet hat. Laibach Kunst bzw. die später gegründete Neue Slowenische Kunst traten – unter Verwendung aller durch die offizielle Ideologie explizit und implizit vorgegebenen Identifikationsmomente – als eine Organisation auf, die noch »totaler als der Totalitarismus« (Groys) zu sein schien. Es handelte sich um einen provokativen Verweis auf die dem »semi-totalitären System« (Barber-Kersovan) Jugoslawiens zugrundeliegende ideologische Struktur.[8]

Retrogarde: Verarbeitung kollektiver Traumata

Verbindlich war für alle Gruppen der NSK die Arbeitsmethode der Retrogarde, die mittels eines »emphatischen Eklektizismus« auf die Texte (Zeichen, Bilder, Symbole und Formen der Rhetorik) zurückgriff, die retrospektiv zu Erkennungszeichen bestimmter künstlerischer, politischer, religiöser oder technologischer »Erlösungsutopien« des 20. Jahrhunderts geworden sind. Diese sehr unterschiedlich gearteten, immer auch ästhetisch ausformulierten »Erlösungsutopien« und -»ideologien« sind im Verständnis der NSK unlösbar mit bestimmten kollektiven Traumata verbunden, die bis heute wirksam sind. Die NSK vertritt die Ansicht, daß es nicht durch die Erarbeitung einer neuen Zeichensprache, sondern nur mittels des Rückgriffs auf diese vorhandenen traumatischen Texte möglich sei, die speziellen Punkte in der Geschichte zu benennen und zu verarbeiten, in denen das Umschlagen von genuin utopischen Ansätzen in traumatische Erfahrungen festzumachen ist: Einen solchen Punkt erkennt die NSK z.B. in der gegen Ende der 20er Jahre dieses Jahrhunderts vollzogenen Assimilation bzw. der Aufhebung der künstlerischen Avantgarden in totalitäre Systeme.

Die NSK zielt nicht mittels Ironie, Parodie oder Satire auf eine Überwindung der Macht der ideologischen Zeichen ab, sondern bemüht sich um eine Bewußtmachung der Macht dieser Zeichen. Der NSK geht es um ein Nachvollziehen, um eine Rekonstruktion und, daraus folgend, um ein analysierendes Zerlegen der Ideologie in ihre herrschaftskonstituierenden ästhetischen Fundamente. Das slowenische Kollektiv ist der Überzeugung, daß diese ideologischen Zeichen niemals überwunden werden können, sondern daß einer Ideologie nur durch Bewußtmachung dieser ästhetischen Fundamente ein Teil ihrer Macht genommen werden kann.

Subversive Strategie

Die von der NSK in den 80er Jahren eingesetzten radikalen künstlerischen Strategien können als ästhetische Umsetzung der sich zeitgleich entwickelnden Theorie der slowenischen Lacan-Schule um den Psychoanalytiker und Lacanier Slavoj Zizek gesehen werden. Diese neue Theorie, auf die sich die späteren Mitglieder der NSK schon Anfang der 80er Jahre bezogen, wurde zu einem wichtigen theoretischen Fundament des Selbstverständnisses der subkulturellen Szene Ljubljanas. Die Aktionen des Künstlerkollektivs sind weniger als Reaktionen auf bestimmte tagespolitische Ereignisse in Slowenien oder Jugoslawien zu begreifen; vielmehr ist die NSK als ein die ideologisch-ästhetische Fundierung des Staates »übercodierendes« Rechercheunternehmen zu verstehen, das den sogenannten ideologischen Überbau des jugoslawischen Staates zum Thema machte und diesen »Überbau«, den die NSK als Regulativ aller gesellschaftlichen Beziehungen begriff, subversiv in Frage stellte. Die Betonung liegt hier auf subversiv, denn die Strategie der NSK äußerte sich nicht in einem offen kritisierenden bzw. moralisierenden Diskurs gegenüber dem Staat und der Ideologie, nicht in der »Distanzierung zur Ideologie« durch Satire oder Ironie, sondern zeichnete sich durch eine »Über-Identifizierung« mit der »herrschenden Ideologie« aus.

»Über-Identifizierung« mit der »verdeckten Kehrseite« der Ideologie

Nach Slavoj Zizek und Peter Sloterdijk[9] läuft offene Kritik an der Ideologie eines Systems ins Leere, denn jeder ideologische Diskurs zeichne sich heute durch Zynismus, d.h. durch die internalisierte, in ihm schon vorweggenommene Kritik seiner selbst aus. Die Ideologie »glaubt« ihren eigenen Aussagen nicht mehr, sie hat eine zynische Distanz zu den eigenen moralischen Prämissen angenommen. Folglich ist dem Zynismus als universalem und diffusem Phänomen mit den tradierten Mitteln der Ideologiekritik (z.B. durch aufklärerisches Engagement) nicht mehr adäquat zu begegnen. Gegenüber einer zynischen Ideologie erweist sich, so Zizek, das Mittel der Ironie als »in die Hände der Mächtigen spielend«. Die von der Ideologie vorgebrachten öffentlichen getroffenen Aussagen und vermittelten Werte sind »zynisch«, sie sind also nicht dazu da, ernstgenommen zu werden. Problematisch wird es dann für die sogenannte »herrschende Ideologie«, sobald der »angemessene Abstand« nicht länger gewahrt bleibt, wenn also eine »Über-Identifizierung« mit der Ideologie stattfindet. Denn nach Zizek setzt sich eine Ideologie immer aus zwei Teilen zusammen: aus den von einem politischen System öffentlich verkündeten und propagierten »expliziten« Werten und der sogenannten »verdeckten Kehrseite« (»the hidden reverse«), den implizit mittransportierten Werten und Prämissen einer Ideologie, die aber, damit eine Ideologie funktionieren und sich reproduzieren kann, unausgesprochen bleiben müssen. Die NSK nahm sich dieser »impliziten« ideologischen Prämissen (z.B. Gewalt, Faszination, Genießen) an und brachte diese durch ihre Strategie der »Über-Identifizierung« zum Vorschein.

Schaffung einer dysfunktionalen Ideologie

Ein wichtiges Element der Funktionsweise von Ideologien wird von Zizek im Angebot des Genießens, also in einer dem Individuum von einer Ideologie angebotenen Abnahme der Ordnung des Realen gesehen. Der ideologische Diskurs setzt sich aus einzelnen Elementen, den sogenannten »gleitenden Signifikanten« oder *sinthomen* zusammen, die, für sich genommen, bedeutungslos sind und ihre ideologische Bedeutung erst im Kontext des Diskurses einer Ideologie annehmen. Die von der NSK vor allem in den Bühnenauftritten von Laibach vollzogene Dekonstruktion der Ideologie ist, folgt man Zizek, als ein sich auf zwei Ebenen vollziehender Prozeß zu verstehen: 1. als Dekontextualisierung, also als das Herausreißen der einzelnen Elemente aus dem Kontext, der den Phänomenen Bedeutung verleiht und 2. als Rekontextualisierung dieser für sich bedeutungslosen Fragmente (sinthome) in einer von dem Kollektiv geschaffenen dysfunktionalen Ideologie bzw. einer Pseudoideologie. Das vermeintliche Identifikationsangebot, das allen von der NSK verwendeten ideologischen Elementen eigen zu sein scheint, löst sich nach dem Abzug des sinnstiftenden Kontextes auf – übrig bleiben die Versatzstücke und Splitter der Ideologie, die in der »völligen Stumpfsinnigkeit ihrer materiellen Präsenz« (Zizek) erfahrbar werden. Die Funktion dieser »exorzistischen Strategie« (Benson) kann als das »Vorhalten eines Zerrspiegels« umschrieben werden, die durch die Offenlegung des in einer Ideologie wirkenden Genießens beim Publikum eine kathartische »Selbstaufklärung« bewirken sollte.

Die 90er Jahre: Facing Global Politics

Die politischen Ereignisse in Jugoslawien zu Beginn der 90er Jahre sind nicht ohne Auswirkungen auf die Arbeit des Künstlerkollektivs Neue Slowenische Kunst geblieben. Zeitgleich zur politischen Durchsetzung der Unabhängigkeit Sloweniens hat sich die NSK 1991 deklarativ von einer »Organisation« in einen »Staat« umgewandelt. Das künstlerische Konzept des NSK Drzava v casu (NSK Staat in der Zeit) nimmt in spezifischer Weise Stellung zu den konkreten politischen Entwicklungen in Ex-Jugoslawien: Es versucht durch einen künstlerischen Gegenentwurf eine Alternative zu den seit Beginn der 90er Jahre wiedererstarkten politischen Fixierungen auf Territorien, Ethnien und Grenzen (nicht nur in Ex-Jugoslawien) aufzuzeigen.

Zeit & Bewegung: neue Kategorien zur Definition des Raumes

Der NSK Drzava v casu definiert sich als künstlerisches Staatskonzept weder durch ein konkretes geographisches Territorium noch durch eine ethnisch festgelegte Staatsnation. Das Konzept der NSK betont für die Definition des eigenen »geistigen« Territoriums den Begriff der Zeit. Der Begriff der Zeit wird als eine neue produktive Kategorie zur Definition des Raumes herangezogen. »Zeit« ist in dieser Terminologie mit der individuellen Akkumulation von »Erfahrungen« gleichzusetzen:

»The role of art and artists in defining time which belongs to them individually is more effective than in defining territory. The real, not imaginary, ›fatherland‹ of the individual is limited to the circle of the house in which he was born, the classroom or the library in which he acquired knowledge, the landscapes in which he walked, the spaces to which he is oriented, to the circle of his own individual experience, to that which exists and not that he was born into. The territorial borders of the NSK state can by no means be equated with the territorial borders of the actual state in which NSK originated. The borders of the NSK state are drawn along the coordinates of its symbolic and physical body, which at the time of its activity acquired objective values and objective status.«[10]

Das künstlerische Konzept definiert den »NSK Staat« als »abstrakten Körper«, dessen Grenzen sich – abhängig von den Aktivitäten des ihn konstituierenden »physischen« und »symbolischen« Körpers – in einem Zustand ständiger Bewegung befinden und dessen »Territorium« im Bewußtsein seiner »Bürger« angesiedelt ist:

»The NSK state in time is an abstract organism, a suprematist body, installed in a real social and political space as a sculpture comprising the concrete body warmth, spirit and work of its members. NSK confers the status of a state not upon territory but upon the mind, whose borders are in a state of flux, in accordance with the movements and changes of its symbolic and physical collective body.«[11]

Mit der Betonung des Faktors Bewegung wird eine weitere produktive Kategorie zur Definition des »Raumes« eingeführt. Durch Bewegung, also physischen

Ortswechsel von einem Ort zu einem anderen, und, daran anschließend, durch die intellektuelle Auseinandersetzung mit dem »anderen Ort« bzw. mit dem »anderen geistigen Territorium« werden neue Erfahrungen möglich, die so wieder zur Entstehung von »Zeit« beitragen. »The relation between place and time is the key relation. Movement implies temporality, i.e. produces time.«[12] In der Terminologie von Irwin ist diese spezifische Form von Bewegung mit einer »Transplantation von Wissen« gleichzusetzen:

»There are basic differences between the perception and interpretation of the sign language of Irwin's paintings. This is one of our main concerns, because signs change with time and place. A sign may have one meaning in Russia, and yet another meaning in the West. Recognition of signs and symbols functions in such a way that their meanings differ with places; but nevertheless they have certain elements in common. Differences and similarities provide logic to our research. Irwin's starting point is to proceed from the specificity of the place of its origin, and to transfer experience [to the West]. This is transplantation of knowledge.«[13]

Der »immaterielle Staat« NSK Drzava v casu vollzieht diese Bewegung, indem er sich in zeitlichen Abständen an verschiedenen Orten in Form einer »Botschaft« oder eines »Konsulates« materialisiert.[14] Dies bedeutet, daß sich Mitglieder der verschiedenen Gruppen der NSK, wie erstmalig 1992 im Rahmen der »NSK Embassy Moscow«[15] in Moskau geschehen, gemeinsam an einen bestimmten Ort begeben (in Moskau z.B. eine private Wohnung) und dort im Rahmen von eigenen Vorträgen, Vorträgen eingeladener Theoretiker und Künstler und Diskussionen mit dem Publikum zu einem Erfahrungsaustausch einladen. Der Veranstaltungsort wird für die Dauer der Botschaft oder des Konsulates zum staatlichen Territorium des NSK Drzava v casu deklariert. Das zentrale Element des Erfahrungsaustausches wird von Ausstellungen (Irwin, Neuer Kollektivismus), Konzerten (Laibach) oder Theateraufführungen (Kozmokineticni Kabinet Noordung) begleitet. Der NSK Drzava v casu hat sich bislang in Moskau, Gent, Venedig, Suhl, Berlin, Florenz, Amsterdam und Umag temporär, teilweise auch permanent installiert.

Der Übergang von den 80ern zu den 90er Jahren brachte für die NSK eine grundlegende Veränderung ihrer Arbeitsweise mit sich. Mit dem Verlust des klar definierten kontextuellen Referenzsystems, auf das die »überidentifizierenden« Strategien der NSK in den 80er Jahren ausgerichtet waren, stellt sich in den 90er Jahren die Frage, ob eine Weiterführung dieser Strategien im Kontext weltweiter Globalisierungstendenzen und des graduellen Verschwindens von klar lokalisierbaren (Macht-)Zentren noch sinnvoll erscheint. Die durch den Wegfall der Referenzsysteme ausgelöste »Orientierungslosigkeit« der NSK seit Beginn der 90er Jahre wird in der Bildmetaphorik des um 1992 entstandenen Musikvideos *Kapital* von Laibach anschaulich: In einem hermetisch abgeschirmten Cockpit eines Raumschiffes, dessen Wände mit schwarzen und weißen Kreuzen des Suprematismus dekoriert sind, fliegt die Laibach Crew in den tiefschwarzen Weltraum. Das von der NSK in den 80er Jahren akkumulierte Zeichenmaterial findet in dem noch nicht abgesteckten (»schwarzen«) Raum der 90er Jahre zunächst keine sinnfälligen Andockungspunkte mehr.

Vielversprechender erscheint die Richtung, die seit 1991 – mit der Gründung des »NSK Staates in der Zeit« – maßgeblich von Irwin und Eda Cufer (assoziiertes Mitglied der NSK) formuliert wird: Das Konzept des »NSK Staates in der Zeit« führt weg von dem für die 80er Jahre gültigen Selbstverständnis der NSK als hermetischer Entität, der NSK als deklarativer Setzung unter Benutzung totalitärer Emblematik, die zu einer Konfrontation mit der (eigenen) fantasierten Teilnahme an der Macht zwingen sollte. Das Konzept des »NSK Staates in der Zeit« betont im Gegenteil dazu in den 90er Jahren das Moment der Kommunikation, der offenen Interaktion, des Erfahrungsaustausches. Es geht in den temporär sich materialisierenden »Botschaften« des »NSK Staates« mitnichten nur um eine selbstreferentielle Aufarbeitung der eigenen Geschichte; Ziel ist es vielmehr, die in den 80er Jahren an einem bestimmten Ort gesammelten spezifischen Erfahrungen an einem anderen Ort zu kommunizieren und produktiv zu machen. An welchen Punkten ergeben sich Differenzen, an welchen Punkten zeigen sich mögliche Homologien? Wie kann die Spezifik der Erfahrung des »Ostens« in den »Westen« kommuniziert werden; inwieweit kann diese möglicherweise für die 90er Jahre produktiv abgewandelt und aktualisiert werden? Inwieweit ist gegenwärtigen – potentiell totalitären – projektiven Diskursformationen mit den in den 80er Jahren von der NSK entwickelten Strategien zu begegnen? Lassen sich die dekonstruktiven Vorgehensweisen, mittels derer die NSK in den 80er Jahren die affektiven Funktionsweisen von Ideologien innerhalb von Massengesellschaften bloßlegte, auf die subtiler – und daher viel perfider – funktionierenden Leitbildformationen in den Massenindividualgesellschaften der 90er Jahre übertragen? Während der einmonatigen Busreise des »NSK Staates« durch die Vereinigten Staaten (»Transnacionala, eine Reise vom Osten in den Westen«) im Juli 1996 (vgl. http://www.heck.com/trans.html) standen diese Fragen im Mittelpunkt. Fragen, die die NSK an sich stellen muß, aber gleichermaßen auch an ihr Publikum richtet.

Der NSK Staat ohne Territorium

Slavoj Zizek hat in seinem Text »Es gibt keinen Staat in Europa« (1992) eine theoretische Untermauerung des künstlerischen Konzeptes des »NSK Staates« gegeben und seine Überlegungen an die konkreten Ereignisse in Ex-Jugoslawien seit 1991 angeknüpft. Zizek geht davon aus, daß die utopischen Vorstellungen sowohl der europäischen radikalen Linken wie auch der antiliberalen Rechten entweder auf die Abschaffung des Staates oder auf seine Unterordnung unter die »Gemeinschaft« gezielt hätten.

»The utopian perspective, which henceforth opened up towards both the radical left-wing as well as the antiliberal right-wing, was the abolition of the State or its subordination to the community.«[16]

Der Krieg in Ex-Jugoslawien ist – so Zizek – auf den Zerfall staatlicher Autorität sowie auf die Unterordnung staatlicher Strukturen unter ethnische Interessen zurückzuführen:

»Today's experience, summed up in the word ›Bosnia‹, confronts us with the reality of this utopia. What we are witnessing in Bosnia is the direct consequence of the disintegration of State authority or its submission to the power play between ethnic communities – what is missing in Bosnia is a unified State authority elevated above ethnic disputes.«[17]

Entgegen den utopischen Vorstellungen sowohl der Extrem-Linken wie auch der Extrem-Rechten zeige sich nun, »that there is nothing liberating about the breaking of the state authority – on the contrary: we are consigned to corruption and the impervious conflict of local interests which are no longer restricted by a formal legal framework.«[18] An diese Überlegungen anschließend formuliert Zizek sein zunächst paradox erscheinendes philosophisch-theoretisches Staatskonzept, das eine Umkehrung der bislang vorherrschenden Utopiekonzepte darstellt:

»From all this it is thus necessary to draw what at first glance seems a paradoxical, yet crucial conclusion: today the concept of utopia has made an about-turn – utopian energy is no longer directed towards a stateless community, but towards a state without a nation, a state which would no longer be founded on an ethnic community and its territory, therefore simultaneously towards a state without territory, towards a purely artificial structure of principles and authority which will have severed the umbilical chords of ethnic origin, indigenousness and rootedness.«[19]

Transposition: Zeppelin - Vehikel / Trajekt und Vektor

Während die NSK in den 80er Jahren statisch, also ortsgebunden, die Fluktuation von ästhetisch-ideologischen Zeichen durch Territorien analysierte, wird das Künstlerkollektiv in den 90er Jahren durch seine Transformation von einer Organisation in einen »Staatkörper« selbst zu einem durch reale Territorien fluktuierenden immateriellen »Organismus«. Der NSK Drzava v casu wird so zum trajektiven Vehikel eines »reinen Außen«, zu einer Hülle ohne Inneres, zu einer Grenze ohne Territorium. Die einzige Existenzform des NSK State in Time sind seine Botschaften, die als ephemere temporäre Materialisationen der Sichtbarmachung symbolischer Differenzen dienen. Das Ziel der Transpositionen der NSK, des Sich-In-Bewegung-Setzens, der Reisen und des sukzessiven Ver-Setzens des gesamten »Organismus« der NSK ist die Kommunikation und der Austausch mit diesem anderen (differenten) Ort. »(...) An autonomous NSK territory can be defined; a territory capable of moving, not confined by geographical, national and cultural borders; a territory realizing its own notional space.«[20]

Anmerkungen:

Dieser Text basiert auf dem Ausstellungskonzept »Topos / Territorium: Mobile States – Shifting Borders – Moving Entities« (Inke Arns/Kathrin Becker, Berlin, März 1996) und auf Auszügen aus »Neue Slowenische Kunst (NSK) – eine Analyse ihrer künstlerischen Strategien im Kontext der 80er Jahre in Jugoslawien« von Inke Arns, Magisterarbeit am Osteuropa-Institut der Freien Universität Berlin, Dezember 1995.

1 Paul Virilio, *Revolutionen der Geschwindigkeit*, Berlin 1993: 62.

2 Jean Baudrillard, Kein Mitleid für Sarajevo (1993), in: *Lettre international*, Winter 1995: 91.

3 vgl. auch Rainer Ansén, Die Ethnisierung Europas. Zur Philosophie der Neuen Rechten, in: *Lettre international*, Heft 24/1994: 89-90; Boris Groys, Sammeln, gesammelt werden. Die Rolle des Museums, wenn der Nationalstaat zusammenbricht, in: *Lettre international*, Heft 33/1996: 32–36.

4 Fredric Jameson, Postmoderne: Zur Logik der Kultur im Spätkapitalismus, in: Andreas Huyssen/Klaus Scherpe (Hg.), *Postmoderne. Zeichen eines kulturellen Wandels*, Reinbeck bei Hamburg 1989: 99 f.

5 Vgl. Inke Arns/Kathrin Becker, *Topos/Territorium*. Mobile States – Shifting Borders – Moving Entities, (Ausstellungskonzept) Berlin 1996

6 Vgl. Boris Groys, The Irwin Group: More Total Than Totalitarianism, in: Irwin, *Kapital*, Ausstellungskatalog, Ljubljana 1991.

7 Laibach, zit. nach: Claudia Wahjudi, Zwölf Jahre musikalische Zitatenschlacht zwischen zwei konträren Systemen, Interview mit Laibach, in: *Neues Deutschland*, 13. 8. 1992.

8 Vgl. Alenka Barber-Kersovan, Laibach und sein postmodernes »Gesamtkunstwerk«, in: Helmut Rösing (Hg.), *Spektakel/Happening/Performance. Rockmusik als »Gesamtkunstwerk«*, Mainz 1993: 66–80.

9 Vgl. Slavoj Zizek, *The Sublime Object of Ideology*, London/New York 1989; Slavoj Zizek, *Liebe Dein Symptom wie Dich selbst! Jacques Lacans Psychoanalyse und die Medien*, Berlin 1991; Slavoj Zizek, Das Unbehagen in der Liberal-Demokratie, in: *Heaven Sent* Nr. 5/1992: 44-50; Peter Sloterdijk, *Kritik der zynischen Vernunft*, 2 Bde., Frankfurt a.M. 1983.

10 Eda Cufer & Irwin, Concepts and Relations (1992), in: Irwin, *Zemljopis Vremena/Geografía del Tiempo*, Ausstellungskatalog, Umag 1994.

11 Eda Cufer & Irwin, NSK State in Time(1993), in: Irwin, *Zemljopis Vremena / Geography of Time*, a.a.O. <http://lois.kud-fp.si/*lukap/embassy/3b/time.html>

12 Irwin, in: *Transcentrala (Neue Slowenische Kunst Drzava v casu)*, Video von Marina Grzinic & Aina Smid, 20:05 min, Ljubljana 1993.

13 Ebd.

14 Eine andere Manifestationsform des NSK Drzava v casu sind die von diesem herausgegebenen Reisepässe, die als »confirmation of temporal space« (NSK) gelten und unabhängig von Staatsangehörigkeit oder Nationalität von jeder Person erworben werden können.

15 Neue Slowenische Kunst, *NSK Embassy Moscow. How the East sees the East* (Irwin in Collaboration with Apt-Art International and Ridzina Gallery, Moscow May 10 – June 10, 1992), Obalne Galerije Piran / Loza Gallery Koper (eds.), Koper [1992].

16 Slavoj Zizek, Es gibt keinen Staat in Europa (1992), in: *Padiglione NSK / Irwin: Gostujoci umetniki / Guest artists*, Ausstellungskatalog XLV. Biennale di Venezia 1993, hg. v. Moderna Galerija, Ljubljana 1993 <http://lois.kud-fp.si/*lukap/embassy/1a/staat.html>

17 Ebd.

18 Ebd.

19 Ebd.

20 Miran Mohar (Irwin), in: Eda Cufer, »The Symptom of the Vehicle«, Interview with Irwin (NSK), 1995 (unveröffentlichtes Manuskript)

URLs:

NSK Transnacionala. A Journey from the East to the West (June 28 – July 28, 1996)
http://www.heck.com/nsk.html
http://www.heck.com/trans.html
http://lois.kud-fp.si/*lukap/trans/
Ausführlicher Reisebericht zu Transnacionala
http://www.heck.com/rep.htm
NSK State in Time / The Official NSK Electronic Embassy
http://lois.kud-fp.si/*lukap/embassy/
Documents / Reviews on »Predictions of Fire« (USA / SLO 1995) by Michael Benson
http://lois.kud-fp.si/kinetikon/
NSK State Interview
http://www.synet.net/sonic-boom/ai/arc/laibach.html

> Der ideale Lebensraum für *-Innenᵖˡᵘˢ*-agents ist das Netz. Dort sind sie ständig auf der Suche nach den besten und heißesten Informationen. Die *-Innenᵖˡᵘˢ*-agents sind ein Multi-Agenten-System, das von *-Innenᵖˡᵘˢ* nach dem neuesten Stand der Agenten-Technologie programmiert wurde. Sie sind kommunikativ, reaktiv, eigeninitiativ und können autonom und intelligent handeln.

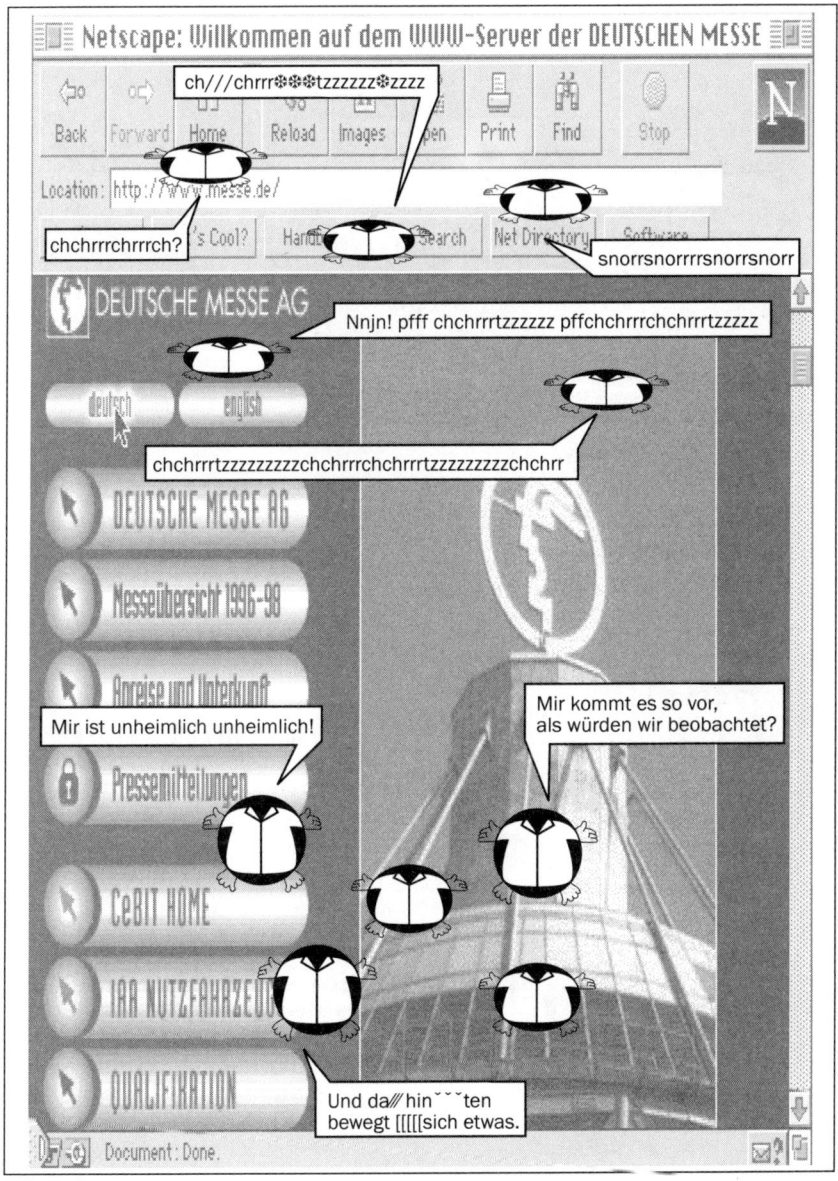

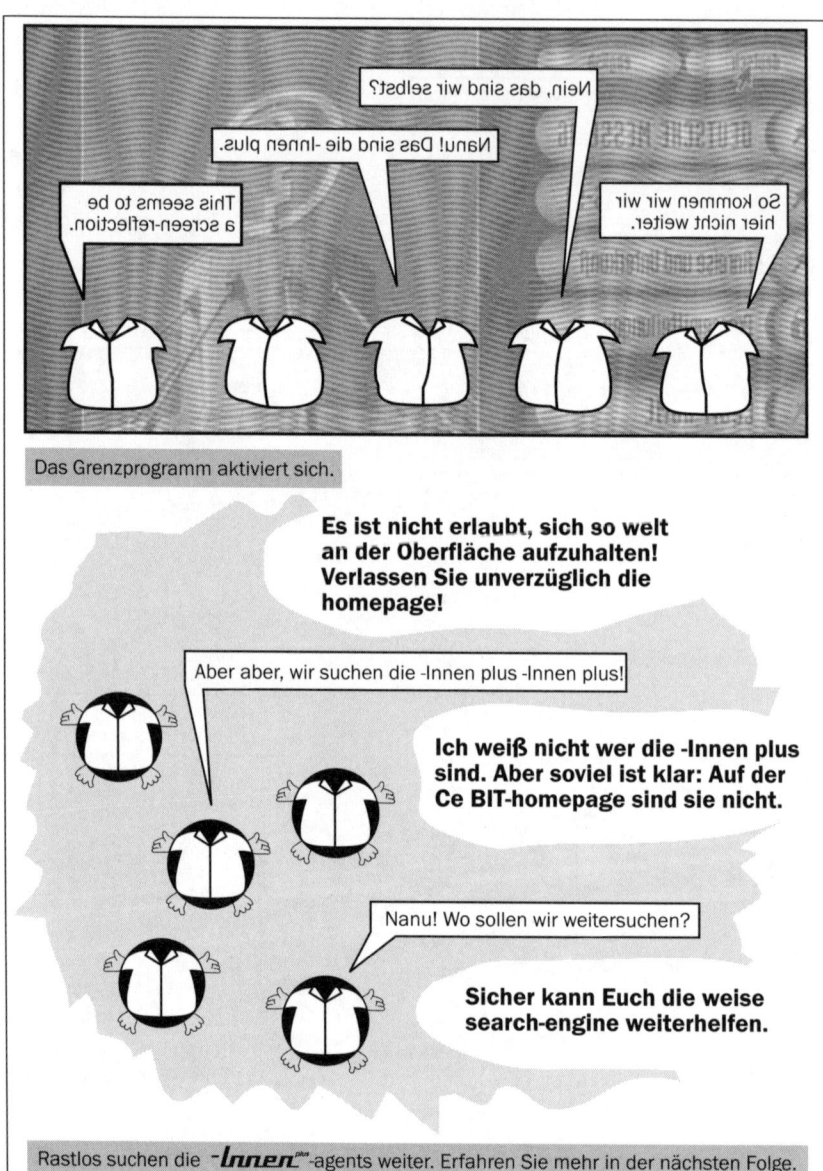

Buchladen Rote Straße

Datenkritik

Eine kommentierte Literaturliste

Agentur Bilwet: *Der Datendandy*, Bollmann, 36 DM

Agentur Bilwet: *Medienarchiv*, Bollmann, 29,80 DM
> Die Agentur Bilwet beschäftigte sich früh mit einer Kritik des Digitalen und der Medien; ihre Aufsätze sind ungewöhnlich, für »klassische Linke« nicht leicht zu lesen und zu verdauen, aber sie schaffen es, die Veränderungen in der Gesellschaft anzudenken.

Backslash, Hack-Tic, Jansen & Janssen, Keine Panik: *Der kleine Abhörratgeber*, Edition ID-Archiv, 20 DM
> Der kleine Abhörratgeber versammelt Aufsätze dazu, wie diverse Medien – von Funk- und normalem Telefon bis zum vernetzten Computer – zur Aushorchung verwendet werden können, und beschreibt diese Techniken. Dem Buch liegt eine Diskette mit dem Freeware-Verschlüsselungsprogramm PGP bei, das als unentschlüsselbar gilt.

Baudrillard, Jean: *Das perfekte Verbrechen*, 49,80 DM
> Virtualität contra Realität? Was ist Realität dann, wenn alles nur virtuell ist – gibt es überhaupt noch Realität?

Bulmahn u.a.: *Informationsgesellschaft – Medien – Demokratie*, BdWi, 48 DM

Enderwitz, Ulrich: *Die Medien und ihre Information*, ça ira, 24 DM
> »Es geht darum, die Medien in ihrer vollen Leibes- und Lebensgröße in den Blick zu bekommen: als jenes gesellschaftsübergreifende Phänomen, das sie als Nachfolgeorganisation der alleinseligmachenden Kirche ausweist und das aus subjektiven Absichten erklären statt aus objektiven Interessen begreifen zu wollen, geradeso lächerlich ist wie der Versuch, die ecclesia triumphans auf Priestertrug und apostolisches Blendwerk zurückzuführen« (Klappentext).

Der Flusser-Reader. *Die Revolution der Bilder*, Bollmann, 24,80 DM
> Flusser ist einer der postmodernen Theoretiker, die sich besonders mit der Rolle der Medien auseinandergesetzt haben. Der Reader versammelt verschiedene Texte.

Haraway, Donna: Ein Manifest für Cyborgs, in: *Die Neuerfindung der Natur*, Campus, 39 DM
> Einer der Aufsätze, die in den letzten Jahren für viel Wirbel gesorgt haben. Donna Haraway plädiert dafür, selbst zum kybernetischen Organismus zu werden ...

Hartmann, Frank: *Cyber.Philosophy*, Passagen-Verlag, 36 DM
> Ein Versuch, die neuen elektronischen Medien samt ihren Anwendungen in eine neue Medientheorie zu integrieren: Prolegomena zu einer Datenkritik, die es bisher noch nicht gibt.

Heuermann, Hartmut· *Medienkultur und Mythen*, Rowohlt, 22,90 DM
> Eine Analyse des »regressiven Gegenstroms« innerhalb der scheinbar »progressiven« oder »aufklärerischen« Dynamik der westlichen Medienkultur: eine transmediale Untersuchung der Rückkehr archaischer Erfahrungsmuster.

Herz, J.C.: Surfen auf dem Internet, Rowohlt, 38 DM

Heuser, Uwe Jean: *Tausend Welten. Die Auflösung der Gesellschaft im Digitalen Zeitalter*, Berlin-Verlag, 36 DM

Hunziker, Peter: *Medien, Kommunikation und Gesellschaft*, Wissenschaftliche Buchgesellschaft, 24,90 DM
Eine kurze Einführung ...

Kaiser, Reinhard: *Literarische Spaziergänge im Internet*, Eichborn, 24,80 DM
Ein Buch darüber, wie im Internet das Medium Buch vertreten ist; keine Kritik, sondern eine Sammlung mit verschiedenen Netzadressen. Wer nach Büchern, Verlagen, Zeitungen surfen will: dafür ist das Buch das richtige.

Koch/Sperber: *Die Datenmafia*, Rowohlt, 16,90 DM
Auch die Geheimdienste und die Regierungen der Welt nutzen die Netze und ihre Möglichkeiten. Eine Reportage aus den virtuellen Hallen der Macht.

Kroker/Kroker: *Hacking the Future & Kalifornischer Epilog*, Passagen, 38 DM

Kroker/Weinstein: *Data Trash. Die Theorie der Virtuellen Klasse*, Passagen, 39,80 DM
Versuche, die Theorie des ausgehenden zwanzigsten Jahrhunderts auf einen Stand zu bringen, den die gesellschaftliche Organisation der Technik erreicht hat. Keine marxistischen oder poststruturalistischen Analysen, eher der Versuch, das Ineinander von Ökonomie, Kultur und Ästhetik in der Theorie nachzuvollziehen; insbesondere geht es in der »Theorie der virtuellen Klasse« darum, wie die herrschende Klasse und ihre Ideologie im Zeitalter des Internets sich verändert hat.

Kursbuch Internet, Bollmann, 44 DM

Kursbuch Neue Medien, Bollmann, 44 DM
Aufsatzsammlungen, die sich mit einzelnen Aspekten des Internets bzw. der neuen Medien befassen. Ein Überblick, was im Internet alles möglich ist, was »passiert«, für die, die sich nicht daran stören, daß einzelne Aufsätze auch von Apologeten der neuen Technik geschrieben sind (auch wenn die Kritik auf dem Fuße folgt).

Lem, Stanislaw: *Die Entdeckung der Virtualität*, Suhrkamp, 12,80 DM

Leuthardt, Beat: *Leben Online*, Rowohlt, 14,90 DM
Eine Beschreibung, wie online-Techniken neue Überwachungstechniken möglich machen.

Levy, Steven: *Künstliches Leben aus dem Computer*, Knaur, 16,90 DM

Rheingold, Howard: *Virtuelle Welten*, Rowohlt, 19,90 DM
Die Allmachtsträume der neuen Techniker- und Wissenschaftlergeneration: »Künstliches Leben« ist das Thema, nachdem »Künstliche Intelligenz« sich schwieriger als projektiert erwies oder gar nicht realisierbar war. Die Programmierer-Avantgarde spielt jetzt mit Evolutionen von virtuellen Lebewesen. Auf der anderen Seite entspricht dem der Traum vom Cyberspace als realer, dreidimensionaler Virtualwelt, die von der »wirklich realen« nicht mehr zu unterscheiden ist.

McLuhan, Marshall: *Die Gutenberg-Galaxis*, Addison-Wesley, 48 DM

McLuhan, Marshall: *Die magischen Kanäle. Understanding Media*, 28 DM
Die beiden Klassiker aus den späten 60ern, die zwar immer schon von einzelnen rezipiert worden sind, aber jetzt erst eine breitere Öffentlichkeit erreichen.

Müller-Funk, Reck: *Inszenierte Imagination*, Springer, 69 DM
Beiträge zu einer historischen Anthropologie der Medien.

Negroponte, Nicholas: *Total Digital. Die Welt zwischen 0 und 1 oder die Zukunft der Kommunikation*, Goldmann, 14,90 DM
Negroponte ist einer der Gurus der neuen Internet- und Computertechnologien; er ist Gründungsdirektor des Media Lab am MIT und Kolumnist einer der berühmtesten Netz-Zeitschriften: *Wired*.

Prokop, Dieter: *Medien-Macht und Massen-Wirkung*, Rombach, 54 DM.
Ein Buch, das es verdient hätte, zum Klassiker zu avancieren: es zeichnet die Geschichte des Kinos nach, von den Anfängen bis heute, unter Einbeziehung der anderen Medien. Es analysiert Produkt- und Produktionsstrukturen, Publikumsverhalten und Ökonomie, und liest sich ziemlich spannend.

Rötzer, Florian (Hg.): *Digitaler Schein. Ästhetik der elektronischen Medien*, Suhrkamp, 26 DM
Ausätze zu ästhetischer Produktion, Techno-Ästhetik, Hi Technology Art im Zeitalter der elektronischen Kommunikation.

Rötzer/Weibel: *Cyberspace*, Boer, 58 DM
Eine Aufsatzsammlung zum »medialen Gesamtkunstwerk«.

Schuster, Thomas: *Staat und Medien. Über die elektronische Konditionierung der Wirklichkeit*, S. Fischer, 19,90 DM

Slatalla/Quittner: *Masters of Deception. Die Cybergang auf dem Information-Highway*, Ammann, 39,80 DM
Wie ein Abenteuerroman geschriebene Geschichte der ersten Hacker in den USA.

Spender, Dale: *1. Auffahrt Cyberspace – Frauen im Internet*, Frauenoffensive, 39,80 DM
Von Anfang war das Internet eher eine Männerdomäne, virtuelle Belästigung im Netz, d.h. dem Medium angepaßter Sexismus ist weit verbreitet. Langsam bilden sich auch von Frauen organisierte Strukturen heraus: Webpages für Frauen und Mädchen, Newsgroups u.v.m.

Stoll, Clifford: *Die Wüste Internet*, S. Fischer, 38 DM
Eine kritische Einschätzung dessen, was das Internet ist und noch werden kann.

Van Haaren/Hensche: *Multimedia*, VSA, 29,80 DM
Verschiedene Aufsätze dazu, wie sich in der »schönen, neuen Welt« die Arbeit verändert, wie mit den Veränderungen politisch und gewerkschaftlich umzugehen ist und welche globalen Trends sich in der Ökonomie und in der Veränderung der Arbeit andeuten.

Weizenbaum, Joseph: *Die Macht der Computer und die Ohnmacht der Vernunft*, Suhrkamp, 24,80 DM
Ein klassischer Text von einem der profilitiersten Kritiker der Computertechnologie.

Kritik der Urbanität

Davis, Mike: *City of Quartz. Ausgrabungen der Zukunft in Los Angeles*, VLA/Schwarze Risse/Rote Straße, 45 DM

D'Eramo, Marco: *Das Schwein und der Wolkenkratzer. Chicago, eine Geschichte unserer Zukunft*, Kunstmann, 48 DM
Ausgrabungen der Zukunft in Chicago; das, was Mike Davis für Los Angeles versucht hat, wird hier auf Chicago angewendet.

Mitchell, William J.: City of Bits. Leben in der Stadt des 21. Jahrhunderts, Birkhäuser, 58 DM

Rötzer, Florian: Die Telepolis. Urbanität im Digitalen Zeitalter, Bollmann, 36 DM
Zwei weitere Bücher, die sich die Veränderung der Stadt zum Thema gemacht haben: Was passiert mit metropolitanen Zusammenballungen, wenn die Welt zum »globalen Dorf« wird?

»Klassiker«

Adorno/Horkheimer: Kulturindustrie. Aufklärung als Massenbetrug, in: *Dialektik der Aufklärung*, Fischer, 19,90 DM

Baudrillard, Jean: *Der symbolische Tausch und der Tod*, 68 DM

Benjamin, Walter: *Das Kunstwerk im Zeitalter seiner technischen Reproduzierbarkeit*, Suhrkamp, 13,80 DM

Bey, Hakim: *T.A.Z. Die Temporäre Autonome Zone*, Edition ID-Archiv, 20 DM

Debord, Guy: *Die Gesellschaft des Spektakels*, Edition Tiamat (Neuauflage), 40 DM

Web-Seiten

http://www.dds.nl/~n5m/texts/   *Next 5 Minutes*: Beiträge zur Netzkritik
http://www.heise.de/tp   *Telepolis* - Das Magazin der Netzkultur
http://www.ctheory.com   *ctheory*
http://www.snafu.de/~klinger/missing.htm   *missing link*: zeitung für netzphilosophie
http://www.hotwired.com   *Wired*

SF - Cyberpunk

Besher, Alexander: *Satori City*, Goldmann, 14,90 DM
Egan, Greg: *Cyber-City*, Bastei-Lübbe, 12,90 DM
Gibson, William: *Biochips*, Heyne, 12,90 DM
Gibson, William: *Cyberspace*, Heyne, 12,90 DM
Gibson, William: *Mona Lisa Overdrive*, Heyne, 12,90 DM
Gibson, William: *Neuromancer*, Heyne, 12,90 DM
Gibson, William: *Virtuelles Licht*, Heyne, 16,90 DM
Hohlbein, Wolfgang: *Das Netz*, Heyne, 14,90 DM
Stephenson, Neil: *Diamond Age*, Goldmann, 20 DM
Stephenson, Neil: *Snow Crash*, Goldmann, 14,90 DM

Technisches

Goldmann/Herwig/Hooffacker: *Internet*, Rowohlt, 19,90 DM
Hennes, Jakobs: *Der Einstieg ins Internet*, Campus, 39,80 DM
Hoffmann, Paul E.: *Netscape & WWW für Dummies*, Thomson, 39,80 DM
Hooffacker, Gabriele: *Wir nutzen Netze*, Steidl, 14,80 DM

Die Beute

Politik und Verbrechen

vierteljährlich

144 Seiten, Fadenheftung
16,– DM

»*Die Beute* will nach eigenem Bekunden den linken Anspruch aufrechterhalten, aber das hängt nun einmal nicht allein vom Wollen ab. Was die Redaktion erklärt: daß sie die ›Kommunikation zwischen der radikalen Linken und den AktivistInnen der Subkultur‹ vorantreiben wolle, wirkt mondsüchtig – vorausgesetzt, auf irgendeinem Mond gäbe es jene radikale Linke und diese Subkultur noch.« *Frankfurter Allgemeine Zeitung*

»Erlösung für den Einzelheinz« *Süddeutsche Zeitung*

Analysen • Dokumente • Kommentare • Gespräche • Literarische Erzählungen
Comics • Übersetzungen • 1000 Zeichen • zu allen relevanten Themen

Edition ID-Archiv • Postfach 360205 • D-10972 Berlin • Fax: 030-694 78 08

Backslash, Hack-tic, Jansen &
Janssen, Keine Panik
Der kleine Abhörratgeber
Computernetze, Telefone,
Kameras, Richtmikrofone

Mit einem Nachwort
von Otto Diederichs

144 Seiten + Diskette mit PGP,
20,– DM (2.Auflage)

»All' jenen, die sich herausnehmen wollen, unzensiert und
unbeobachtet vom ›Großen Bruder‹ zu kommunizieren, sei
dieses Buch ans Herz gelegt.« *taz*

Der kleine Abhörratgeber enthält grundlegende Information über
Computernetze, Telefone, Kameras, Richtmikrofone und eine
Diskette mit der aktualisierten Version des Verschlüsselungspro-
grammes PGP.

Edition ID-Archiv • Postfach 360205 • D-10972 Berlin • Fax: 030-694 78 08

spex

Die Informationsgesellschaft